Aufstieg und Niedergang

Aufstieg und Niedergang

50 Reiche, die Geschichte machten

VORWORT

„Auf Erden nichts geschaffen ist, was hat Bestand auf lange Frist“, schrieb schon der mittelalterliche Vagant Freidank. Freidank musste es wissen, denn er war nicht nur Zeitgenosse von Kaiser Friedrich II., sondern nahm wahrscheinlich auch an dessen Kreuzzug nach Akkon teil – wodurch er Werden und Vergehen ganzer Reiche hautnah erleben durfte.

Reiche, Herrscherdynastien, politische Machtblöcke – sie alle scheinen dem Gesetz des Wandels zu unterliegen, das Freidank so knapp wie treffend beschrieben hat. Dies gilt für die Antike ebenso wie für das Mittelalter und die Neuzeit – die riesige Sowjetunion löste sich erst 1991 auf, nach Jahren des Wettrüstens und Kalten Kriegs. Dieses mächtige Reich hatte nur knapp 70 Jahre Bestand.

Andere Staaten und Staatenbündnisse hatten eine deutlich niedrigere Lebensspanne. Der Spitzenreiter war das kleine, in den Karpaten gelegene Land Ruthenien, das nur einen einzigen Tag existierte. Auf dem anderen Ende der Skala befinden sich das Römische Reich, das mehr als tausend Jahre Bestand hatte, und das Ägypten der Pharaonenzeit, das auf eine wechselhafte Geschichte von fast vier Jahrtausenden zurückblicken konnte.

In diesem Buch finden Sie 50 Kapitel zu 50 Reichen und ihrem Werden und Vergehen. Manche dieser Reiche, wie das der Assyrer, konnten sich nur durch Terror und Waffengewalt behaupten, andere setzten eher auf Diplomatie und Handel, wieder andere, wie das Imperium der Fugger, auf die Macht des Geldes.

Lassen Sie sich mitnehmen auf eine Reise durch den wechselhaften Verlauf der Geschichte, erfahren Sie vom Aufstieg und Fall ganzer Herrscherhäuser und Dynastien, und lernen Sie auch die vielen Kontinuitäten von Kultur und Politik kennen, die sich ebenso durch die Jahrtausende ziehen.

Viel Freude mit diesem Buch wünscht Ihnen

die Redaktion

Inhalt

MITTELALTER 152

NEUZEIT 214

ALTERTUM

Nicht nur die Römer ...

Das Römische Reich der Antike war das größte und dauerhafteste Reich, das die Welt bis dahin gesehen hatte. Doch es gab damals noch viele andere bedeutende Imperien. Die frühesten entstanden an großen Strömen – am Nil, am Euphrat, am Tigris. Die ägyptischen Pharaonen und die Herrscher des Zweistromlandes führen daher zeitlich die Riege großer Mächte der Antike an.

Ihnen folgten die Griechen und die Perser. Mit Alexander dem Großen kann die Antike eine Persönlichkeit mit einem absoluten Alleinstellungsmerkmal aufbieten: Niemals in der Geschichte eroberte ein einzelner Mann in so jungen Jahren ein größeres Reich als der König der Makedonen, der bereits mit 32 Jahren starb.

Auf der Liste stehen aber auch Völker, die heute, in der Rückschau, nicht mehr im ganz großen Scheinwerferlicht stehen, die in ihrer Zeit aber gehörig für Furore sorgten. Jedoch bestätigen auch sie die Regel: Alle antiken Supermächte waren Imperien mit begrenztem Haltbarkeitsdatum. Selbst das Römische Reich blieb von dieser Gesetzmäßigkeit der Geschichte nicht verschont. Dabei waren die stolzen Römer felsenfest davon überzeugt gewesen, ein Reich ohne Grenzen geschaffen zu haben – sowohl den Raum als auch die Zeit betreffend.

ATLANTIS

Rätsel um einen versunkenen Kontinent

Der Prototyp aller Untergänge ist Atlantis. Eine gewaltige Naturkatastrophe ließ den sagenhaften Kontinent verschwinden. Aber hat dieser Untergang wirklich stattgefunden? Zweifel sind erlaubt.

Ein gewaltiges Erdbeben mit schrecklichen Flutwellen beendete plötzlich und unerwartet, an einem einzigen Tag und in einer einzigen Nacht, die Existenz eines blühenden Staates. Atlantis versank in den Fluten des Meeres, mit all seiner Pracht und all seinem Luxus.

In Atlantis zu wohnen, hieß, in einem Paradies zu leben. Die Sonne schien den ganzen Tag, Wasser und fruchtbare Böden gab es in Hülle und Fülle, Holz und Edelmetalle waren im Überfluss vorhanden. Im quirligen Hafen trafen Waren aus aller Welt ein. Prächtige Paläste, verschwenderisch mit Gold, Silber und Elfenbein geschmückt, zeugten vom Reichtum und von der Bedeutung der Herrscher. Nicht minder eindrucksvoll war der kolossale Haupttempel der Stadt. Geweiht war er dem Gott Poseidon, der die Herrschaft über Atlantis einst seinem Sohn Atlas übertragen hatte. Vier gewaltige Ringmauern sorgten für die Sicherheit der Bewohner, die sich sorgenfrei in Bädern und auf Sportplätzen vergnügten, sich an der Blumenpracht der Parks und Gärten erfreuten und über exotische Riesentiere mit großen Ohren und Rüsseln staunten.

Lange Zeit war Atlantis eine Insel der Seligen. Dann aber wurden die bis dahin weise regierenden Könige zu habgierigen Tyrannen. Sie erlagen den Verlockungen des Luxus, wollten noch reicher und mächtiger werden. Sie schickten ihre Kriegsflotten in die Ferne, bis nach Italien und

Dem Mythos nach versank Atlantis in den Fluten.

Warum der Atlantik Atlantik heißt

Laut Platon war Atlas, der Sohn des Gottes Poseidon, erster König von Atlantis. Bekannter ist er in der griechischen Mythologie als Spross der Titanen, der Rivalen der olympischen Götter. Weil er einen Aufstand gegen die Olympier anzettelte, rächten sie sich mit einer ebenso anspruchs- wie verdienstvollen Strafe: Atlas wurde dazu verurteilt, mit seinen Händen und Schultern das Himmelsgewölbe zu tragen. Sein Arbeitsplatz befand sich ganz im Westen, bei den Säulen des Herakles, dort, wo das Mittelmeer auf den nach Atlas benannten Atlantik traf. Auch das gleichnamige Gebirge in Marokko ist nach dem Titanen benannt.

Der Gott Atlas trägt das Himmelsgewölbe und gab dem Atlantik seinen Namen. Römische Skulptur aus dem 2. Jh.

Ägypten. Erst in den tapferen Athenern fanden sie ihre Meister. Schwer geschlagen kehrten die Reste der Flotte nach Atlantis zurück. Und nur kurze Zeit später bereitete die Katastrophe der Herrlichkeit ein abruptes Ende.

Versunkener Kontinent

Atlantis verschwand in den Fluten des Meeres, nicht aber aus der Erinnerung der Menschen. Schon in der Antike fragten sich viele: Wo lag eigentlich dieser sagenhafte Kontinent? Und wann hatte sich die Katastrophe ereignet? Bis heute kursieren die unterschiedlichsten Theorien. Kronzeuge für den Untergang ist einer der prominentesten Gelehrten der Antike. Die Geschichte vom Aufstieg und Untergang von Atlantis erzählte im 4. Jh. v. Chr. kein Geringerer als der berühmte Philosoph Platon, eigentlich ein Garant für Zuverlässigkeit und Seriosität. Platon dachte viel über den idealen Staat nach. Und so kam er, in zwei seiner Schriften, auch auf Atlantis zu sprechen, einen Kontinent, der seinen Angaben nach größer als Afrika und Asien zusammengenommen war. Zwar kannten seine Zeitgenossen damals nur das nördliche Afrika, und Asien war ihnen nur bis Persien bekannt. Doch waren sie auch so schon schwer beeindruckt von dem, was ihnen Platon über die geografischen Dimensionen von Atlantis zu erzählen wusste.

Aber wo lag dieses Atlantis denn nun? Auch darüber war der kluge Platon informiert: außerhalb der „Säulen des Herakles“. So nannten die alten Griechen die Straße von Gibraltar, wo das Mittelmeer auf den weiten Atlantischen Ozean trifft. Atlantis lag also im Atlantik. Und Platon wusste auch genau, wann sich die Katastrophe ereignet hatte: 9000 Jahre vor der Lebenszeit von Solon. Der berühmte Staatsmann aus Athen lebte und wirkte um 600 v. Chr. Er kam, wie Platon berichtet,

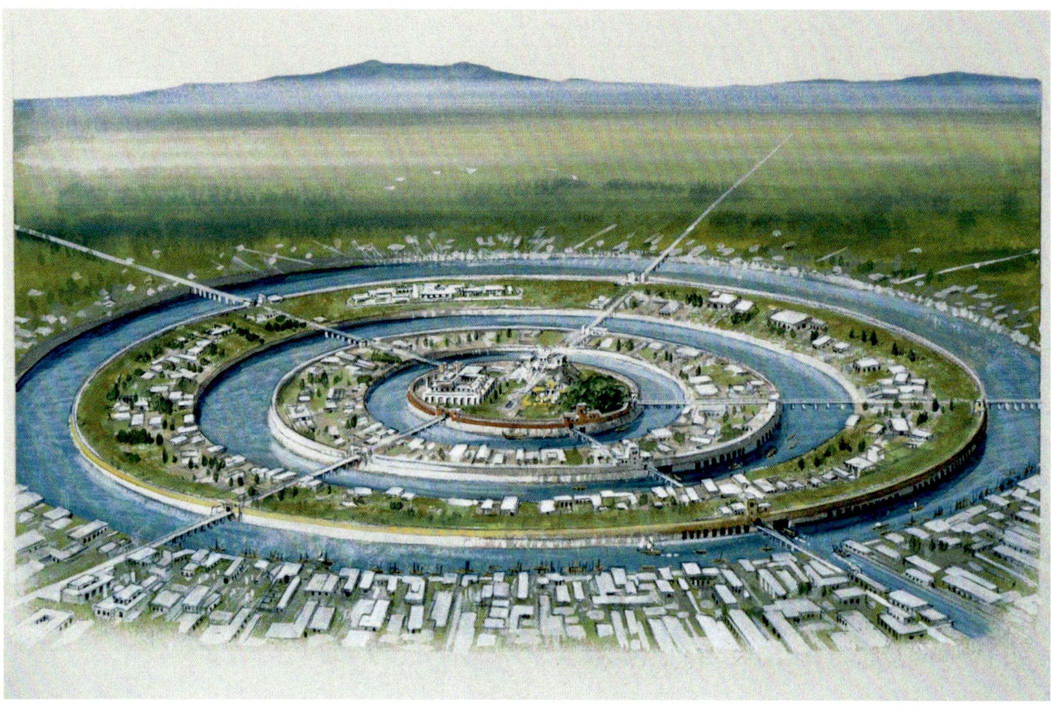

Aquarell von Atlantis des britischen Grafikers und Archäologen Peter Connolly (1935–2012)

nach Ägypten, und dort präsentierten ihm Priester alte Schriften, die von dem Schicksal von Atlantis und auch vom Zeitpunkt des Untergangs berichteten.

Platon – Solon – ägyptische Priester: Mehr Kompetenz geht nicht. Atlantis war demnach älter als Ägypten und jedes andere bekannte Großreich der Frühzeit. Es lag nicht im Mittelmeer, sondern draußen in den Weiten des rauen Atlantiks, wohin sich zur Zeit Platons noch kein griechischer Seemann traute. Und Atlantis wurde Opfer einer gigantischen Naturkatastrophe. Mit diesen Informationen im Gepäck machten sich Heerscharen von Forschern und Abenteurern mit großem Eifer daran, das versunkene Atlantis zu lokalisieren. Auch heute noch darf jeder mit freundlicher medialer Aufmerksamkeit rechnen, der eine neue Theorie ins Schaufenster stellt. Niemand konnte bisher allerdings einen versunkenen Kontinent auf dem Grund des Atlantiks nachweisen. Doch wer sagt denn, dass Atlantis vollständig im Meer versank? Vielleicht sind ja heute noch existente Inseln oder Landschaften die Reste des einstigen Riesen-Kontinents. Überlegungen dieser Art eröffneten neue Perspektiven, denn nun musste man sich nicht mehr auf die Untiefen des Meeres konzentrieren.

Viele Kandidaten

Die Zahl der Vorschläge ist inzwischen so groß, dass selbst passionierte Atlantis-Forscher gelegentlich den Überblick verlieren. Praktisch jede Insel im Atlantik hatte inzwischen die Ehre, für ein Relikt des versunkenen Atlantis gehalten zu werden. Favoritenstatus genießen die Kanarischen Inseln. Schwierig wird es, wenn Forschergeist mit politischen Interessen kollidiert. Als Kolumbus 1492 Amerika entdeckte und die spanischen Konquistadoren Mittel- und Südamerika ins Visier nahmen, wurde die Version lanciert, der amerikanische Kontinent sei Atlantis. Atlantis, so wurde behauptet, gehörte zu Europa, und so sei es nur gerecht, dass Amerika von Europäern kolonisiert werde. Eine gewagte Behauptung, nicht minder gewagt wie andere politisch motivierte Zuordnungen, beispielsweise zu Helgoland oder den Bermudas.

In der aktuellen Forschung gibt es einen Trend, Atlantis nicht im Atlantik, sondern im Mittelmeer zu suchen. Zwar sprach Platon ausdrücklich von einem Inselreich außerhalb der „Säulen des Herakles". Aber können sich auch kluge Köpfe nicht einmal irren? Denn im Mittelmeer gibt es eine Reihe von Kandidaten, zu denen das Atlantis-Profil ideal passt. Kreta zum Beispiel – unter den Minoern die erste europäische Hochkultur, die damit endete, dass alle Paläste zerstört wurden. Oder Santorin: Die Ägäis-Insel wurde durch einen Vulkanausbruch unvorstellbaren Ausmaßes buchstäblich in die Luft gesprengt. Oder Troja? Oder Helike? Oder ...?

Atlantis – eine Utopie

Platon hätte sich über all diese Deutungsversuche vermutlich gewundert, oder besser gesagt: amüsiert. Atlantis war für ihn kein reales Szenario. Atlantis ist im wahrsten Sinne des griechischen Wortes eine Utopie – ein „Nicht-Ort". Ihn im Atlantik anzusiedeln und damit weit außerhalb des Horizonts der Griechen, sollte signalisieren: Vorsicht, Parabel! Die Geschichte von Atlantis ist ein moralisches Lehrstück. Es warnte davor, im Glück überheblich zu werden. Atlantis hielt sich nicht daran und wurde von den Göttern mit dem Untergang bestraft. Platon wäre allerdings nicht Platon gewesen, hätte er dieses Menetekel nicht auch noch mit einem kleinen Wink für seine Zeitgenossen versehen.
Im Mythos von Atlantis taucht Athen als Konkurrent auf. Natürlich gab es Athen zu der Zeit, in die Platon die Geschichte von Atlantis versetzte, noch gar nicht. Für seinen Geschmack waren die Athener seiner Zeit zu großspurig und zu sehr auf Gewinn aus. Da schadete es nicht, an das tragische Schicksal eines Kontinents zu erinnern, den es in Wirklichkeit nie gegeben hatte.

Ein Vulkankrater auf Santorin. Die Insel wurde durch einen Vulkanausbruch geradezu gesprengt.

ÄGYPTEN

Erfolgsmodell vom Nil

Sie bauten die Pyramiden und erfanden die Hieroglyphen. Sie verehrten Hunderte von Göttern und häuften sagenhafte Reichtümer an. Die Geschichte der alten Ägypter war eine Erfolgsgeschichte. Als sie zu Ende war, bewiesen die Nachkommen einen erstaunlichen Geschäftssinn.

Langsam bewegte sich der Zug in das Tal der Toten. Es war erst Ende März, doch die Sonne schien erbarmungslos vom wolkenlosen Himmel. Klagelieder ertönten. Familie, Freunde und Hofleute erwiesen dem illustren Verstorbenen die letzte Ehre. Bedienstete und Sklaven trugen Blumen, Kränze und Girlanden, Schmuck und Kleidung. Der Tote selbst lag in einem Sarg aus Gold. Ein goldener Thron zeigte allen Beteiligten, dass hier der Pharao zu Grabe getragen wurde. Andere wertvolle Grabbeigaben, die den König ins Jenseits begleiten sollten, waren schon vorher in der Grabkammer deponiert worden.

Totenmaske des Pharaos Tutanchamun

Der Pharao war noch ganz jung gewesen. Nur 18 Jahre alt war er geworden. Als Kind auf den Thron gelangt, hatte er neun Jahre über das Land am Nil geherrscht. Dann war Tutanchamun an einer Krankheit gestorben. Das war 70 Tage her. Man hatte den Leichnam mumifiziert, und nach Ablauf der vorgeschriebenen Frist konnte nun die feierliche Zeremonie des Begräbnisses stattfinden.

Eine unbedeutende Berühmtheit

Die vielen hier im Tal der Könige bestatteten Pharaonen bekamen mit Tutanchamun im Jahr 1323 v. Chr. einen eigentlich un-

Howard Carter entdeckt den Schrein des Tutanchamun.

scheinbaren Nachbarn. Besonders berühmt war er zu seinen Lebzeiten jedenfalls nicht gewesen, und er hatte auch keine markanten Spuren hinterlassen. Dennoch ist er heute einer der bekanntesten Pharaonen. Er hatte das Glück, dass sein Grab nicht von antiken Grabräubern entdeckt und geplündert wurde. So war sein Name in aller Munde, als 1922 der britische Archäologe Howard Carter das unversehrte Grab des Tutanchamun im Tal der Könige entdeckt hatte, der Begräbnisstätte der Pharaonen des Neuen Reiches. Carter präsentierte es einer staunenden Öffentlichkeit als jene Sensation, die sie auch war: Denn die Funde aus dem Grab des Tutanchamun sollten für die Erforschung der Geschichte des alten Ägypten eine ähnliche Bedeutung haben wie die Entzifferung der Hieroglyphen durch den Franzosen Jean-François Champollion gut 100 Jahre zuvor.

Als der unbedeutende Pharao Tutanchamun über Ägypten herrschte, blickte das Reich am Nil schon auf eine lange, glorreiche Vergangenheit zurück. Viele seiner Vorgänger hatten sich, anders als Tutanchamun, der erst als Toter Aufsehen erregte, schon zu Lebzeiten aktiv um die Größe und Bedeutung des Reiches verdient gemacht.

Lebensader Nil

Aber Ägypten hatte seinen Aufstieg zu einer der führenden Mächte der Antike nicht nur fähigen Herrschern zu verdanken. Wichtig waren auch die Vorzüge und Segnungen der Natur. Wüsten schirmten das Land nach außen hin ab, sorgten bei den Ägyptern für Sicherheit und bei potenziellen Angreifern für Verdruss. Garant für Fruchtbarkeit und Wohlstand des Landes

Aufgestiegen gen Himmel ...

Der Hofbeamte Enene über den Regierungswechsel an der Reichsspitze nach dem Tod des Pharaos Thutmosis II. (1479 v. Chr.):

„Nachdem er aufgestiegen war zum Himmel, wurde er eins mit den Göttern, und sein Sohn trat an seine Stelle als König der beiden Länder. Er herrschte auf dem Thron seines Vaters, während seine Schwester, die Gottesgemahlin Hatschepsut, das Land verwaltete und die beiden Länder ihr untertan waren. Das Volk arbeitete für sie, und ganz Ägypten neigte das Haupt."

Der Nil vor den Pyramiden von Gizeh

war der Nil. Einmal im Jahr trat der Strom über seine Ufer, verursacht durch Monsunregen im Hochland von Äthiopien. Statt über Überschwemmungen zu jammern und zu klagen, krempelten die Ägypter die Ärmel hoch und schufen ein raffiniertes System von Kanälen für die kontrollierte Bewässerung der Felder längs des Nils. Getreide und Papyri aus dem Land am Nil wurden Exportschlager und füllten die königlichen Kassen bis zum Rand.

Organisation ist alles

Organisation und Effizienz wurden im Reich der Pharaonen überhaupt großgeschrieben. Um 3000 v. Chr. erfolgte die politische Vereinigung von Ober- und Unterägypten unter der Führung eines gemeinsamen Königs. Die Erfindung einer Schrift – der Hieroglyphen – war Voraussetzung für die Schaffung einer professionellen Verwaltung. Assistiert wurde der Herrscher von einer starken Priesterschaft, deren Aufgabe auch darin bestand, die religiöse Komponente des Königtums zu pflegen. In der Frühzeit kündeten monumentale Pyramidengräber von der weltlichen und kultischen Bedeutung der Machthaber. In der Hauptsache aber waren die Priester dazu da, die unzähligen Göttinnen und Götter, die in Ägypten verehrt wurden, zu pflegen.

Seine beste Zeit erlebte das alte Ägypten im „Neuen Reich“. Diese Bezeichnung kannten die Ägypter selbst noch nicht, sie ist das Ergebnis des Bestrebens moderner Forscher, Geschichte in übersichtlichen Portionen zu servieren. Das Neue Reich begann 1550 v. Chr. Davor gab es das „Alte Reich“ und ab ca. 2000 v. Chr. das „Mittlere Reich“.

Traumpaar der Antike

Aus dem Neuen Reich stammen die bekanntesten Herrschergestalten. Zu ihnen gehört Hatschepsut, eine der wenigen Frauen, die es auf den ägyptischen Thron geschafft hat. Sie regierte 15 Jahre und war vorausschauend genug, einen prächtigen Totentempel zu bauen, zu dem auch heute noch Scharen von Ägyptenfans pilgern. Kaum etwas übrig geblieben ist dagegen von den Bauten des Pharaos Echnaton. Der eigensinnige König stampfte eine neue Wüstenstadt namens Amarna aus dem Boden, die nach seinem Tod von den Ägyptern dem Erdboden gleichgemacht wurde. Denn Echnaton, der eigentlich Amenophis hieß, war ein Revolutionär. Er wollte alle Götter abschaffen, mit Ausnahme des Sonnengottes Aton, für den er in Amarna eine zentrale Kultstätte schuf. Die Priester der ausrangierten Götter waren verständlicherweise wenig begeistert, verloren sie auf diese Weise doch jeglichen Einfluss. So waren sie alle froh, als der „Ketzerkönig", wie man ihn nannte, nach 17-jähriger Herrschaft starb. Echnaton vermissten nur wenige, doch viele trauerten der königlichen Gemahlin Nofretete nach. Die kluge und schöne Frau war von Echnaton nach einigen glücklichen und harmonischen Jahren – keiner weiß genau, warum – verstoßen worden. 1912 kam bei Ausgrabungen in Amarna ihre berühmte Porträtbüste zum Vorschein, heute eine der großen Attraktionen auf der Museumsinsel in Berlin.

Echnaton und seine Frau Nofretete

Rekordverdächtig war die Herrschaft von Pharao Ramses II. Er regierte 66 Jahre und starb im biblischen Alter von 90 Jahren. Zeit genug, um dem Land am Nil seinen ureigensten, speziellen architektonischen Stempel aufzudrücken. Es gibt kaum einen Ort in Ägypten, an dem nicht ein Bauwerk steht, das auf Ramses II. als Auftraggeber zurückgeht. Am bekanntesten ist

Die berühmte Büste der Nofretete, eine der Hauptattraktionen der Berliner Museumsinsel

Alles ist anders

Im 5. Jh. v. Chr. schreibt der griechische Historiker Herodot über die alten Ägypter:

„Die Ägypter haben sich Gewohnheiten und Sitten zugelegt, die denen anderer Menschen gerade entgegengesetzt sind. So gehen bei ihnen die Frauen auf den Markt und treiben Handel, die Männer aber sitzen zu Hause und weben. Lasten tragen die Männer auf den Köpfen, die Frauen auf den Schultern. Ihre Notdurft verrichten sie in den Häusern, aber sie essen draußen auf der Straße."

Sie tranken auch Bier statt den im Römischen Reich üblichen Wein:

„Wein trinken sie auch und machen ihn aus Gerste, denn Rebstöcke haben sie nicht im Lande."

der Tempel von Abu Simbel, seit 1979 auf der Liste des UNESCO-Weltkulturerbes. Hier präsentierte sich der Pharao den beeindruckten Zeitgenossen gleich in vierfacher Ausfertigung in Form von monumentalen Sitzstatuen.

Zwei Jahrtausende lang erlebte das Reich der Pharaonen mehr Höhen als Tiefen. Es gab immer wieder mal Krisen, besonders, wenn die Ernte ausfiel und eine Hungersnot herrschte. Auch hatte der König es regelmäßig mit selbstbewussten Gaufürsten zu tun, die es nicht gern sahen, wenn ihnen die Regierungszentrale in Theben Befehle erteilte. Und manchmal gelang es auch auswärtigen Völkern, den Schutzschirm der Wüste zu überwinden und bis zum Nil vorzudringen. Um 1650 v. Chr. eroberten die aus Asien stammenden Hyksos fast ganz Ägypten und regierten das Land ein knappes Jahrhundert lang. Auch wenn sie nicht, wie manche Quellen wissen wollen, die meiste Zeit damit beschäftigt waren, Tempel und Paläste zu plündern, hinterließ diese Fremdherrschaft bei den Ägyptern doch die traumatische Erinnerung an eine Zeit, in der man die Kontrolle über die Verhältnisse verloren hatte.

Langes Ende

Das Ende des ruhmreichen Ägypten kam nicht unvermittelt und plötzlich, sondern eher schleichend. Es war einer der längsten Abstiege der Geschichte. Er zog sich über Jahrhunderte hinweg und dauerte somit länger, als viele große Reiche der Geschichte überhaupt existierten.

Ägyptische Quellen erwähnen für das 12. Jh. v. Chr. „Seevölker", die mit ihren Aktionen in einem Radius von Kleinasien bis nach Ägypten die Küsten unsicher gemacht hätten. Zwar herrscht über diese Vorgänge und ihre Auswirkungen keine absolute Sicherheit. Klar ist aber, dass sich die politischen und wirtschaftlichen Verhältnisse in der Region wandelten. Ägypten verlor wichtige Märkte und Absatzgebiete im östlichen Mittelmeerraum. Arbeitskräfte, die in Schlüsselpositionen dafür verantwortlich gewesen waren, dass die Wirtschaft boomte, wanderten ab. Diese Migrationswelle stand Pate bei der biblischen Geschichte vom Auszug der Israeliten aus Ägypten.

Die Autorität der Pharaonen bröckelte bedenklich. Die Provinzfürsten, traditionell darauf bedacht, dem Pharao das Leben schwer zu machen, witterten Morgenluft. Als mit dem Tod Ramses XI. um 1070 v. Chr. die Linie der Herrscher aus der Ramses-Familie endete, okkupierte ein Militärführer die Macht im Süden des Landes. In der Hauptstadt Theben übernahmen einflussreiche Priester das Ruder. Auch in Tanis im Nildelta entstand ein neuer Herrschaftsbereich.

Später war es ein aus Libyen stammender Söldnerführer mit dem dekorativen Namen Scheschonk, der das Chaos im Nachbarland dazu nutzte, seinen Karriereplänen einen deutlichen Schub zu verleihen. Es gelang ihm, mithilfe seines waffenstarrenden Militärs die Kontrolle über ganz Ägypten zu gewinnen und eine eigene Herrscherdynastie zu gründen. Dies war der Beginn einer langen, unaufhörlichen Serie von immer wechselnden Fremdherrschaften. Schon längst boten die Wüsten, anders als früher, keinen Schutz und keine Sicherheit mehr. Die Logistik und die Mobilität der Feinde hatte neue Dimensionen erreicht. Im 7. Jh. v. Chr. marschierten die gefürchteten Assyrer ein, die das Land durch willfährige, gut bezahlte Gaufürsten verwalten ließen. Nicht viel später schien sich das Blatt noch einmal zu wenden, als mit Psammetich wieder ein einheimischer Fürst an die Macht kam. Er hatte zuvor auf der Lohnliste der Assyrer gestanden, den Schritt in die Selbstständigkeit gewagt und sich von den unpopulären Fremdherrschern losgesagt. Noch einmal stand Ägypten unter der Regie einer ägyptischen

Grabmal von Ramses IV. im Tal der Könige

Dynastie. Unter Amasis, einem der Nachfolger des erfolgreichen Psammetich, konnte sich Ägypten sogar noch einmal als Seemacht im östlichen Mittelmeer etablieren.

Die Hoffnung, dauerhaft an die guten alten Zeiten anknüpfen zu können, wurde jedoch enttäuscht. Das definitive Ende des alten ägyptischen Pharaonenreiches wurde eingeläutet, als im Jahre 525 v. Chr. die Perser das Land am Nil besetzten. Sie wussten um dessen strategische Bedeutung, schätzten auch die natürlichen Ressourcen und freuten sich daher sehr, auch die Ägypter in ihrem Großreich begrüßen zu können, das sich nun vom Nil bis zum Indus erstreckte. Bei den Ägyptern hielt sich die Begeisterung eher in Grenzen. Auch als Alexander der Große, der König der Makedonen, 200 Jahre später die Perser ablöste, fanden im Land keine Jubelfeiern statt – ebenso wenig wie zur Begrüßung der Römer Blumen gestreut wurden, als diese 30 v. Chr., nach dem Tod der Kleopatra, der letzten Vertreterin der Alexander-Dynastie, Ägypten konfiszierten und ihrem Imperium einverleibten.

Perfekte Vermarktung

Zu dieser Zeit hatten sich die Ägypter mit den veränderten Verhältnissen schon längst abgefunden. Statt von alter Größe zu träumen, machte man mit der glorreichen Vergangenheit lieber gute Geschäfte. Ägypten war das erste untergegangene Reich der Geschichte, das bereits in der Antike vermarktet wurde. Gewiefte Fremdenführer lockten die immer zahlreicher strömenden Touristen aus Griechenland und Rom zu den Sehenswürdigkeiten, zeigten ihnen die Pyramiden und ließen sie Graffiti in die Tempel eingravieren mit der Botschaft an die Nachwelt, dass sie hier gewesen seien. Und so hatte die antike Marketingabteilung entscheidenden Anteil daran, dass das Alte Ägypten zu einem musealen Mythos wurde, zu einem Faszinosum und zum Inbegriff eines Zauber- und Wunderlandes.

Die Sphinx und die Pyramiden von Gizeh – damals wie heute sind ägyptische Altertümer ein Publikumsmagnet.

Großer Tempel von Ramses II., Abu Simbel, Ägypten

Fake News aus dem alten Ägypten

Ramses II. hat Geschichte geschrieben – nicht nur als ältester und am längsten amtierender Pharao. Er darf auch als Erfinder der Fake News, der manipulierten Falschmeldung, gelten. 1274 v. Chr. kam es im nördlichen Syrien bei dem Ort Kadesch zu einer Schlacht gegen die kampferprobten Hethiter. Nur mit Mühe und Not konnten die Ägypter unter der persönlichen Führung des Ramses eine Niederlage abwenden. Als er nach Ägypten zurückkehrte, startete Ramses jedoch eine mediale Daueroffensive mit der Botschaft: Wir haben einen grandiosen Sieg errungen. Im ganzen Land wurde in zahlreichen Inschriften und Abbildungen der angebliche Sieg über die Hethiter gefeiert, unter besonderer Herausstellung der Tapferkeit des Ramses. Ein Pharao war eben kein Verlierer, schon gar nicht der Pharao Ramses. Natürlich sorgte der Protagonist aller Fake-News-Produzenten auch dafür, dass die Wahrheit nicht ans Licht kam. Die beteiligten Soldaten wurden zum Stillschweigen verpflichtet, objektive, neutrale Quellen nicht zur Veröffentlichung zugelassen.

Im stillen Kämmerlein offenbarte der nach außen hin so großspurige Pharao jedoch Skrupel und Zweifel. In einem unter Verschluss gehaltenen Text über die Kadesch-Schlacht machte er bezeichnenderweise aber nicht sich selbst, sondern seinem Schutzgott Amun heftige Vorwürfe:

„Was ist mit dir, mein Vater Amun? Ziemt es einem Vater, seines Sohnes zu vergessen, und habe ich je etwas ohne dich getan, gehe und stehe ich nicht auf dein Geheiß? Denn nie habe ich einen Befehl von dir übertreten! Zu groß ist er doch, der große Herr Ägyptens, als dass Fremdvölker ihm entgegentreten könnten! Was sind diese Asiaten für dich, Amun, die Elenden, die Gott nicht kennen?“ Wenn Ramses selbst auch die Wahrheit kannte, ist es ihm doch mit einer einmaligen Propagandaleistung gelungen, seinen Sieg so glaubhaft zu machen, dass bis heute in vielen Geschichtsbüchern noch der Eintrag auftaucht: „1274 v. Chr.: Ramses besiegt bei Kadesch die Hethiter.“

AKKAD

Das Reich des „wahren Königs“

Gute Planung ist alles. Dieser Einsicht verdankte ein Mundschenk seinen kometenhaften Aufstieg. Am Ende war Sargon unumstrittener Herrscher und bescherte seiner Heimat Akkad eine lange Blütezeit.

Schar kischati. Er hatte es geschafft. Sargon war *schar kischati*, der „König von allem“. Er hatte 34 Schlachten geschlagen, 50 Stadtfürsten besiegt. Bis zum Mittelmeer war er gekommen, „in dessen Wellen er seine Waffen reinigte“. Alle bewunderten Sargon, den „wahren König“, den „König der vier Weltgegenden“. Alle waren ihm untertan, alle mussten ihm Tribute zahlen und Geschenke bringen.

Bronzebüste eines Königs von Akkad

Sargon wusste, wie man Siege zelebrierte und wie man sich als Universalherrscher präsentierte. Dabei war er, objektiv betrachtet, nicht viel mehr als eine Lokalgröße. Er war der Gründer des Reiches von Akkad, benannt nach einer Stadt, die er zu seiner Residenz wählte. Sie lag im heutigen Irak, dem Land zwischen Euphrat und Tigris, das die Griechen Mesopotamien nannten. Er regierte von 2334 bis 2279 v. Chr., eine verhältnismäßig lange Zeit, denn die Haltbarkeitsdauer von Herrschern im Mesopotamien war in der Regel begrenzt.

Unruhige Verhältnisse

Die ersten Hochkulturen entstanden in Ägypten und in Mesopotamien. Ägypten verdankte seinen Reichtum dem Nil. Mesopotamien verdankte seinen Reichtum dem Euphrat und dem Tigris. Ägypten war durch Wüsten von der Außenwelt hermetisch abgeriegelt und konnte sich lange Zeit frei und selbstständig entwickeln. In Mesopotamien war die Situation anders. Der heutige Irak war offenes Durchgangsland und daher ewiger Zankapfel. Nicht Völker, sondern konkurrierende Stadtfürsten wetteiferten um die Macht. Ihrer Expansion stellten sich, anders als in Ägypten, keine natürlichen Hindernisse entgegen. War es einem der Herrscher gelungen, seinen Machtbereich auszudehnen, schlossen sich die Unterlegenen zusammen, um ihn wieder vom Thron zu stürzen. Das Ergebnis waren ständige Turbulenzen und Veränderungen in den Machtverhältnissen. So war es gewesen, seitdem sich um 3000 v. Chr. die Sumerer, die Herrscher von Sumer im südlichen Mesopotamien, als erste Führungsmacht etabliert hatten.

Sargon war sich all dessen bewusst. Er wusste, dass es nicht reichte, politisch, wirtschaftlich und militärisch stark zu sein, wenn er beabsichtigte, mehr zu sein als einer jener Kurzherrscher, wie sie in den Chroniken massenhaft vorkamen. Er wollte lange herrschen. Dazu bedurfte es eines Stufenplanes: Erst die Macht in Mesopotamien erringen, lautete die Devise, und dann dafür sorgen, dass er diese Macht nicht gleich wieder verlor.

Steile Karriere

Seine Karriere begann am Hofe von Kisch, der Residenz des Königs Ur-Zababa. Sargon war sein Mundschenk – ein Mundschenk, der, wie sich rasch zeigte, nach Höherem strebte. Es gelang ihm, Ur-Zababa vom Thron zu stürzen und sich selbst als Nachfolger einzusetzen. Um diesem Putsch den Anstrich der Rechtmäßigkeit zu verleihen, behauptete Sargon, er habe auf Weisung einer Göttin gehandelt. Inanna-Ischtar, die Göttin mit den abwechslungsreichen Ressorts Liebe, Tod, Krieg und Fruchtbarkeit, sei seine große Förderin

Die Siegesstele von Naramsin ist heute im Pariser Louvre zu besichtigen.

Siegesstele des Naramsin

Die Könige von Akkad feierten ihre militärischen Erfolge gerne auf großen Siegesdenkmälern. Das bekannteste stammt von Sargons Enkel Naramsin. Nach einem Triumph über den Stamm der Lullubäer ließ er sich als vergöttlichte Riesengestalt porträtieren, die in seiner Kriegerrüstung über die Leichen der Feinde schreitet.

Inanna, Göttin der Fruchtbarkeit, Liebe und des Krieges. Fragment eines Steinreliefs aus einem Tempel in Nippur (Mesopotamien), ca. 2500 v. Chr.

gewesen. Sie habe sich seiner angenommen, nachdem er von seiner Mutter, einer Priesterin, in einem kleinen Bastkorb auf dem Euphrat ausgesetzt worden war. Sie hatte dafür gesorgt, dass ein Gärtner den Korb entdeckte. Der Gärtner zog das Kind auf. Als er ein junger Mann geworden war, dirigierte ihn die göttliche Förderin an den Hof nach Kisch, wo Sargon erst Karriere im Dienst des Königs und dann auf eigene Rechnung machte.

Die Aussetzungsgeschichte darf man getrost in das Reich der Fabeln verweisen. Wie die Beispiele des biblischen Moses und des römischen Stadtgründers Romulus zeigen, dienten sie dazu, Persönlichkeiten, die es von ganz unten nach ganz oben geschafft hatten, Legitimität und Autorität zu verleihen. Sargon wusste aber auch, dass es handfesterer Argumente bedurfte, um seine neuen Untertanen für sich zu begeistern. Die Armee wollte Kriege und Beute, und Sargon lieferte: Er eroberte mit seinen Soldaten die Städte Umma, Uruk und Ur. Kisch, das zu sehr mit dem gestürzten König verbunden war, wurde als Residenz aufgegeben. Stattdessen wurde mit der Stadt Akkad ein neues politisches Zentrum gegründet. Bis heute ist es der Archäologie nicht gelungen, sie zu identifizieren. Wahrscheinlich befinden sich die Überreste unter dem Häusermeer der heutigen irakischen Millionenmetropole Bagdad.

Zeitgenössisches Tonmodell eines akkadischen Hauses

Eine Königstochter für den Mondgott

Hier machte sich der neue König an den Aufbau einer gut organisierten Verwaltung. Die Schlüsselpositionen reservierte er für Verwandte oder Günstlinge. So überraschte er seine Tochter Encheduana mit der Mitteilung, dass sie nun die höchste Priesterin des Mondgottes Sin sei. Ganz modern und zukunftsweisend waren die innovativen Maßnahmen zur Stärkung der Infrastruktur. Künstliche Bewässerung, Zweifelderwirtschaft und neue Düngemethoden revolutionierten die Agrarwirtschaft und erwiesen sich als Garanten für hohe Erträge. Die Vereinheitlichung von

Das Zagros-Gebirge, im heutigen Iran gelegen

Maßen und Gewichten erleichterte das wirtschaftliche Leben in den von Akkad kontrollierten Territorien. Überall wurde Akkadisch offizielle Amtssprache.

Nachdem Sargon innenpolitisch fest im Sattel saß, folgten weitere Eroberungen. Feldzüge wurden bis zum Persischen Golf, später über das Zagros-Gebirge im Iran hinweg bis in das zentrale Anatolien sowie nach Syrien und ins Zedernland Libanon unternommen. Weiter war noch kein mesopotamischer Potentat gekommen. Sargon war der erste große Eroberer. Seinen Landsleuten erschloss er neue, unbekannte Horizonte. Die Inflation an dekorativen Titeln, die er sich nun zulegte, sollte auch dem Letzten seiner Untertanen und natürlich auch den anderen Stadtfürsten vor Augen führen, wie bedeutend Sargon war. Der „wahre König", der „König der vier Weltgegenden", herrschte, so lautete die bescheidene Botschaft, über die ganze Welt.

Alle gegen einen

Als Sargon nach langer Herrschaft starb, hielt er Haus und Reich für gut bestellt. Seine Söhne mühten sich redlich, in die Fußstapfen des Vaters zu treten, doch fehlten ihnen, wie auch den Enkeln und Urenkeln, dessen Charisma, Geschick und Glück. Und sie hatten mit der Hypothek zu leben, dass nun wieder die alte Regel griff: Wer zu mächtig geworden war, wurde von allen anderen bekämpft. Die akkadische Armee rieb sich im Kampf an vielen Fronten auf. Letzter Vertreter der Sargon-Dynastie war König Schudurul. 125 Jahre nach dem Tod Sargons war das Reich stark geschrumpft und praktisch auf das Territorium der Stadt Akkad beschränkt. Den Todesstoß versetzte ihr 2154 v. Chr. das Bergvolk der Gutäer aus dem Zagros-Gebirge. Da war *schar kischati* Sargon schon längst zu einer Legende geworden.

Das Seereich der Minoer

Rätselhaftes Ende

Warum sie so stark waren, ist bekannt. Doch wie kam es zum Untergang der ruhmreichen Minoer auf der Insel Kreta? In der gelehrten Welt kursieren viele Theorien. Eine, die lange Zeit Favoritenstatus genoss, stimmt jedenfalls nicht.

Das große Abenteuer begann am 23. März 1900. Schauplatz war die Insel Kreta, und zwar ein kleiner Ort ein paar Kilometer südlich der Hauptstadt Heraklion. Alle Formalitäten mit Behörden und Institutionen waren geregelt. Arthur Evans konnte sich mit seinem Team endlich an die Arbeit machen. Hier, unter diesem Hügel, davon war er überzeugt, musste das legendäre Knossos liegen. An jenem denkwürdigen Tag erfolgte der erste Spatenstich. Einer von Millionen, denn es gab viel zu graben, und vor allem: Die Mühe lohnte sich. Was der britische Archäologe der staunenden Öffentlichkeit in den folgenden Jahren als Ergebnis seiner Arbeit präsentierte, war schlicht eine Sensation. Nach und nach kam eine riesige, raffiniert verschachtelte Palastanlage zum Vorschein. So etwas kannte man bisher nur aus Ägypten und Mesopotamien. Jetzt war für ihn der Beweis erbracht, dass jene alten griechischen Berichte recht hatten, die von einem König Minos sprachen, der von Knossos aus ein großes Reich regierte.

Arthur Evans mit dem berühmten Stierkopf-Rhyton, einem Fundstück aus Knossos. Foto um 1925

Kretischer Buckingham-Palast

Mit Unterbrechungen arbeitete Evans 35 Jahre an dem Projekt Knossos. Der von ihm ausgegrabene Palast ist auch heute noch ein Magnet für Touristen aus aller

Ruinen des Palastes von Knossos

Welt. Sie erfreuen sich an den großzügigen Rekonstruktionen, an dem Thronsaal, dem Badezimmer, dem Labyrinth. In der Fachwelt überwiegen die kritischen Stimmen. Evans habe, so der Vorwurf, mit zu viel Beton, viel zu viel Fantasie und zu wenig historischer Korrektheit gearbeitet. Er habe zu viel an den Buckingham-Palast und zu wenig an antike Palastarchitektur gedacht. Aber so argumentierten Neider aus dem Kollegenkreis, nachdem der Archäologe 1911 von König George V. in den Adelsstand erhoben worden war und sich nun Sir Arthur Evans nennen durfte.

Nach König Minos, dem angeblichen Hausherrn von Knossos, bezeichnete Evans die frühe Hochkultur auf Kreta als die „minoische Kultur". Dabei hat es einen König Minos wahrscheinlich nie gegeben, ebenso wenig wie seine beiden Brüder Rhadamanthys und Sarpedon, die in den Palästen von Phaistos und Malia residiert haben sollen. Ihr Dasein haben sie späteren Generationen antiker Griechen zu verdanken, die von einer großen Vergangenheit Kretas wussten, sie aber nicht mit konkreten Namen verbinden konnten. Und so trat an die Stelle der

Realität der Mythos: Minos war demnach ein Gesetzgeber, und natürlich hatte er auch eine schöne Tochter. Sie hieß Ariadne und half dem athenischen Helden Theseus, der nach Kreta gekommen war, um den Minotaurus auszuschalten. Dieses Ungeheuer, halb Mensch, halb Stier, hauste im Palast von Knossos in einem Labyrinth und hatte die unangenehme Gewohnheit, Menschen zu verspeisen. In regelmäßigen Abständen mussten die Athener junge Frauen und Männer nach Knossos schicken, die dem Minotaurus zum Fraß vorgeworfen wurden. Theseus machte dem Spuk ein Ende, mit Unterstützung der Ariadne, die ihm mittels eines Fadens – des sprichwörtlichen Ariadne-Fadens – half, wieder aus dem Labyrinth herauszufinden.

In Wirklichkeit kennen wir die Namen der Herrscher, die in Knossos und den anderen Palästen residierten, nicht. Zwar hatten die „minoischen" Kreter eine Schrift, aber sie liefert keine Informationen über Staat und Gesellschaft. Die von der Sprachwissenschaft als Linear A bezeichnete Schrift diente allein wirtschaftlichen Zwecken. Zwar ist Linear A bis heute nicht entziffert, doch weiß man, dass es sich bei den Texten, die auf Tontafeln, Siegeln und Inschriften erhalten sind, um Inventurlisten von Produkten aus der königlichen Palastwirtschaft handelt. Dahinter stand ein ausgeklügeltes System. Die Bauern lieferten Öl und Getreide, das im Palast in Magazinen eingelagert wurde. So verlor man dort nie die Übersicht über die landwirtschaftlichen Ressourcen.

Stark dank Teamwork

Die Kreter waren stark. Das lässt sich schon daran ablesen, dass sie für gut 700 Jahre eine dominierende Position im Mittelmeerraum einnahmen. Von 2100 bis 1400 v. Chr. spielten sie im Konzert der

Rekonstruiertes Fresko aus dem Palast zu Knossos, das Athleten beim Sprung über einen Stier zeigt. Der minoische Stierkult könnte dem Minotaurus-Mythos mit zugrunde liegen.

mediterranen Großmächte eine wichtige Rolle. Das hatte mehrere Gründe. Sie verfügten über sehr stabile politische Strukturen. Was der Mythos auf die Leistung eines einzelnen „Minos" reduzierte, war in Wirklichkeit das Werk vieler Herrscher. Die Kreter setzten auf Teamwork: Knossos war Zentrale und Regierungssitz. Hier fielen die politischen Entscheidungen, in enger Absprache mit dem Adel, dessen Protagonisten sich in den anderen Palästen um die Geschäfte kümmerten. Neben Malia und Phaistos war Kato Zakros eine wichtige Außenstelle. Dieser Palast wurde erst 1961 entdeckt. In den Mythen der alten Griechen wird er nicht erwähnt. Wahrscheinlich ist er nach dem Untergang der minoischen Kultur früh in Vergessenheit geraten. Und so brauchte der Mythos auch keinen weiteren Bruder des Minos zu erfinden.

Die Stärke der Kreter beruhte auch auf ihrem Reichtum. Im 2. Jahrtausend v. Chr. gab es keine Macht, die es im Mittelmeer in wirtschaftlicher Hinsicht mit den Minoern aufnehmen konnte. Sie knüpften ein engmaschiges Netz von Handelsbeziehungen, das sich von Ägypten bis nach Sizilien erstreckte. In den 700 Jahren, in denen Kreta seine Blütezeit erlebte, war es unmöglich, während einer Seereise auf dem Mittelmeer keinem Schiff mit minoischer Flagge zu begegnen. Dank der Reichtümer, die sie anhäuften, hatten es die Kreter auch nicht nötig, eine Armee aufzubauen. Auf ihrer Insel waren sie ohnehin geschützt, und Kriege mussten sie nicht führen, weil sie mit ihrer überlegenen Wirtschaft alles unter Kontrolle hatten. Lieber gönnten sie sich einen opulenten Lebensstil, von denen die bunten Fresken mit beneidenswert heiteren, fröhlichen Motiven beredtes Zeugnis ablegen.

Statuette aus Knossos, die eine Schlangengöttin oder Priesterin darstellt

Thalassokratie

Die Kreter fühlten sich auf dem Meer zu Hause. Ihre Schiffe waren im ganzen Mittelmeer unterwegs. In den Schilderungen der Griechen ist von einer kretischen „Thalassokratie", wörtlich: „Seeherrschaft", die Rede. Der Begriff, zunächst exklusiv für die alten Kreter geprägt, ist heute in den historischen und politischen Wissenschaften fest etabliert. Er wird auf alle Mächte angewandt, deren Interessen maritim-kommerzieller Art sind.

Kein Zweifel: Die Kreter fühlten sich wohl, sie genossen das Leben. Einziger Wermutstropfen waren die häufigen Erdbeben. Mal mehr, mal weniger schlimm, waren sie stete Begleiter des täglichen Lebens. Um 1900 v. Chr., als Kreta gerade im Begriff war, in seine Blütezeit einzutreten, zerstörte ein verheerendes Erdbeben alle Paläste und die meisten Wohnhäuser, die aber rasch wieder aufgebaut wurden. Weil man glaubte, dass solche Katastrophen von den Göttern geschickt wurden, versuchte man, diese mit Zeremonien zu versöhnen – und ging ansonsten wieder optimistisch ans Tagewerk.

Naturkatastrophen stehen auch ganz oben auf der Liste, wenn man nach den Umständen fragt, die für den Untergang der blühenden Hochkultur der Minoer verantwortlich gewesen sind. Dieser Untergang vollzog sich abrupt und plötzlich, anscheinend ganz ohne Vorwarnung. Die archäologischen Befunde sind eindeutig. 1450 v. Chr. wurden alle großen Paläste zerstört. Mit Ausnahme von Knossos wurden sie nicht wieder in Betrieb genommen. Doch führten dort nicht mehr die alten Minoer die Regie, neue Herren übernahmen das Ruder.

Auf nach Kreta – mit Europa!

Im griechischen Mythos war Minos der Sohn des Gottes Zeus. Seine Mutter hieß Europa. Sie war eine Königstochter aus Phönizien, dem heutigen Libanon. Eines Tages begab sich der Göttervater wieder einmal auf eine seiner zahlreichen amourösen Abenteuerreisen. Am Strand von Phönizien entdeckte er Europa, verwandelte sich in einen Stier und entführte sie auf seinem Rücken nach Kreta. Unter einer geweihten Platane in der Stadt Gortyn wurde Hochzeit gefeiert. Dann musste Zeus wieder zurück nach Hause auf den Olymp. Europa blieb und gab einem ganzen Kontinent ihren Namen. Wie alle Mythen steckt auch in dieser Geschichte ein Körnchen Wahrheit. Sie erklärt nämlich, warum bei den Kretern der aus dem Orient importierte Stierkult eine so wichtige Rolle spielte. Er zeigt auch, wie viel die Minoer auf ihrem Weg zur Hochkultur Impulsen aus dem Osten zu verdanken hatten.

Gewagte These

1939 überraschte der griechische Archäologe Spyridon Marinatos Fachpublikum und Öffentlichkeit mit einer spektakulären These. Demnach sei für den Untergang der minoischen Kultur auf Kreta ein Vulkanausbruch auf der Insel Santorin verantwortlich gewesen. Diese Insel wurde damals buchstäblich in die Luft gesprengt. Die Eruption, so meinte Marinatos, habe eine gigantische Flutwelle ausgelöst, die sich auf das 100 Kilometer südlich gelegene Kreta ergossen und zusammen mit einem Hagel aus Bimsstein ein Inferno herbeigeführt habe. Diese Theorie gilt inzwischen als überholt. Der Vulkanausbruch auf Santorin fand, wie geoarchäologische Untersuchungen von Aschepartikeln im Grönlandeis gezeigt haben, um 1620 v. Chr. statt. Das ist gut 200 Jahre früher als die Katastrophe, die zum Ende der kretischen Paläste und der minoischen Kultur führte. Auch die besten Freunde von Marinatos mussten einsehen: So lange brauchte keine Flutwelle, um von Santorin nach Kreta zu gelangen.

Also gilt es, nach anderen Gründen für den Untergang der minoischen Kultur zu suchen. Gab es ein verheerendes Erdbeben, stärker als alle anderen zuvor? Oder waren kriegerische Auseinandersetzungen verantwortlich? Sind die friedlichen Kreter Opfer

Die Insel Santorin wurde von einem verheerenden Vulkanausbruch förmlich entzweigerissen. Grund für den Untergang der minoischen Kultur war diese Katastrophe aber nicht.

einer feindlichen Invasion geworden? Oder hat es einen Aufstand der Bevölkerung gegeben?

Ungünstiger Zeitpunkt

Aus dem Dickicht der Vermutungen und Spekulationen schält sich das folgende wahrscheinliche Szenario heraus: Der Vulkanausbruch von Santorin hatte keine langfristigen negativen Auswirkungen. Doch die ohnehin hohe Zahl der Erdbeben nahm zu. Nicht ohne Folgen für Wirtschaft und Infrastruktur. Die gesamte Insel Kreta entwickelte sich zu einer permanenten Reparaturwerkstatt. Die Herrschenden hatten es schwerer, bei der Bevölkerung Akzeptanz zu finden. Der soziale Frieden geriet in Gefahr. Einen Aufstand gab es allerdings nicht, darin hatten die Kreter keine Übung. Sie zweifelten aber zunehmend daran, dass die Götter ihre Freunde waren. In diesem Klima der allgemeinen Verunsicherung geschah das denkbar Ungünstigste: Um 1450 v. Chr. kam es erneut zu einem schweren Erdbeben, das praktisch alle Gebäude dem Erdboden gleichmachte.

Zur selben Zeit begann auf dem griechischen Festland der Höhenflug einer, im Gegensatz zu den Minoern, sehr kriegerischen Kultur. Die Mykener, benannt nach einer Burg auf der nördlichen Peloponnes, zogen auf der Suche nach Ruhm, Ehre und Beute über die Meere. Auch das einst so reiche, sagenhafte Kreta nahmen sie ins Visier. Die von dem letzten schweren Beben geplagte und geschwächte Insel hatte den Kriegern vom Festland wenig entgegenzusetzen. Die Mykener bauten Knossos wieder auf und lenkten von hier nunmehr die Geschicke der Insel. Die Minoer waren Geschichte – bis sie Arthur Evans wieder zum Leben erweckte.

SARDINIEN

Das Geheimnis der Nuraghen

Seltsame Bauwerke hat eine frühe Kultur auf der Insel Sardinien hinterlassen. Es handelte sich ohne Frage um eine bedeutende Macht. Das Wenige, was über sie bekannt ist, lässt viel Spielraum für Interpretationen.

Sardinien hatte in der Antike keinen guten Ruf. Die Bewohner der Insel galten als wild und unzivilisiert. Als im 3. Jh. v. Chr. die Römer die Insel eroberten, fragten sie sich, ob es hier überhaupt möglich sei, zu herrschen. Die Sarden würden ihnen doch nie gehorchen. Doch wer das Mittelmeer beherrschen wollte, konnte nicht auf die zweitgrößte Insel verzichten. So bildete Sardinien zusammen mit Korsika einen eigenen römischen Herrschaftsbezirk. Aber das Verhältnis blieb immer distanziert. Unter Kaiser Tiberius war die Insel ein Verbannungsort. 4000 Juden wurden nach Sardinien deportiert, um das, wie es hieß, dortige Räuberunwesen zu bekämpfen. Sollten die Deportierten wegen des ungesunden Klimas sterben, so wäre dies auch kein Verlust, fügte man zynisch hinzu.

Die Ausmaße der Nuragh Su Naraxi sind heute noch beeindruckend.

Lauter Vorurteile

Wild und unzivilisiert? Räuber? Ungesundes Klima? Von wegen, sagten die Sarden. Sie bezeichneten sich lieber als stolz und freiheitsliebend. Das Wetter stimmte ebenfalls. Und tatsächlich hatten sie eine Vergangenheit in petto, bei der die Römer, die neuen „Herren der Welt", absolut nicht mithalten konnten. Zu der Zeit, als Rom noch ein kleines Dorf der Hirten und Bauern gewesen war, waren die Sarden bereits auf der ganz großen Bühne der Geschichte aufgetreten. Schließlich war Sardinien die Heimat der geheimnisvollen Nuraghen. Und Vergleichbares hatten die Römer, die sich immer so großartig vorkamen, nun wirklich nicht zu bieten.

Hinterlassenschaften der Nuraghen sind heute noch auf der ganzen Insel zu finden. Nicht weniger als 7000 dieser Bauwerke sind – manche besser, manche schlechter – erhalten. Im 2. Jahrtausend v. Chr., dem Höhepunkt der Nuraghen-Kultur, sind es mindestens doppelt so viele gewesen. Es handelt sich mit um die größten und besterhaltenen prähistorischen Denkmäler in ganz Europa. Nicht alle sehen gleich aus. Doch weisen sie einige charakteristische Merkmale auf, die darauf hindeuten, dass hinter den Bauwerken ein einheitlicher Gestaltungsplan und eine perfekte Organisation stand. Eine typische Nuraghe war aus Stein gebaut, mit dicken, wehrhaften Mauern versehen, dazu mit Türmen und großzügigen Räumen ausgestattet. Charakteristisch ist weiterhin die Verwendung der sogenannten Kraggewölbetechnik. Manche waren kleiner, manche erreichten gigantische Ausmaße wie die am besten erhaltene Nuraghe Su Nuraxi aus dem 12. Jh. v. Chr.

Rätselhafte Bauwerke

Aber wozu dienten diese Tausende von Nuraghen? Wer waren die Menschen, die sie gebaut hatten? Trotz intensiver wissenschaftlicher Bemühungen gibt es immer noch mehr Fragen als Antworten. Schriftliche Interpretationshilfen haben die Konstrukteure nicht hinterlassen. So weiß man noch nicht einmal, was der Name „Nuraghe“ überhaupt bedeutet. Die Sarden haben ihn über viele Generationen hinweg mündlich überliefert. Waren es Einheimische, die sich mit den massiven Wehrbauten gegen Gefahren von außen wappnen wollten? Oder handelte es sich um Fremdherrscher, die die Insel okkupiert hatten? Wohnten die Menschen in den Nuraghen

Öllampe aus Bronze in Form eines Schiffes mit einem Hirschkopf. Sardinien, 7./6. Jh. v. Chr.

oder in benachbarten Dörfern? Waren es am Ende Tempel oder gar Begräbnisstätten?

Die Träger der Nuraghen-Kultur blieben nicht immer auf ihrer Insel. Im Gegenteil: Bildliche Darstellungen von Schiffen beweisen, dass sie auf das Meer strebten – sei es in kriegerischer Mission, sei es, um mit wertvollen Metallen Geschäfte zu machen. Funde von Bronzefiguren aus eigener Produktion zeigen, dass die Träger der Nuraghen-Kultur auch künstlerisch hoch begabt waren.

Stiller Abschied

Doch um 1000 v. Chr. begann der Stern der Nuraghen-Kultur zu verblassen. Und zwar nicht wegen einer plötzlich hereinbrechenden Katastrophe. Denn von Zerstörungen durch Invasionen oder Naturka-tastrophen gibt es keine Spur. Die Kultur der Nuraghen wurde im Laufe der Zeit zum Auslaufmodell. Ihre Form des Wirtschaftens war nicht mehr zeitgemäß, andere Mächte, wie die Mykener, die Phönizier, die Etrusker und die Karthager, kontrollierten die für Sardinien einst so lukrativen Handelswege. So verabschiedeten sich die Protagonisten einer der frühesten Hochkulturen in Westeuropa ganz leise aus der Geschichte – und hinterließen viel Stoff zum Diskutieren und Rätseln.

Die Ruinen von Mykene

Das Reich von Mykene

Ruhmvolle Krieger

Das Ende der ersten europäischen Festlandskultur war lange Zeit ein Rätsel. Doch neuere Forschungen bringen Licht in das Dunkel. Waren die mächtigen Mykener an ihrem Untergang selbst schuld?

Mit langsamen Schritten steuerte die kleine Gruppe auf die Burg zu. Die Bauern waren fest entschlossen, dem König die Meinung zu sagen. Wieder einmal waren die Steuern erhöht worden. Dagegen wollten sie protestieren. Freiwillig hatten sie sich nicht gemeldet. Sie waren in einer Versammlung der Bauern ausgewählt worden. Ganz wohl war ihnen nicht in ihrer Haut. Die meisten, die Ähnliches vorhatten, verließ schon der Mut, wenn sie nur die dicken, abweisenden Mauern erblickten. Sie seien das Werk von Zyklopen, hieß es – dieser ungehobelten, mit unbändigen Kräften gesegneten göttlichen Gesellen. Doch die Gruppe marschierte tapfer weiter. Am Eingangstor aber war es mit der Entschlossenheit vorbei. Nicht nur die beiden grimmig dreinblickenden, bis an die Zähne bewaffneten Wärter schüchterten sie ein. Den Rest gaben ihnen die beiden furchterregenden Löwen auf dem Relief über dem Tor. Hier waren sie ganz sicher nicht willkommen, und so zogen sie unverrichteter Dinge wieder ab. Doch sie schworen sich, diesmal nicht so einfach zu kapitulieren. Zu viel Unmut hatte sich angestaut. Bald würden sie ihre Familien nicht mehr ernähren können. Es musste etwas geschehen.

Szenen dieser Art gehörten in Mykene zum Alltag. Sie wurden dem König gar nicht gemeldet. Mit dem gemeinen Volk wollte er nichts zu tun haben. Es genügte ihm, wenn die Menschen ihre Abgaben leisteten: Getreide, Oliven und andere Feldfrüchte, die im Palast gehortet wurden. Genauso hatten es auch seine vielen Vorfahren auf dem Thron gehandhabt. Wie sehr es beim Volk inzwischen brodelte, ahnte er nicht. Er fühlte sich sehr sicher. Auch feindliche Armeen hatten keine Chance, die Festung zu besetzen. Zugang hatten, außer der Familie, dem Wachpersonal und den Bediensteten, nur die Adligen, die hohe militärische Positionen bekleideten.

Krieg als Lebenselixier

Die Burg Mykene auf der Peloponnes, im Norden der Landschaft Argolis, wurde zur Namenspatronin einer ganzen Epoche der griechischen Frühgeschichte. Andere Fürsten saßen in ähnlichen Palästen auf der Peloponnes, in Bötien und Attika. Neben dem Stammsitz hatten die Herrscherresidenzen in Pylos, Tiryns, Theben und Orchomenos eine große Bedeutung. Sie waren eigenständig, erkannten aber die Vorrangstellung des Königs von Mykene an. Wenn sie in den Krieg zogen, hatte er die oberste Befehlsgewalt.

Und sie zogen oft in den Krieg. Zu den Waffen zu greifen, gehörte gewissermaßen zur DNA der Mykener. Sie waren Teil einer großen Wanderungsbewegung indoeuropäischer Völker gewesen, die um 2000 v. Chr. den Balkan und große Teile des griechischen Festlandes besetzt hatten. Das war gegen den erbitterten Widerstand der einheimischen Bevölkerung geschehen. Aber die fremden Krieger hatten sich durchgesetzt, die Einheimischen unterworfen und sich in ihre Trutzburgen zurückgezogen.

Das Löwentor war das Hauptportal zur alten Stadt Mykene.

Gastfreundschaft der Mykener

So beschreibt der Dichter Homer, wie Telemachos, der Sohn des Odysseus, im Palast von Pylos vom Hausherrn Nestor gastlich aufgenommen wird:

„Als sie das Fleisch nun gebraten, und von den Spießen gezogen, teilten sie's allen umher und feierten das prächtige Gastmahl. Und nachdem die Begierde des Tranks und der Speise gestillt war, sprach der Greis, der Rossebändiger Nestor: ‚Jetzt ziemt es sich besser, die fremden Gäste zu fragen, wer sie seien, nachdem sie ihr Herz mit Speise gesättigt. Fremdlinge, sagt, wer seid ihr? Von woher trägt euch die Woge?'"

Der Krieg bestimmte auch danach ihr Leben – nicht als Selbstzweck, sondern als legitimes Mittel, um Macht und Reichtum zu erwerben. Die Mykener entwickelten einen aristokratisch-heroischen Lebensstil, bei dem nur der kriegerische Erfolg zählte. Ein Fürst, der in dieser Hinsicht keine Erfolge vorweisen konnte, galt als unfähig und musste um seinen königlichen Arbeitsplatz bangen. Und auch bei den Soldaten begann es zu rumoren, wenn lukrative Beutezüge ausblieben.

Die Geschichte von Mykene war eine Erfolgsgeschichte. Das auf die Erfordernisse des Krieges ausgerichtete System funktionierte lange Zeit bestens. Für gut 450 Jahre – von 1600 bis 1150 v. Chr. – waren die Mykener die führende Macht im östlichen Mittelmeerraum. Der Aktionsradius der streitbaren Fürsten reichte vom griechischen Festland über die Inseln der Ägäis bis nach Anatolien, Ägypten und zu den Küsten des Vorderen Orients. Stets kehrten die Schiffe voll beladen in die heimischen Häfen zurück. Heute würde man von Beute- und Plünderungszügen sprechen. Doch in der damaligen Zeit gab es noch keinen Unterschied zwischen fairem und unlauterem Wettbewerb. Es galt das Recht des Stärksten, und die Stärksten waren eben die Mykener.

Prächtige Fresken schmückten die Häuser reicher Mykener.

Geschmackvolle Einrichtung

Als im 19. Jh. die wissenschaftliche Erforschung der mykenischen Paläste begann, staunten die Archäologen nicht schlecht.

Hinter den dicken, nach außen hin so abweisenden Mauern entwickelten die Kriegerkönige einen opulenten, repräsentativen Lebensstil. Prächtige Fresken an den Wänden, teure Marmor-Fußböden und geschmackvolle Einrichtungsgegenstände aus aller Welt waren Ausdruck eines edlen Wettbewerbs unter den mykenischen Fürsten. Wenn sie sich gegenseitig besuchten, lautete die oberste Devise: Der Gast musste gebührend beeindruckt sein und sollte sich ärgern, dass sein eigener Palast nicht so schön ausgestattet war.

Darstellung eines Greifen auf einer vergoldeten Plakette, gefunden im Greifenkriegergrab bei Pylos

Prestigeobjekt Grab

Viel Wert legte das mykenische Führungspersonal auch auf luxuriöse Gräber. Der Tod eines Fürsten war für seine Familie eine willkommene Gelegenheit, anderen ihren Reichtum und ihre Bedeutung vor Augen zu führen. So holte man die schönsten Beutestücke aus dem Tresor, präsentierte sie bei dem Leichenzug und deponierte sie anschließend für die Reise ins Jenseits in der Grabkammer. Immer wieder kommen bei Ausgrabungen Prunkstücke aus mykenischem Besitz zum Vorschein.

Einer der spektakulärsten Fundkomplexe der jüngsten Zeit ist das sogenannte Greifenkriegergrab bei Pylos. Es stammt aus der Zeit um 1450 v. Chr. und ist nach der Darstellung eines Greifen auf einer Plakette aus Elfenbein benannt. Das Material stammte aus Afrika. Auch aus dem Baltikum stammender Bernsteinschmuck gehörte zum Inventar des Grabes. Ihn hatten sich die Mykener sicher nicht direkt aus der Ostsee besorgt. Durch Handel und Raub aber war im mediterranen Raum genug von dem begehrten Schmuckmaterial im Umlauf. Der Mann, der im Greifengrab seine letzte Ruhestätte fand, war nach Ausweis der forensischen Analysen zwischen 30 und 35 Jahre alt und 1,70 Meter groß.

Die Mykener waren in erster Linie Krieger. Sie verstanden aber auch zu wirtschaften. Akkurat und buchhalterisch genau wurde in den Palästen registriert, welche Waren eingetroffen waren und wie es um die Vorräte in den Magazinen bestellt war. Zu diesem Zweck entwickelten sie eine Schrift, die modern als Linear B bezeichnet wird. Bei den Ausgrabungen wurden unzählige Tontafeln zutage gefördert, die den Mykenern als Beschreibstoff dienten. Weil sie bei der Zerstörung der Paläste 1150 v. Chr. gebrannt wurden, sind sie bis heute konserviert.

Die ersten Griechen

Dank der genialen Arbeit des britischen Selfmademan Michael Ventris (er war eigentlich Architekt) konnte Linear B 1953 von der Liste der nicht entzifferten Schriften gestrichen werden. Das Sprachgenie identifizierte die Schrift der Mykener als eine Kombination aus Silben und Bildzeichen. Überraschend war auch seine Entdeckung, dass die hinter der Schrift stehende Sprache der Mykener ein frühes Griechisch darstellte. Die Mykener, so die zutreffende Schlussfolgerung, waren also die ersten Griechen. Was die Linear-B-Tafeln über das Leben der Mykener berichten, hört sich nicht sehr spannend an. Die Angaben zu Waren und Dienstleistungen vermitteln zwar wichtige Einblicke in Wirtschaftsleben und Sozialstruktur. Doch weite Bereiche des Lebens – Politik, Kultur, Religion, Alltag – bleiben außen vor.

So kannten die Mykener auch keine Chroniken oder gar historische Darstellungen. Würde es solche geben, wären sie zweifellos geeignet, Licht in das Dunkel eines der größten Geheimnisse der antiken Geschichte zu bringen: Wie konnte es zum Untergang der mächtigen, kriegerischen Kultur Mykenes kommen? Eines ist klar: Dieser Untergang kam, wie bei den minoischen Palästen auf Kreta, ganz plötzlich. Um 1150 v. Chr. gingen zeitgleich alle großen Paläste in Flammen auf. Mykene und Pylos verschwanden, ebenso Tiryns, Theben, Orchomenos und alle anderen von den Mykenern beherrschten und bewohnten Stätten.

Tontafel in Linear B, gefunden in Pylos

Untergangs-Szenarien

Bis vor einigen Jahren gab es auf die Frage, warum Mykene unterging, nur eine Antwort: Schuld war eine Völkerwanderung, genauer gesagt der Vormarsch der Dorer. Diese zählten zu einer Reihe von Stämmen, die im 12. Jh. v. Chr. von Norden kommend über den Balkan nach Griechenland einwanderten. Doch inzwischen haben neuere Forschungen ergeben, dass es sich bei der „Dorischen Wanderung“ nicht um einen so massiven Einfall gehandelt hat, dass er einen Koloss wie das Reich von Mykene hätte ins Wanken oder gar zum Einsturz bringen können. Und es gibt auch keine Spuren von anderen fremden Eindringlingen.

Wenn es nicht eine Invasion war, die das Ende von Mykene herbeiführte, muss es, meinten nun einige Forscher, eine Naturkatastrophe gewesen sein. Wie heute, so wurde Griechenland auch in der Antike immer wieder von Erdbeben heimgesucht. Doch auch diese Theorie konnte zu den Akten gelegt werden. Geophysikalische Forschungen in Tiryns ergaben, dass bei der Zerstörung um 1150 v. Chr. die auf lockeren Sedimenten errichtete Unterstadt

Der Trojanische Krieg

Darstellung des Trojanischen Pferdes auf einer Amphore, etwa 670 v. Chr.

430 Jahre nach dem Ende der Mykener setzte ihnen der Dichter Homer in seinem Epos „Ilias“ ein literarisches Denkmal. Erzählt werden darin die letzten Tage der Belagerung und Eroberung von Troja. Unter der Führung des Agamemnon, des Königs von Mykene, waren die Helden Richtung Osten gezogen. Es dauerte zehn Jahre, bis Troja fiel. Dann hatte Odysseus die Erleuchtung und schickte den Belagerten das Trojanische Pferd mit gefährlichem Inhalt – lauter griechische Kämpfer. Nachdem der deutsche Kaufmann und Archäologe Heinrich Schliemann 1871 in der nordwestlichen Türkei einen antiken, in der Bronzezeit zerstörten Ort entdeckt hatte, den er für Troja hielt, stand fest: Homer hatte recht, der Trojanische Krieg war real! Doch waren Schliemann einige chronologische Fehler unterlaufen. Außerdem glaubte er Homer alles. Doch schrieb Homer Literatur und keine Geschichte. Pure Fantasie war die Ilias jedoch auch nicht. Sie hielt die Erinnerung an eine Zeit wach, als kriegerische Griechen auf der Suche nach Beute auch die Küsten der heutigen Türkei heimsuchten. Allerdings ging es dabei deutlich weniger heroisch zu als in den Erzählungen Homers ...

völlig unversehrt blieb, die auf hartem Kalkstein errichtete Oberstadt mitsamt dem Palast aber erheblich beschädigt wurde. Das wäre bei einem Erdbeben unvorstellbar gewesen.

Und so genießt heute eine andere Deutung Favoritenstatus: Das Regime der Mykener wurde von der eigenen Bevölkerung beseitigt. Der Zorn der Bauern und Tagelöhner entlud sich in einem Aufstand, dem die regierende Kriegerkaste nichts entgegenzusetzen hatte – wohl auch deswegen, weil man davon vollkommen überrascht wurde. Denn bis dahin hatte es zwar viel Unmut, aber keinen aktiven Widerstand gegeben. Doch um 1150 v. Chr. hatte sich die Lage dramatisch verschlechtert. Den Mykenern waren durch machtpolitische Veränderungen im Osten des Mittelmeerraumes wichtige Märkte weggebrochen. Immer häufiger kehrten die Schiffe von den Raubzügen ohne Beute zurück. Um den finanziellen Standard zu halten, wurden die durch eine Reihe von Dürreperioden ohnehin schon geplagten Bauern gezwungen, immer mehr Abgaben zu entrichten. Nun ließen sie sich nicht mehr von den Löwen über dem Tor der Burg von Mykene und auch nicht von anderen einschüchternden Herrschaftssymbolen abhalten. In einer konzertierten Aktion stürmten sie landesweit die Paläste, ein Schlag, von dem sich die Fürsten nicht mehr erholten. Griechenland aber tauchte in eine Phase ein, die man gerne als die „dunklen Jahrhunderte“ bezeichnet – auch, weil es mit all dem mykenischen Glanz nun vorbei war.

DAS JÜDISCHE KÖNIGREICH

Aus eins mach zwei

Unter den beiden Königen David und Salomo erlebte der jüdische Staat seine Glanzzeit. Am Niedergang waren ihre Nachfolger selbst schuld. Streit und Hader führten zur Teilung in zwei Reiche.

Vom Nil bis zum Euphrat? Ein Reich der Juden von Ägypten bis nach Mesopotamien? Die Versammlung konnte kaum glauben, was der König versprach. Aber alle hörten gerne, was David sagte. David glaubten alle. Denn er hatte die Juden gerettet, als die Philister kamen. Und er hatte die zerstrittenen jüdischen Stämme geeint. Er war der König, der die Juden in eine glorreiche Zukunft führen würde.

Landnahme mit Folgen

Es war im Jahr 1004 v. Chr., als David die Herrschaft antrat. Gut 900 Jahre vorher waren zum ersten Mal israelitische Stämme in das gelobte Land um den Jordan und das Tote Meer eingewandert. In der jüdischen Tradition war die Wanderung mit dem Namen Abraham verbunden. Der Stammvater der Juden, auch von Christen und Muslimen als einer der Protagonisten ihrer Religionen verehrt, lebte mit seiner Sippe im fernen Ur, einer Stadt in Mesopotamien, am Tigris gelegen. Dann verließ die gesamte Familie ihre Heimat und machte sich auf die Wanderschaft. In Haran, einem Ort an der heutigen türkisch-syrischen Grenze, empfing Abraham von Gott den Auftrag, nach Kanaan zu ziehen, nicht ohne ihm und seiner Gefolgschaft große Zukunftsperspektiven in Aussicht zu stellen. Abraham gehorchte, zog in das von Gott verheißene Land und nahm es mit seiner Familie in Besitz. Dort wurde er zum Ahnherrn der Hebräer, wie die Juden in ihren alten Überlieferungen genannt werden.

Solche Geschichten erhoben keinen Anspruch auf komplette historische Wahrheit. So darf man mit Fug und Recht bezweifeln, dass Abraham eine geschichtliche Figur gewesen ist. Richtig ist aber, dass zu Beginn des 2. Jahrtausends v. Chr. häufig gewandert wurde. Und es gab viele Menschen, die, wie der biblische Abraham, ihr

Glück in der Fremde suchten. Meistens gab es dafür wirtschaftliche Gründe. Die Aussicht auf gute Weideplätze und fruchtbare Äcker lockte die Menschen über Hunderte von Kilometern. Das Land Kanaan war in dieser Hinsicht ein attraktives Ziel.

Doch schon damals war das Gebiet, in das Abraham kam, ein heißes Pflaster. Für die benachbarten Großmächte in Ägypten und Mesopotamien stellte das Land zwischen dem See Genezareth und der Wüste Negev ein dauerhaftes Objekt imperialer Begierden dar. Außerdem hielt sich die Begeisterung bei den Ansässigen über die Ankunft der Neuankömmlinge in Grenzen, weil man sie als Konkurrenten betrachtete. So mussten sich die „Abraham-Juden" in einem schwierigen Umfeld erst einmal behaupten. Die Botschaft, von ihrem Gott in die neue Heimat gesandt worden zu sein, diente dabei dazu, ihre Ansprüche auf das Land zu untermauern.

Namen mit Bedeutung: Juda – Israel – Palästina

Juda war einer der zwölf jüdischen Stämme. Der Name leitet sich ab von einem mythischen Ahnherrn. Israel („der Gotteskämpfer") ist in der Bibel Beiname des Stammvaters Jakob. 1948 wählte man Israel als Bezeichnung für den neu gegründeten modernen Staat. Palästina ist der griechische Name für das Land der Philister. Offiziell erhielt die Region diese Bezeichnung im 2. Jh. n. Chr. unter der Herrschaft der Römer, als Syrien und Palästina einen gemeinsamen Verwaltungsbezirk bildeten.

Die zweite Welle

Während der Name Abraham für eine erste Phase jüdischer Landnahme steht, markiert der Name Moses eine zweite Einwanderungswelle. Sie fand um 1250 v. Chr. statt und ist in der Bibel genauso legendär

Küste des See Genezareth

Migration von Israeliten aus Ägypten. Nachbildung eines ägyptischen Grabfreskos, 19. Jh. v. Chr.

verklärt worden wie die Abraham-Geschichte. Moses, so heißt es hier, habe die Juden aus der Sklaverei in Ägypten geführt, wo sie für Pharao Ramses Zwangsarbeit leisten mussten. Am Berg Sinai empfing er von Gott die zehn Gebote. Er führte die Juden durch das Rote Meer und durch die Gebiete östlich des Jordan in die Heimat zurück, die er allerdings selbst nicht mehr sah, weil er vorher starb. Auch einen Moses dürfte es in Wirklichkeit nicht gegeben haben. Jedoch reflektiert sich in seiner Geschichte eine weitere massive, diesmal von Ägypten ausgehende Wanderungsbewegung von Juden.

Aus den Beziehungen zwischen alten Abraham-Juden und neuen Moses-Juden kristallisierten sich in der Folgezeit politische und gesellschaftliche Verhältnisse heraus, die bis David Gültigkeit besaßen. Von einer Einheit konnte aber noch keine Rede sein. Es gab zwölf Stämme, die eifersüchtig über ihre Unabhängigkeit wachten. Auf einen Herrscher für alle konnten sie sich nicht einigen. Nur im Falle eines Krieges wurde ein „Richter" bestimmt, der für die Dauer des Krieges das Oberkommando innehatte. Was die Juden einte, war der Glaube an einen gemeinsamen Gott. Doch auch dieser war anfangs nicht unumstritten, weil viele Stämme auch noch eigene Götter verehrten. Und überhaupt standen immer wieder Zank und Streit auf der Tagesordnung.

Bedrohtes Land

Dann aber kamen die Seevölker. So werden in ägyptischen Quellen fremde Invasoren bezeichnet, die um 1200 v. Chr. weite Teile des östlichen Mittelmeerraumes unter ihre Kontrolle brachten und die machtpolitischen Konstellationen auf den Kopf stellten. Auch die Juden sahen sich mit dieser ernsten Bedrohung konfrontiert. Teile der Seevölker, Philister genannt, besetzten die Küstenregionen zwischen Gaza im Süden und dem heutigen Jaffa im Norden. Die Kämpfe gegen die Philister zogen sich über viele Jahrzehnte hin. Mal hatten die Besatzer, mal die Verteidiger die Nase vorn. Doch ein entscheidender Erfolg gelang den Juden nicht, auch deswegen, weil selbst in dieser Lage immer wieder die alten internen Konflikte ausbrachen.

Aber dann, als die Gefahr sehr groß war, schlossen sich die zerstrittenen Stämme zu einer Notgemeinschaft zusammen. Und plötzlich tauchte eine Persönlichkeit auf, die nach Meinung vieler das Zeug zum Retter hatte: Saul aus dem Stamm Benjamin. An der Spitze der vereinigten Armeen

Weg zum Gipfel des Berges Sinai. Hierhin soll sich Moses zur Niederschrift der zehn Gebote zurückgezogen haben. Die Steinstufen wurden erst später von christlichen Mönchen angebracht.

eilte er von Sieg zu Sieg. Doch der Ruhm stieg ihm zu Kopf, er legte sich den Titel eines Königs zu, wurde aber nur von den Stämmen des Nordens anerkannt.

Ein begabter junger Mann

Da betrat der junge David die Bühne, ein einfacher Hirtenjunge aus Bethlehem. Er hatte sich in den Kämpfen gegen die Philister durch wahre Heldentaten ausgezeichnet. Das war der Stoff, aus dem Legenden gestrickt werden. Klassisch ist die Erzählung, wie der kleine David mit seiner Steinschleuder den riesenhaften Philister Goliath besiegte. Real war diese Geschichte nicht. Aber sie gehörte zu dem propagandistischen Rüstzeug, das David virtuos einzusetzen verstand, wenn es darum ging, seine Unentbehrlichkeit zu demonstrieren. Saul, dessen Sympathiekurve deutlich nach unten wies, warf einen Rettungsanker aus: Er machte David zu seinem obersten Militärchef und gab ihm überdies seine Tochter zur Frau.

Dann aber überschlugen sich die Ereignisse. All jene, die prophezeit hatten, dass die Harmonie zwischen dem König und seinem „obersten Waffenträger“ nur von kurzer Dauer sein würde, bekamen auf dramatische Weise recht. Saul warf den populären Volkshelden aus seinem Amt, dieser reagierte trotzig und verdingte sich ausgerechnet bei den Philistern als Militärführer. Als Saul eine wichtige Schlacht gegen die Philister verlor, war sein Kredit aufgebraucht. In seiner Verzweiflung beging der einstige Hoffnungsträger Selbstmord. Nun hieß die Devise: Bahn frei für David! Er beendete sein kurzfristiges Engagement bei den Feinden und organisierte nun die Kämpfe der Juden gegen die Philister. Endlich gelang es ihnen, die Gefahr dauerhaft zu bannen. Die Philister streckten die Waffen und versprachen, in ihren Küstenstädten künftig ein vorbildlich ruhiges Leben zu führen.

Kopf aus Elfenbein einer jüdischen Frau mit Perlendiadem

Es lebe der König!

Für David aber gab es nur noch ein Ziel: Er wollte König der Juden werden. Mit Geschenken und Versprechungen sicherte er sich die Unterstützung der Stämme von Juda. So nannten die Juden das Gebiet, das von den Stämmen des Südens bewohnt war. David wurde König von Juda. Doch die Stämme des Nordens waren alte Anhänger Sauls. Sie verweigerten dem Emporkömmling die Anerkennung. Wieder flammten die Bruderkriege auf, kämpften Juden gegen Juden, kämpfte Juda, der Süden, gegen Israel, den Norden. Am Ende hieß der Sieger abermals David. Die Clanchefs des Nordens gaben ihren Widerstand

Salomonisches Urteil

Über die legendäre Weisheit Salomos kursieren unzählige Geschichten. Eine der bekanntesten handelt von zwei Dirnen, die beim König erschienen, um ihn im Streit um ein Kind urteilen zu lassen. Beide lebten im selben Haus und brachten kurz hintereinander ein Kind zur Welt. Als eines der beiden Kinder starb, behaupteten beide, die Mutter des Kindes zu sein, das noch am Leben war. Salomo ließ ein Schwert holen und gab einem Diener den Befehl, das Kind in der Mitte durchzuschneiden. So würde jede der streitenden Mütter eine Hälfte bekommen. Da sagte die eine Mutter: „Tötet das Kind nicht. Gebt ihr das lebende Kind." Die andere Frau aber sagte: „Es soll weder mir noch dir gehören. Zerschneidet es!" Da wusste Salomo, wer die Mutter war.

Unter einem „salomonischen Urteil" verstehen wir auch heute noch einen besonders weisen, gerechten Richterspruch. Auch in der Kunstgeschichte wurde dieses Motiv häufig aufgegriffen. Hier in einem Kupferstich aus dem 19. Jh.

auf. In einer feierlichen Zeremonie wurde David 1004 v. Chr. in der Stadt Hebron, die David als seine vorläufige Residenz ausgewählt hatte, zum „König von Juda und Israel" gewählt. Eine historische Stunde: Erstmals in ihrer Geschichte bildeten die Juden nicht nur eine religiöse, sondern auch eine politische Einheit.

Aber David wusste, dass der Burgfrieden auf schwachen Füßen stand. Und er wusste auch, dass er zum Erfolg verurteilt war. Sonst würde er rasch wieder in der gut gefüllten Requisitenkammer der Geschichte verschwinden. Und deshalb entwarf er große und kühne Pläne. Niemals sollten die Juden wieder um ihre Existenz kämpfen müssen. Vielmehr sollten alle anderen Völker vor den Juden zittern. Auf zum Nil, auf zum Euphrat!

Die Menschen jubelten, und David ging an die Arbeit. Von Hebron verlagerte er die Regierungszentrale in das strategisch günstiger gelegene Jerusalem, das somit zur ersten Hauptstadt des vereinigten Königreiches von Juda und Israel wurde. Dann wurden die Juden zur Kasse gebeten. Wer Kriege gewinnen wolle, müsse über eine schlagkräftige Armee verfügen, hieß es. David stellte teure, aus Steuergeldern finanzierte Söldnertruppen zusammen. Sie unterwarfen die Ammoniter, Edomiter und Moabiter, die Nachbarn der Juden östlich des Jordan, mit denen sie traditionell schlechte Beziehungen hatten und die deswegen in der biblischen Überlieferung nicht sehr freundlich beschrieben werden.

Die Träume von einem Großreich vom Nil bis zum Euphrat erfüllten sich jedoch nicht. Das davidische Großreich blieb eine Utopie. Es wurde auch gar nicht der ernsthafte Versuch unternommen, die

Armeen nach Ägypten und Mesopotamien in Marsch zu setzen. David war ehrgeizig, aber kein Träumer. Doch allein die Idee in die Köpfe gesetzt zu haben, verschaffte ihm bei den Juden einen Heldenstatus.

Weise, aber erfolglos

Als er nach fast 40-jähriger Herrschaft starb, wurde er wie eine Ikone verehrt. Dementsprechend schwer hatte es sein Sohn und Nachfolger Salomo. Allzu groß schienen die Fußstapfen des Vaters zu sein. Salomo war klug genug, erst gar nicht den Versuch zu unternehmen, den Vater in Sachen Großmachtpolitik zu kopieren – zumal sein Name wörtlich übersetzt „Friede" bedeutete. Dem Kriegsmodell Davids setzte er das Konzept einer von Klugheit, Augenmaß und Gerechtigkeit getragenen Politik entgegen. „Die Weisheit Salomos war größer als die Weisheit aller Söhne des Ostens und alle Weisheit Ägyptens", heißt es in der Bibel. „Er war weiser als alle Menschen, und er war berühmt bei allen Völkern ringsum. Und er dichtete 3000 Sprüche, und es gab von ihm 1005 Lieder." Viel Zeit nahmen auch seine 700 Haupt- und 300 Nebenfrauen in Anspruch.

So hatte Salomo wenig Gelegenheit, sich so um Staat und Gesellschaft zu kümmern, wie es notwendig gewesen wäre. Seine bedeutendste Leistung war der Bau des Tempels von Jerusalem, oben auf dem Tempelberg, wo heute die goldene Kuppel des Felsendomes leuchtet. Damit erhielten die Juden ein zentrales Heiligtum, in dem sie ihren Gott verehrten. Doch unter dem

Das Holyland-Modell zeigt eine Rekonstruktion des zweiten Tempels von Jerusalem. Der Tempel wurde unter König Salomo gebaut und nach seiner Zerstörung unter Herodes dem Großen um 20 v. Chr. wiedererrichtet.

Strich blieb die Leistungsbilanz Salomos dürftig. Er verfügte nicht über das Talent eines David, die richtigen Themen zu setzen, und er besaß auch nicht die Autorität seines Vorgängers. Nur weise zu sein, reichte nicht aus, um von den Menschen respektiert und geachtet zu werden. Im Gegenteil: Gerade die Großen des Reiches nahmen den König nicht ernst. Weil das Königtum als ausgleichende Instanz ausfiel, flammten auch die alten Streitigkeiten zwischen den Stämmen des Nordens und des Südens wieder auf.

Assyrisches Relief mit der Eroberung der jüdischen Stadt Lachisch unter Sanherib, 8. Jh. v. Chr.

Neuauflage der Grabenkämpfe

Als Salomo 932 v. Chr. starb, kam es zum Bruch. Mit der von David mühsam gekitteten Allianz aller Juden war es schon wieder vorbei. Nach Salomo gab es keinen König von Juda und Israel mehr. Das Reich zerfiel in ein Königreich Juda und ein Königreich Israel. Jerusalem blieb die Hauptstadt Judas. Die Herrscher von Israel nahmen ihre Residenz in der Stadt Samaria. Während in Juda die Herrscher Nachkommen Davids und Salomos waren, regierten in Israel neue Dynastien. Wie in den Zeiten vor David führten sie Kriege gegeneinander und beschuldigten sich gegenseitig, den alten Glauben und die geheiligten Traditionen des jüdischen Volkes zu verraten. Die alten Gegensätze wogen schwerer als die Erfahrung, gemeinsam stark gewesen zu sein.

Die Philister hatten die Juden zusammengeführt. Auseinander brachten sie sich selbst. Und getrennt waren sie zu schwach, um die großen Herausforderungen, die sich bald stellten, zu meistern. Den gefürchteten Assyrern, die in dieser Zeit auf dem Vormarsch waren, konnten sie militärisch kein Paroli bieten. Erst begnügten sich die Invasoren aus Mesopotamien mit der Zahlung von Tributen. Doch dann wurde erst Israel und später Juda unterworfen. Aus dem einstigen Königreich Juda und Israel war eine assyrische Provinz geworden.

Für die Juden begann damit eine lange, fast ununterbrochene Zeit der Fremdherrschaften. Alle, die im Nahen Osten Macht ausübten, übernahmen auch die Kontrolle über das Land am Jordan. Nach den Assyrern kamen die Babylonier, dann die Perser, die Makedonen, die Römer, die Byzantiner und die Araber. Je trister die Verhältnisse wurden, desto mehr suchten die Juden Trost in der Erinnerung an jene goldenen Zeiten, als der große David regierte. Und je länger sie an David dachten, desto bedeutender und glorreicher erschienen ihnen seine Taten.

DIE ASSYRER

Herrschen durch Abschreckung

Im Ranking der gefürchtetsten Völker der Antike nehmen die Assyrer einen Spitzenplatz ein. Schon ihre militärische Stärke war immens. Den größten Schrecken aber verbreiteten sie mit der Art und Weise, wie sie ihre Feinde behandelten.

Die Erleichterung war unbeschreiblich. Zwischen Ägypten und Persien fielen den Menschen tonnenweise Steine von den Herzen. Die Assyrer besiegt! Die Hauptstadt Ninive zerstört! Eingenommen von Medern und Babyloniern! Der König tot! Wir sind frei! Endlich frei!

Der Fall von Ninive im Jahre 612 v. Chr. war der Anfang vom Ende des einst so mächtigen Reiches der Assyrer. Die Stadt am Tigris zählte zu den berühmtesten Metropolen der damaligen Welt. Mit ihren Prunkbauten war sie das herrschaftliche Schaufenster jenes Volkes, das 270 Jahre lang den gesamten Vorderen Orient kontrolliert hatte. Hier befanden sich die Zentren von Politik, Militär und Verwaltung. Doch in den Jahren zuvor war der Stern der Assyrer verblasst. Andere Mächte waren auf der Bühne erschienen, allen voran die Meder aus dem Iran und die aufstrebenden Babylonier, die wie die Assyrer im Zweistromland beheimatet waren, dem Land zwischen Euphrat und Tigris. Als sie die Hauptstadt Ninive ins Visier nahmen, waren die Tage der Assyrer gezählt. Drei

Monate lang leisteten die bedrängten Verteidiger verzweifelten Widerstand. Dann wurde die Stadt erobert und geplündert. Die Sieger veranstalteten ein furchtbares Strafgericht. Wer nicht fliehen konnte, wurde getötet, oft nach langen Qualen und Foltern.

Grausamkeit als Herrschaftsprinzip

So rechneten die Feinde mit einem Volk ab, das in einem denkbar schlechten Ruf stand. Die Assyrer hatten, als sie am Ruder waren, auch keinerlei Rücksicht auf besiegte und unterworfene Gegner genommen. Foltern, Plündern, Deportieren und Töten gehörten zu den üblichen Maßnahmen im Umgang mit anderen Völkern – gleichgültig, ob es sich dabei um Soldaten oder um Zivilisten handelte. Und es war eine Spezialität der Assyrer, diese Gräueltaten nicht nur zu begehen, sondern sich dieser Taten auch in Wort und Bild zu rühmen. Besonders gerne fertigten sie großflächige Reliefs an mit erschreckenden Szenen, wie der Häutung, Pfählung oder Blendung von Gefangenen. „Vor

Rekonstruktion von Ninive, der Hauptstadt der Assyrer. Aquarell von A. H. Layard von 1880

einem Monat habe ich das Land Elam in Trümmer gelegt", heißt es etwa in dem Bericht eines siegreichen Assyrerkönigs. „Ich habe die Stimmen der Menschen, das Stampfen der Büffel und jeden Schrei der Freude zum Schweigen gebracht." Angst und Schrecken zu verbreiten, war bei den Assyrern jedoch nicht Bestandteil ihrer DNA, sondern ein bewusst eingesetztes Mittel, um ihre Herrschaft zu sichern. Denn, so das Kalkül, wenn sie erst einmal als ein Volk bekannt waren, das gegenüber Besiegten keinerlei Nachsicht walten ließ, so würden alle anderen so eingeschüchtert sein, dass sie es nicht mehr wagen würden, sich mit ihnen anzulegen. Regiere mit Härte, lass deine Untertanen zittern, und genieße zur Belohnung die Früchte einer störungsfreien Herrschaft – so lautete die Devise, nach der alle Könige und Befehlshaber der Assyrer handelten.

Aufstieg nach Plan

Doch trotz dieser lange erfolgreichen Rezeptur waren auch die Assyrer nur eine Macht auf Abruf. Wie bei allen anderen Reichen im heutigen Irak war ihr Haltbarkeitsdatum begrenzt. Es gab einfach zu viel ehrgeizige Konkurrenz. Sie selbst hatten einst von dieser Regel profitiert. Der Architekt des Aufstiegs der Assyrer war ein Herrscher namens Assurnasirpal II. Bevor er 883 v. Chr. den Thron bestieg, waren die Assyrer ein eher unbedeutendes Volk von Hirten und Bauern im Norden Mesopotamiens gewesen.

Doch der ehrgeizige König wollte sich nicht mit der Rolle eines einfachen Lokalfürsten begnügen. Sein großes Vorbild waren jene Herrscher, unter denen die Assyrer schon einmal eine Glanzzeit erlebt hatten. Das war mehrere Jahrhunderte zuvor

Der Fall von Ninive

Relief aus dem Palast Sennacherib in Ninive, 701 v. Chr. Jüdische Gefangene werden von assyrischen Soldaten aufgespießt.

In der Bibel – im Buch des Propheten Nahum – gilt die Zerstörung Ninives als gerechte Strafe für die Untaten der Assyrer:

„Weh der Stadt, die so viel Blut vergossen hat, die Meister ist in Lüge und Verstellung! Vollgestopft ist sie mit Raub und kann doch das Rauben nicht lassen. Ihr Untergang naht mit Peitschenknall und Rädergerassel, galoppierenden Pferden, rasenden Wagen und daherjagenden Reitern. Schwerter wie Flammen und blitzende Speere! Haufen von Gefallenen, man stolpert über die Leichen, sie sind nicht zu zählen. Es geht an Ninive, die Hure, die mit ihren Reizen und Zauberkünsten die Völker versklavt hat."

Schwere Zeiten für Frauen

In einem Gesetz der Assyrer heißt es: „Ein Mann darf seine Frau schlagen, er darf ihr die Haare ausreißen, ihre Ohren verdrehen und verletzen. Daran ist nichts Unrechtes." Bei Frauen, die eine Abtreibung vorgenommen hatten, machten die Assyrer ihrem Ruf der Grausamkeit alle Ehre: Zur Strafe für dieses Vergehen wurden sie gepfählt, und ihre Körper durften anschließend nicht bestattet werden.

Kopf einer Assyrerin, Elfenbein, 8. Jh. v. Chr., aus der Festung Salmanassar in Kalchu/Nimrud

gewesen, inzwischen war der alte Ruhm aber schon längst verblasst. Der Monarch ging generalstabsmäßig an die Arbeit. Aus dem Volk der Hirten musste ein Volk der Krieger gemacht werden. In kurzer Zeit baute er eine Armee auf, wie sie der Orient bis dahin noch nicht gesehen hatte. Die nötigen Mittel zur Anschubfinanzierung des Projekts Großmacht verschaffte sich der König durch Überfälle auf Nachbarstämme. Später sorgten Tribute und Steuern der unterworfenen Völker für stets gut gefüllte Kassen. So konnte der Herrscher, der sich auf seinen Porträts redlich Mühe gab, möglichst stolz und hart auszusehen, eine imposante, schwerbewaffnete Armee aus 20 000 Fußsoldaten und 12 000 Reitern auf die Beine stellen. Die Spezialitäten der Assyrer waren Streitwagen und Belagerungstechnik. Mit dem Streitwagen preschten sie weit in die gegnerischen Reihen vor und brachten ihre gefährlichen Bogenschützen in Stellung. Gegen die Stadtmauern rückten sie mit Sturmböcken und Leitern vor, den Rest erledigten wagemutige, mit Spitzhacken und Brechstangen bewaffnete Krieger.

Assurnasirpal machte den Anfang, die Nachfolger setzten sein Werk fort und übertrafen ihn sogar. Mesopotamien war ihnen nicht mehr genug. Angelockt von den lukrativen Karawanenwegen, die vom Zweistromland bis nach Ägypten führten, blickten sie Richtung Westen. Wieder setzte sich die assyrische Militärmaschinerie in Bewegung. Bald stand Syrien unter ihrer Kontrolle, ebenso Palästina, das zu einem Vasallenstaat wurde. Auf diese Weise fanden die Assyrer auch Eingang in die Bibel, wo sie, was nicht erstaunlich ist, sehr negativ dargestellt werden.

Rezeptur des Erfolgs

Den Höhepunkt der Macht bildete die Herrschaft von König Tiglatpileser III., der von 745 bis 727 v. Chr. regierte. Seine Armeen eilten von Sieg zu Sieg – auch deswegen, weil der weitsichtige Monarch das erste stehende Heer der Geschichte schuf. Während ihre Gegner die Truppen immer wieder nach Hause schicken mussten, war die Armee der Assyrer stets einsatzbereit.

Der Erfolg beruhte auch darauf, dass jeder König besser sein wollte als sein Vorgänger. Sargon II. (722 bis 705 v. Chr.) trug in seine Siegesliste die Namen Urartu,

Kluge Köpfe

Als Krieger kannten die Assyrer keine Gnade. Doch kamen bei ihnen auch Kultur und Bildung nicht zu kurz. König Assurbanipal richtete in der Hauptstadt Ninive eine Bibliothek ein, in der auf 32 000 Tontafeln das Wissen der Zeit gespeichert war. In den Räumen des Bücherpalastes lernten junge Männer und Frauen gemeinsam Lesen und Schreiben. Die Frau des Königs fiel aus der Reihe und weigerte sich, an den Schreibübungen teilzunehmen. Daraufhin wurde sie von der Schwester des Herrschers streng zurechtgewiesen: „Warum machst du deine Hausaufgaben nicht?" Assurbanipal selbst war bestrebt, einen hohen Bildungsgrad zu demonstrieren. In einer Inschrift prahlt er: „Ich löse die kompliziertesten Divisions- und Multiplikationsaufgaben. Ich las die kunstvolle Schrifttafel von Sumer und das dunkle Akkadisch, das schwer zu meistern ist. Ich verstehe den Wortlaut von Steinen, die aus der Zeit vor der Sintflut stammen."

Fragment des Codex Hammurapi, einer Gesetzessammlung der Assyrer, aus der Bibliothek von Ninive. 7. Jh. v. Chr.

Medien und Ägypten ein. Mit Blick auf seinen Platz in der ewigen Ruhmeshalle der Assyrerkönige vergaß er nicht, seine außergewöhnlichen Leistungen mit exakten Zahlen zu belegen. „27 290 Leute, die in dieser Stadt wohnten, führte ich fort", teilte er dem staunenden Publikum mit, nachdem er eine Stadt erobert und die Bevölkerung deportiert hatte. Sein Sohn Sanherib (704 bis 681 v. Chr.) wollte dem Vater nicht nachstehen. Als die Bewohner von Babylon Anstalten machten, sich von der Herrschaft der Assyrer loszusagen, reagierte der König mit einem Strafgericht, das sogar jene erschauern ließ, die bei den Sanktionsmaßnahmen der Assyrer inzwischen einiges gewöhnt waren. Gleichzeitig kümmerte er sich intensiv um den Ausbau der Hauptstadt Ninive. Um das Areal zu vergrößern, waren Tausende von Arbeitern – meist Zwangsarbeiter, rekrutiert aus den unterworfenen Völkern – damit beschäftigt, Flüsse und Kanäle abzuleiten, Steinbrüche abzubauen und Wälder abzuholzen. Großzügig angelegte Parks und Gärten luden die Bewohner der Stadt zur Erholung und zum Entspannen ein. Wasserleitungen sorgten für die ständige Zufuhr von frischem Quellwasser. Außerhalb der Stadtmauern waren professionelle Gärtner mit der Pflege von Obstplantagen, Olivenhainen und Weinbergen beschäftigt.

Keine gute Presse

Sanherib starb keines natürlichen Todes. Er wurde ermordet. Die Hintergründe sind bis heute nicht geklärt. Ohne dass es die Zeitgenossen bemerkten, war sein Ende der Auftakt zum Niedergang. Zwar konnte Sanheribs Sohn Asarhaddon noch einmal an die früheren Erfolge anknüpfen. Nach-

Frauen und Kinder werden als Kriegsgefangene nach dem Sieg gegen das Königreich Elam abgeführt. Relief vom Palast des Assurbanipal in Ninive

dem er Ägypten und Nubien unterworfen hatte, war das Reich der Assyrer sogar so groß wie nie zuvor. Doch zeigte es sich nun, dass es einfacher war, ein so riesiges Reich zu erobern, als es auf Dauer zu halten. Die Assyrer waren gute Krieger, aber keine guten Organisatoren. Meistens überließen sie die Verwaltung der eroberten Gebiete einheimischen Vasallen, deren Loyalität zum König in Ninive sich häufig in überschaubaren Grenzen hielt. Zudem fehlte den Assyrern wegen der brutalen Methoden in der Kriegsführung und der unwürdigen Behandlung der Menschen jeglicher Rückhalt in der Bevölkerung. Niemals zuvor war ein Volk im Vorderen Orient so unpopulär gewesen wie die Assyrer.

Als Babylonier und Meder 612 v. Chr. zum Marsch auf Ninive bliesen, begleiteten sie alle guten Wünsche der Völker, die unter dem Joch der assyrischen Herrschaft stöhnten. Und als die Meldung die Runde machte, Ninive sei gestürmt und zerstört, war der Jubel groß. Zwar konnten die Assyrer noch einige Restposten der Macht halten. Doch kurze Zeit später gingen auch diese verloren. Was blieb, war die Erinnerung an ein Volk, das den Orient das Fürchten gelehrt hatte – bei dem sich aber auch einmal mehr die historische Erfahrung bewahrheitete, dass es auf Dauer unmöglich ist, beim Herrschen allein auf die Karte der Gewalt zu setzen.

DIE ETRUSKER

Mit Geld und guter Laune

Härte? Kontrolle? Unterdrückung? So kann man herrschen. Aber das war nicht die Art der Etrusker. Die erste Hochkultur Italiens setzte auf andere Mittel und hatte damit großen Erfolg – bis sie sich der Gewalt zu beugen hatte.

Wer auf Nummer sicher gehen will, sollte die Etrusker wählen. Die Etrusker sind Garant für Erfolg. Ein Museum, das mit einer Ausstellung „Rätselhafte Etrusker“, „Geheimnisvolle Etrusker“ oder „Faszinierende Etrusker“ lockt, kann sicher sein, dass das Publikum in Massen hineinströmt und die Medienvertreter Schlange stehen.

Erstaunlich, wie ein Volk so viel Aufmerksamkeit erregen kann, dessen Glanzzeit über 2500 Jahre zurückliegt und das in der allgemeinen Wahrnehmung lange Zeit ein eher unauffälliges Dasein im Schatten der großen Römer fristete. Zu Hause waren die Etrusker in der nach ihnen benannten Toskana, dem Traumland zwischen Arno und Tiber. Etwa 400 Jahre lang, bis 400 v. Chr., waren sie die Vormacht in Italien. Sie selbst hätte es vermutlich nicht gewundert, wenn sie gewusst hätten, dass die Strahlkraft ihrer Kultur bis in die heutige Zeit reicht. Sie waren selbstsicher genug, um davon überzeugt zu sein, dass sie etwas ganz Besonderes waren. Ihr Erfolgsrezept war einfach, aber wirksam: Man soll es sich gut gehen lassen und das Leben genießen. Musik, Tanz und Fröhlichkeit spielten bei ihnen eine große Rolle, wie die bunten Wandgemälde in den Nekropolen eindrucksvoll unter Beweis stellen. Wer eine Etrusker-Ausstellung verlässt, hat automatisch gute Laune.

Paradiesische Verhältnisse

Die Etrusker waren aber nicht nur fröhlich, sondern auch innovativ und produktiv. Die positive Lebenseinstellung fiel auch nicht vom Himmel, sondern war Folge und Ergebnis ihres wirtschaftlichen Erfolges, der allen Anlass zu Freude und heiterer Stimmung gab.

Als die anderen Völker in Italien noch im Zustand einfacher Bauern- und Hirtengesellschaften verharrten, bauten die Etrusker Städte, Tempel, Paläste, Straßen, entwickelten Technologien für Bewässerung und Entwässerung und schufen bedeutende Kunstwerke. Sie ließen seetüchtige Schiffe vom Stapel, fuhren mit ihnen auf das Meer, spürten Ressourcen auf und entdeckten neue Absatzmärkte.

Tänzer auf einem Fresko in der etruskischen Nekropole in Tarquinia

Eine wichtige Quelle des Reichtums waren die Erträge der heimischen Landwirtschaft. Wein, Oliven und Getreide wuchsen in der fruchtbaren Toskana zur Freude der Bauern üppig und in großen Mengen. Etruskische Tüftler erfanden einen Pflug, der für rationale Arbeitsweisen und hohe Erträge sorgte. Dazu kamen reiche Holzvorkommen und die Salinen am Tyrrhenischen Meer, die es den Etruskern erlaubten, beim lukrativen Salzhandel in der ersten Reihe mitzumischen.

Ein Segen waren für die Etrusker die reichen Metallvorkommen auf der Insel Elba. Gerade einmal zehn Kilometer von der Küste der Toskana entfernt, bot sie den Etruskern beste logistische Bedingungen. Hier bauten etruskische Fachleute Eisenerz ab und brachten es mit Schiffen in die toskanische Hafenstadt Populonia, wo das Metall verhüttet und für den Export vorbereitet wurde. Abnehmer gab es genug: Die Etrusker hatten ein Netz von Handelskontakten geknüpft, das im Osten bis nach Ägypten und im Norden bis in das Baltikum reichte. Sie bezogen Bernstein aus dem Ostseeraum, und aus Kleinasien, Ägypten und Syrien landeten Luxusobjekte aus Gold, Silber oder Elfenbein in den Häusern der vornehmen Gesellschaft.

Die Kapitolinische Wölfin mit Romulus und Remus als Säuglingen. Der erste römische König Romulus war in Wahrheit ein Etrusker.

Das Rätsel der Herkunft

Wer aber waren eigentlich diese Etrusker? Bereits in der Antike gab es hitzige Diskussionen um die Frage, ob die Etrusker schon immer in Italien gelebt hatten oder ob sie irgendwann zugewandert waren. Anlass zu dieser Kontroverse gab der offensichtliche Umstand, dass die Etrusker in all ihren Lebensformen so anders waren als die übrigen Völker und Stämme Italiens. Im 5. Jh. v. Chr. behauptete der griechische Historiker Herodot, die Etrusker seien aus Lydien im Westen der heutigen Türkei nach Italien eingewandert. Viele stimmten dieser Ansicht zu, denn mit dem Know-how des Orients ließ sich die zivilisatorische Überlegenheit der Etrusker gegenüber der einheimischen Bevölkerung Italiens gut in Einklang bringen.

2007 wollten es Wissenschaftler genau wissen. Genetiker von der Universität Turin nahmen sich das Erbgut von Italienern aus Städten vor, die einst zu den Hochburgen der Etrusker gehörten. Dieses verglichen sie mit der DNA von Menschen aus der Türkei und dem Mittleren Osten. Verblüffendes Ergebnis: Die Proben zeigten tatsächlich eine enge Verwandtschaft. Damit war für die Forscher bewiesen: Herodot hatte Recht. Doch sofort traten andere Wissenschaftler auf den Plan, die bei der Untersuchung von Knochenresten keine Verbindung erkennen konnten. Historiker bevorzugen aktuell eine salomonische Lösung: Die Etrusker sind das Produkt einer Kombination einheimischer und zugewanderter Völker, die das Glück hatten, so gut zueinander zu passen, dass am Ende eine Hochkultur heraussprang.

Territorial beschränkten sich die Etrusker nicht nur auf das Kerngebiet Toskana. Ab dem 8. Jh. v. Chr. dehnten sie ihren Machtbereich Richtung Süden bis nach Kampanien aus. Dabei griffen sie nur selten und ungern zu den Waffen, überzeugten vielmehr durch gut gefüllte Auftragsbücher und prall gefüllte Kassen. Meistens handelte es sich bei den Kampagnen nicht um gemeinschaftliche Aktionen. Die Etrusker bildeten nie eine staatliche Einheit. Die zwölf wichtigsten Städte, allen voran Tarquinia, Volterra und Orvieto, waren in einem nur losen Bündnis vereint, das immer dann aktiviert wurde, wenn größere Unternehmungen anstanden.

Projekt Rom

Die wichtigste Tat der Etrusker war die Gründung der späteren Weltstadt Rom. Bevor die Etrusker kamen, war Rom ein kleines, unbedeutendes Dorf am Tiber. Dann nahmen sich ambitionierte Adlige, die aus der Stadt Tarquinia stammten, der Angelegenheit an. Unter ihrer Regie entwickelte sich das Provinznest Rom zu einer modernen, fortschrittlichen Stadt mit großen

Spannender Fund

Vor der Isola del Giglio in der toskanischen Provinz Grosseto entdeckten Unterwasserarchäologen das Wrack eines etruskischen Schiffes, das um 580 v. Chr. gesunken war – beladen mit einer riesigen Menge von Weinamphoren und mit Kupfer- und Bleibarren, die bei der Abwicklung der Geschäfte als Zahlungsmittel dienten. Das Schiff war unterwegs in Richtung Südfrankreich. In Marseille unterhielten etruskische Geschäftsleute eine Filiale. Sie wickelte den Handel mit den Kelten ab, die für den Vertrieb etruskischer Waren in Nordeuropa zuständig waren.

Kunstvolle etruskische Amphore, 7.–6. Jh. v. Chr.

Plätzen, belebten Märkten, mit Läden, Tempeln und großzügigen Wohnanlagen. Ein Meisterstück war die Trockenlegung der Überschwemmungsgebiete des Tiber und die Anlage der Cloaca Maxima, eines großen Abwasserkanals. Typisch römische Institutionen wie der Triumphzug oder die Liktoren – die Leibwächter der hohen Beamten – wurden mit freundlicher Unterstützung der Etrusker eingeführt. Romulus, der erste König und mythische Stadtgründer, war in Wirklichkeit ein Etrusker.

Viel lernten die Römer von den Etruskern in Sachen Zukunftsdeutung. Bei kultischen Zeremonien wurden die Eingeweide der Opfertiere von Spezialisten begutachtet. Fanden sich Abweichungen von der anatomischen Norm, wurden sie als göttliche Botschaften gedeutet – aus denen die Opferschauer allerdings die richtigen Schlüsse ziehen mussten. Als besonders informativ galt die Leber. Mit einer bronzenen Musterleber in der Hand inspizierten die Experten die echte Leber. Das Vergleichsexemplar war an der Oberfläche in 22 Felder eingeteilt, die mit den Namen einzelner Gottheiten beschriftet waren. So konnten am Original erkennbare Auffälligkeiten wie Flecken oder Deformierungen als Botschaft jener Gottheit gedeutet werden, in deren Feld sich die Anomalie befand.

Etruskische Statue eines Priesters, der die Zukunft aus einer Leber liest. 2. Jh. v. Chr.

Lifestyle auf Etruskisch?

Der griechische Autor Theopomp bediente gerne Klischees über fremde Völker. Im 4. Jh. v. Chr. teilte er über den angeblichen Lebensstil der Etrusker mit:

„Bei den Etruskern besteht die Sitte, dass die Frauen allen gemeinsam sind. Die Frauen verwenden viel Sorgfalt auf die Pflege ihres Körpers und treiben Gymnastik, oft zusammen mit den Männern, bisweilen allein, denn es ist für sie keine Schande, sich unbekleidet zu zeigen. Sie setzen sich zu Tisch nicht an die Seite ihres eigenen Gatten, sondern zu den ersten besten der Gesellschaft, ja sie trinken auf das Wohl eines jeden, wie es ihnen beliebt. Sie sind übrigens sehr trinkfest und sehr schön anzuschauen. Die Etrusker ziehen alle Kinder groß, die zur Welt kommen, obwohl sie nicht wissen, von welchem Vater ein jedes stammt. Die Kinder leben auf dieselbe Weise wie ihre Ernährer, das heißt sie verbringen die meiste Zeit mit Trinkgelagen und haben mit allen Frauen Umgang. Es ist keine Schande bei den Etruskern, in aller Öffentlichkeit gewisse Dinge zu tun oder an sich tun zu lassen. Denn auch das ist eine Sitte des Landes. Sie sind so weit davon entfernt, diese Dinge als Schande zu betrachten, dass sie, wenn man nach dem Hausherrn fragt, der sich gerade mit jemandem vergnügt, antworten: Er lasse dies und das mit sich tun, indem sie die Dinge ohne Hemmungen beim Namen nennen. Wenn sie sich versammeln, sei es in Gesellschaft, sei es im Kreise der Verwandtschaft, tun sie Folgendes: Wenn sie aufgehört haben zu trinken und sich zum Schlafen niederlegen wollen, bringen die Diener zuerst, solange die Lampen noch brennen, bisweilen Kurtisanen, bisweilen schöne junge Männer, bisweilen auch die Ehefrauen herein. Wenn sie sich mit ihnen erfreut haben, bringen die Diener junge Leute in den besten Jahren herein. Sie verkehren und tändeln miteinander manchmal vor aller Augen, meistens umgeben sie ihre Ruhebetten mit einer aus Zweigen geflochtenen Wand, über die sie ihre Mäntel legen. Sie haben viel Verkehr mit Frauen, aber noch mehr Freude haben sie am Umgang mit Knaben und jungen Männern."

Sarkophag eines etruskisches Paares, Ende 6. Jh. v. Chr.

Rückschläge

Die Etrusker ließen es sich gerne gut gehen. Aber auch sie lebten nicht auf einer Insel der Seligen. Ihr Reichtum weckte bei anderen Völkern Neid und Begehrlichkeiten. Die schärfsten Konkurrenten waren die Griechen und Karthago. Wiederholt kam es, in wechselnden Konstellationen, zu Seegefechten. Ein schwerer Schlag war die Niederlage 474 v. Chr. in einem Seegefecht bei Kyme in Süditalien, als man gegen die starken Griechen die Segel streichen musste. Der daraus resultierende Verlust wichtiger Märkte traf die etruskische Wirtschaft schwer.

Doch die Hauptverantwortlichen für den Niedergang der Etrusker waren die Römer. Sie erwiesen sich in dieser Hinsicht gegenüber ihren Lehrmeistern als undankbare Schüler. Um 500 v. Chr. wurde die Planstelle des etruskischen Königs nicht mehr neu besetzt. Der römische Adel teilte die Macht unter sich auf. Danach begannen die Römer ihren Siegeszug in Italien, von dem auch die Etrusker nicht verschont blieben. Mit Geld und guter Laune war der römischen Militärmaschinerie nicht beizukommen. 396 v. Chr. wurde als erste Etruskerstadt das nördlich von Rom gelegene Veji erobert und zerstört. Nach und nach folgten die anderen Städte. Und so mussten sich die Etrusker damit abfinden, dass sie nun Teil des römischen Imperiums geworden waren.

Etruskische Statue aus dem 5. Jh. v. Chr., Kopf eines Kriegers. Gefunden im Portonaccio-Heiligtum in der Nähe der antiken Stadt Veji

Gefragte Etrusker

Doch versteckt haben sich die Etrusker auch nach ihrer großen Zeit nicht. In Rom und vielen anderen Städten Italiens waren ihr Know-how und ihre Erfahrung gefragt. Ambitionierte Etrusker engagierten sich in der Politik, andere zog es zur Kultur und zu den Wissenschaften. Berühmtheit erlangte der Etrusker Maecenas, der Namenspatron des auch heute noch geläufigen Begriffs „Mäzen“. Der steinreiche Freund des Kaisers Augustus, der aus der Stadt Arezzo im Norden der Toskana stammte, nahm vielversprechende literarische Talente wie Vergil und Horaz unter seine Fittiche und ebnete ihnen den Weg zu Ruhm und Ansehen. Kein Wunder, dass junge Autoren bei ihm Schlange standen. Doch er nahm nicht jeden, als alter Etrusker verlangte er Qualität. Und auch ein leibhaftiger Kaiser arbeitete emsig daran, dass die Etrusker im Gespräch blieben und nicht in Vergessenheit gerieten: Der spätere Kaiser Claudius (41 bis 54 n. Chr.) veröffentlichte vor seiner Regentschaft eine voluminöse, 20-bändige Geschichte über das Volk, das den Römern einst gezeigt hatte, wie man nach oben kommt.

DAS INSELREICH VON SAMOS

Tyrann auf Eroberungskurs

16 Jahre genügten dem Tyrannen Polykrates, um von der kleinen Insel Samos aus ein großes Imperium zu gründen. Ein deutscher Dichterfürst machte ihn später mit einem Gedicht unsterblich. Sein realer Tod war tragisch.

„Er stand auf seines Daches Zinnen,/Er schaute mit vergnügten Sinnen/Auf das beherrschte Samos hin./‚Dies alles ist mir untertänig', /Begann er zu Ägyptens König,/‚Gestehe, dass ich glücklich bin.'" Wer vor 50 oder 60 Jahren nicht in der Lage war, diese Verse auswendig zu rezitieren, setzte sich dem schlimmen Verdacht aus, in Sachen Bildung Entscheidendes verpasst zu haben. Den Anfang vom „Ring des Polykrates" aus der Feder Friedrich Schillers fehlerfrei und ohne allzu lange Kunstpausen zitieren zu können, war einfach ein Muss. Inzwischen haben sich die Zeiten geändert. Man kann auch ohne den „Ring des Polykrates" glücklich sein.

Ausgrabungen auf dem Kastro-Hügel in der Hafenstadt Pythagorion. Evtl. befand sich hier der Palast des Polykrates.

Allerdings handelt die Geschichte gerade vom Glück – oder besser gesagt: von zu viel Glück. Schillers Ballade ist die Adaption eines Stoffes, der bereits in der Antike kursierte. Im 5. Jh. v. Chr. erzählte der griechische Historiker Herodot die wundersame Geschichte von Polykrates, dem Tyrannen von Samos. Tyrann hört sich schlimmer an, als es in der Antike der Fall war. Versteht man heute darunter einen Politiker, der mit Gewalt und Willkür herrscht, so war für die Griechen ein Tyrann jemand, der auf ungesetzlichem Wege, also nicht durch Wahl oder reguläre

Sonnenaufgang über einer Bucht der Insel Samos

Nachfolge, an die Macht gekommen war und der monarchisch regierte. Wie er seine Herrschaft ausübte, spielte keine Rolle. Die meisten Tyrannen der Antike waren das, was man heute „Populisten" nennen würde. Ihnen kam es vor allem auf den Beifall der Massen an. Dementsprechend strebten sie nach außenpolitischen Erfolgen und versuchten, durch Bauprojekte, technische Innovationen und kulturellen Glanz Pluspunkte zu sammeln.

Brüderlicher Putsch

Polykrates genügten 16 Jahre – von 538 bis 522 v. Chr. –, um dem vor der Küste der heutigen Türkei gelegenen griechischen Inselstaat im Konzert der Mächte eine herausragende Position zu verschaffen. Angefangen hatte es mit einem Putsch, den er zusammen mit seinen beiden Brüdern gegen die herrschende samische Aristokratie unternommen hatte. Zunächst regierte Polykrates mit seinen Brüdern gemeinsam, bevor er sie beseitigte und sich, gestützt auf eine gut bezahlte Söldnertruppe, zum Alleinherrscher aufschwang. Sobald er fest im Sattel saß, machte er sich daran, vom eher bescheidenen Samos aus die Inseln und Küsten der Ägäis in seine Gewalt zu bringen.

Dazu brauchte er vor allem und zuallererst Geld. Haupteinnahmequelle war der Seeraub – wie seine Gegner behaupteten. Der Tyrann sprach lieber von einer legitimen Ausschöpfung aller Möglichkeiten, seinen Reichtum und seinen Einfluss zu vergrößern. Die schnellen, wendigen Schiffe des Tyrannen waren überall in der Ägäis unterwegs. Die erfahrenen, kampferprobten und fürstlich honorierten Söldner sorgten für militärische Erfolge. Mit dem Geld, das in seine Kassen floss, finanzierte er eine ganze Reihe von Prestigebauten und startete darüber hinaus eine Beschäftigungsoffensive, die allen Menschen auf der Insel ein sicheres Einkommen bescherte. Eine seiner besten Ideen war der Import von Ziegen aus Naxos und Schafen aus Milet. Sie wurden Fundament einer florierenden Wollindustrie.

Der Tunnel des Eupalinos versorgte die Hauptstadt Samos mit Wasser.

Wunderwerke der Architektur und der Technik

Drei Bauwerke auf Samos kamen nahe an den Status von antiken Weltwundern heran. Herodot nennt sie „drei der gewaltigsten Bauwerke aller Griechen". Sie gehören zu den baulichen Maßnahmen, mit denen der Tyrann Polykrates seine finanziellen Möglichkeiten und die schöpferischen Fähigkeiten der von ihm bezahlten Architekten und Ingenieure demonstrieren wollte. Von den beiden ersten Wunderwerken ist heute nicht mehr viel zu sehen. Es handelt sich um die einst gewaltige Hafenmole, die völlig verschwunden ist, und um den Tempel der Hera, an dem der Zahn der Zeit gewaltig genagt hat. Nur noch eine einzige Säule zeugt von früherer Herrlichkeit.

Anders verhält es sich bei dem dritten Prestigeobjekt. Der „Tunnel des Eupalinos", benannt nach dem für den Bau verantwortlichen griechischen Ingenieur, kann heute noch besichtigt werden – allerdings nur unter kundiger Führung. Die Anlage erfüllte den praktischen Zweck, die Inselhauptstadt Samos (das heutige Pythagorio) mit Wasser zu versorgen. Die Quelle aber lag weit außerhalb der Stadt, und zwischen Quelle und Stadt befand sich als Hindernis ein Berg. Der geniale Ingenieur löste das Problem mit dem Gegenortverfahren. Die Bautrupps begannen gleichzeitig am Nord- und am Südende des Berges einen Tunnel zu bohren und begegneten sich tatsächlich in der Mitte. Stolze 1036 Meter lang war der Tunnel. Durch einen Leitungskanal floss das Wasser mit einem durchschnittlichen Gefälle von 0,36 Prozent schließlich in eine 620 Meter lange, unterirdisch angelegte Leitung, durch die das Wasser in eine Zisterne in der Stadt gelangte.

Überreste des Hera-Tempels auf Samos

Schoßkind des Glücks?

Kein Wunder, dass die Sympathiewerte des Polykrates immer neue Rekordhöhen erreichten. Allmählich aber begannen ihm Ruhm und Erfolg zu Kopf zu steigen. Er hielt sich für ein Schoßkind des Glücks, weil alles, was er tat, zu funktionieren schien. So ließ er sich auf riskante kriegerische Aktionen ein, die zu seinem Erstaunen mit Fehlschlägen endeten. Den Zeitgenossen war klar: Der Tyrann hatte sein Glück überstrapaziert, die Götter hatten ihm ihre Gunst entzogen.

Der glückliche Tyrann fand ein jähes, furchtbares Ende. Ein Statthalter des persischen Königs lockte ihn mit einer List nach Magnesia, eine Stadt an der kleinasiatischen Westküste. Er nahm ihn gefangen, ließ ihn hinrichten und den Leichnam ans Kreuz schlagen. Das war die grausame Quittung dafür, dass Polykrates in der Außenpolitik einen undurchsichtigen Kurs des Lavierens zwischen den Großmächten Ägypten und Persien eingeschlagen hatte.

Anhänglicher Fisch

Der „ägyptische König“ in der Ringparabel war Amasis, ein Pharao, der von 570 bis 526 v. Chr. regierte. Bei einem Besuch in Samos zeigt ihm der Tyrann voller Stolz seine Besitztümer. Amasis ist misstrauisch, ihm ist die Glückssträhne des Polykrates nicht geheuer. Wem die Götter zu viel Glück schenken, den werden sie um so tiefer stürzen lassen. Das ist das Ressort der allgegenwärtigen Rachegöttin Nemesis. Amasis rät dem tyrannischen Glückspilz, ins Meer zu werfen, was ihm am meisten wert ist. Damit sollen die Götter versöhnt werden. So befördert Polykrates einen kostbaren Ring in die Fluten. Am nächsten Tag erscheint der Koch bei ihm, mit einem Fisch in den Händen. Ein Fischer gab ihn ab, als Geschenk für den Tyrannen. Im Fisch habe er, sagt der Koch, seinen Ring gefunden.

Damit war klar: Die Götter nahmen sein Geschenk nicht an, sie wollten sein Verderben. Dieses trat auf tragische Weise ein, als der einst so strahlende Tyrann bei den Persern sein Ende fand. Der Tod des Polykrates bedeutete auch das Ende der Macht von Samos. Das Inselreich verlor seine Selbstständigkeit, wurde Teil des Imperiums der Perser und erreichte nie wieder eine solch dominierende Position wie unter dem glücklich-unglücklichen Tyrannen Polykrates.

Die griechische Göttin Nemesis, Göttin der Rache und des gerechten Zorns. Römische Statuette, etwa 150 n. Chr.

Das Reich der Perser

Herrschaft mit System

Sie waren die erste Supermacht der Geschichte. Ihr Erfolgsgeheimnis war nicht nur militärische Stärke. Die Perser wussten auch: Die Leute folgen denen, die sie gut behandeln.

Nirgendwo war das Hofzeremoniell in der Antike so anspruchsvoll wie im alten Persien. Wer den erhabenen Großkönig, den König der Könige, den König der Länder vieler Völker, eingesetzt von dem ehrwürdigen Gott Ahura Mazda, sprechen wollte, hatte sich einer langwierigen Prozedur zu unterziehen. Ob in der Luxusresidenz Persepolis oder in den Palästen von Susa, Ekbatana und Pasargadai – der König gab sich entrückt und überirdisch. Endlose Gänge, die zum Audienzsaal führten, waren geeignet, auch dem entschlossensten Untertan jeglichen Mut zu nehmen. Und hatte man, eskortiert von grimmig dreinblickendem Wachpersonal, endlich das Ziel erreicht, so galt es, bloß keinen Fehler zu machen. Dem König, der auf einem prächtig ausgeschmückten Thron saß, durfte man sich nur bis zu einem genau vorgeschriebenen Abstand nähern. Auch Gelenkigkeit war eine unabdingbare Voraussetzung, um beim großen König eine gute Figur zu machen. Denn verlangt wurde die Proskynese, der Fußfall, als Geste der Demut und der Unterwerfung. Und selbstverständlich durfte man den Herrscher nicht von sich aus ansprechen. Man hatte zu warten, bis der Großkönig geruhte, sich dem Besucher zuzuwenden. Dann durfte man sein Anliegen vortragen, und wenn der König nicht schlecht gelaunt war, hatte man auch gute Chancen, das zu bekommen, was man erreichen wollte.

Schlechte Zeiten für Freunde

Ein zweifelhaftes Vergnügen war es, zu den „Freunden des Königs" zu gehören. Zwar handelte es sich hier um einen einflussreichen Kreis von Persönlichkeiten, die als Ratgeber und stets präsente Begleiter des Königs hochrangige Positionen bekleideten. Jedoch, wie Besucher aus dem Westen notierten, saßen sie bei Gastmählern nicht am gleichen Tisch wie der Monarch, sondern neben ihm auf dem Boden. Dass sie wie die Hunde Speisen auffingen, die ihnen der König zuwarf, dürfte aber eher in die Abteilung „Frühe Fake News“ gehören.

Das Hofzeremoniell der Könige im alten Persien war nicht Ausdruck eines übersteigerten Selbstbewusstseins oder, wie die Rivalen im Westen vermuteten, dekadenter Auswuchs eines despotischen Systems. Im Gegenteil: Die kultische Überhöhung des Königs war Teil einer perfekten Organisation. Einem Herrscher, der so enge Verbindungen zum obersten Reichsgott Ahura Mazda hatte und den eine besondere Aura der Unnahbarkeit umgab, würde niemand wagen, etwas anzutun. Das ausgefeilte Hofzeremoniell war eine Art königliche Lebensversicherung.

Auf dem Weg nach oben

Die Erfolgsgeschichte der Perser begann in der Mitte des 6. Jh. v. Chr. Eng verbunden ist sie mit dem Namen Kyros. Eigentlich hieß er Kurusch, doch heute nennt man ihn allgemein so, wie es die antiken Griechen taten, deren empfindliche Ohren sich mit den persischen Originalnamen schwer taten. Kyros regierte über eine kleine Region am Persischen Golf. Mit einer gut ausgebildeten, hochmotivierten Armee gelang es ihm, die Meder zu unterwerfen, die bis dahin große Teile des Landes beherrscht hatten. Nach dem Vorbild früherer orientalischer Könige richtete er sein Augenmerk danach auf den Westen. Erst

Die Ruinen von Persepolis zeugen immer noch von der einstigen Macht des persischen Großreichs. Sie gehören heute zum UNESCO-Weltkulturerbe.

Der Schriftsteller Herodot über die Lebensweise der Perser

„Unter allen Tagen hält nach dem Brauch ein jeder den besonders in Ehren, an dem er geboren ist. An ihm muss ein reicheres Mahl als gewöhnlich aufgetragen werden. Da lassen die Reichen auftragen Rind und Pferd und Kamel und Esel, im Stück in Öfen gebraten. Die Armen aber tragen kleines Vieh auf. Speisen aus Getreide sind wenig im Gebrauch, dafür umso mehr Nachspeisen, die nacheinander serviert werden. Deshalb sagen die Perser auch, die Griechen müssen hungrig sein, wenn sie mit der Hauptspeise Schluss machen, weil ihnen ja nichts Ordentliches mehr vorgesetzt wird. Setzte man ihnen was vor, würden sie ja wohl kaum Schluss machen mit dem Essen.

Dem Wein sind sie sehr ergeben. Doch gilt es als unanständig, sich in Gegenwart eines anderen zu übergeben oder zu harnen. Das halten sie also streng ein. Doch ist es ihre Gewohnheit, im betrunkenen Zustand die ernstesten Dinge zu beraten. Das Ergebnis, das sie dabei für gut befinden, trägt der Herr des Hauses, in dem sie beraten, am folgenden Tag, wenn sie nüchtern sind, noch einmal vor. Befinden sie es auch nüchtern für gut, so handeln sie danach; wenn nicht, lassen sie es sein. Wenn sie aber eine Sache im nüchternen Zustand beraten haben, so prüfen sie diese noch einmal im Rausch nach."

wurde das Königreich der Lyder in Kleinasien unterworfen. Dann folgte als großer Coup der Sieg über die mächtigen Babylonier. 539 v. Chr. zog Kyros an der Spitze seiner Armee triumphal in die Hauptstadt Babylon ein. Zehn Jahre später kam er bei Kämpfen gegen die Skythen im Süden des heutigen Russlands ums Leben.

Seine Nachfolger taten alles, um an die Erfolge des Reichsgründers anzuknüpfen. Sein Sohn Kambyses verbuchte als bedeutendsten Posten seiner Leistungsbilanz die Eroberung Ägyptens. Ihm folgte Dareios I. auf den Thron, der eine Tochter des Kyros geheiratet hatte und die verwandtschaftliche Beziehung zur Ikone der Achämeniden-Familie als Waffe im Kampf um die Nachfolge des Kambyses einsetzte. Dareios setzte die Tradition der Eroberungspolitik fort. Auch der Osten Asiens geriet nun ins Visier der Perser. Die Truppen des Dareios kamen bis nach Indien. Er war auch der erste König, unter dem die Perser europäisches Festland betraten. Die königlichen Truppen überquerten mit Schiffsbrücken den Bosporus und machten Thrakien und Makedonien unsicher.

Griechisches Desaster

Als Fehlschlag erwies sich aber der Versuch, in Griechenland Fuß zu fassen. 490 v. Chr. endete eine Flottenexpedition nach Attika mit einem Desaster. Bei Marathon wurden die Perser von schwerbewaffneten Hopliten

König Dareios I. auf einem Relief in Persepolis. Rechts von ihm steht der Kronprinz und spätere König Xerxes.

aus Athen zurückgeschlagen. Da Niederlagen in der persischen Agenda nicht vorgesehen waren, startete zehn Jahre später König Xerxes, der Sohn des Dareios, das Projekt einer großangelegten Invasion Griechenlands. Zu Land und zu Wasser waren insgesamt 100 000 Soldaten im Einsatz. Doch zur allgemeinen Überraschung scheiterte das Unternehmen. Die sieggewohnten Perser mussten, in zwei entscheidenden Schlachten geschlagen, wieder abziehen.

Die Perser waren die erste Supermacht der Geschichte. Kein anderes Reich zuvor hatte ähnliche Dimensionen erreicht. Der Großkönig regierte über unzählige Völker und Kulturen vom Mittelmeer bis zum Indus. Und das mit Erfolg. Aufstände waren die Ausnahme, die meisten Menschen, die unter der Herrschaft der Perser lebten, waren zufrieden. Das Erfolgsrezept lautete: so viel Kontrolle wie nötig, so viel Freiheit wie möglich. Ein solches Riesenreich zu regieren, bedurfte einer ausgeklügelten Organisation. Und in dieser Beziehung erwiesen sich die Perser als wahre Meister.

Neugierige Ohren

Der König war viel unterwegs. Seine Residenzen befanden sich an unterschiedlichen Orten. So war er immer auf dem Laufenden, was im Lande passierte. Wenn

Irren ist göttlich

Krösus, der König der Lyder, war der reichste Mann der Antike. Sein Reich erstreckte sich von der Mittelmeerküste bis weit in die heutige Türkei hinein. Als sich die Perser unter Kyros immer weiter ausbreiteten, fragte er beim berühmten Orakel von Delphi nach, wie er sich verhalten solle. Die Priesterin Pythia, die im Dienste des Gottes Apollon weissagte, teilte den Gesandten des Krösus mit, er werde, wenn er gegen die Perser ziehe, ein großes Reich zerstören. Sofort schickte Krösus seine Soldaten ins Gefecht. Doch die Perser siegten. Erbost schickte der Lyderkönig eine weitere Delegation nach Delphi, um sich über die falsche Auskunft zu beschweren. Die Pythia aber antwortete: Das Reich, das zerstört würde, ist nicht das der Perser, sondern sein eigenes.

er nicht da war, vertraten ihn die Satrapen. Die von ihnen betreuten Satrapien waren das verwaltungstechnische Rückgrat des persischen Imperiums. Insgesamt gab es, über das ganze Reich verteilt, 20 solcher Bezirke. Die Satrapen waren für die Erhebung der Steuern zuständig, und sie hatten mit den ihnen unterstellten Truppen einzugreifen, wenn es Schwierigkeiten gab. Eine Spezialabteilung waren die „Ohren des Königs", verdächtig unverdächtig aussehende Männer, deren Aufgabe darin bestand, sich unter die Menschen zu mischen und aufzupassen, dass sie nichts gegen den König sagten.

Königliches Reisen

Vorbildlich war die Infrastruktur des Persischen Reiches. Die Könige ließen ein weit gespanntes System von Straßen anlegen, das die weit entfernten Reichsteile miteinander verband. Am wichtigsten war die sogenannte Königstraße. Sie führte von Susa in Zentralpersien bis nach Sardes, die alte Metropole des lydischen Reiches. Stafetten von reitenden Kurieren des Königs legten die 2100 Kilometer lange Strecke bei einer Tagesleistung von durchschnittlich 300 Kilometern in sieben Tagen zurück. Unterwegs standen nicht weniger als 111 Raststätten zur Verfügung, antike Servicestationen mit der Möglichkeit zu übernachten, sich zu erfrischen und die Pferde zu wechseln.

Am meisten schätzten die Menschen an den Persern, dass sie nicht gezwungen wurden, ihre bisherigen Traditionen und Gebräuche aufzugeben. So durften sie auch ihre Götter und ihre Religionen behalten. Zwar gab es in Gestalt von Ahura Mazda einen obersten, von den Königen geförderten Reichsgott. Sein Prophet war die mysteriöse Figur des Zarathustra. Doch wurde niemand gezwungen, Ahura Mazda zu verehren. Ihm kam höchstens eine Schirmherrschaft über all die anderen Gottheiten zu, die unter dem Dach des Persischen Reiches versammelt waren. Ansonsten glaubten die Inder weiter an ihre indischen, die Ägypter weiter an ihre ägyptischen und die Syrer an ihre syrischen Götter.

Großer Bahnhof

Wenn der persische König auf Reisen ging, wurde er von einem großen Gefolge begleitet. Ein antiker Buchhalter hat festgehalten, welche Helferinnen und Helfer sich im Tross des Königs Dareios III. befanden:

Königliche Konkubinen, die Instrumente spielen: 329

Kranzflechter, männlich: 46

Küchenhelfer: 277

Kesselwächter 29

Milchspeisenbereiter: 13

Getränkebereiter: 17

Weineinschenker: 70

Parfümierer: 40

Gute biblische Presse

Auch die Juden kamen in den Genuss persischer Toleranz. Als Kyros Babylon eroberte, erlaubte er den Juden, die dort im „babylonischen Exil" lebten, die Rückkehr in die Heimat. Und er gestattete ihnen, den Tempel wiederaufzubauen, den die Babylonier bei der Eroberung von Jerusalem zerstört hatten. Kein Wunder, dass Kyros und die Perser bei den Juden eine gute Presse hatten. Im Alten Testament finden sie für sie nur lobende Worte. Hätten sie nicht, wie alle Untertanen, dem Großkönig Steuern zahlen müssen, hätten sie gar nicht bemerkt, dass sie unter fremder Herrschaft standen.

Erfolgsmodell mit Verfallsdatum

Das Erfolgsmodell Persien hielt gut 200 Jahre. Dann fand es ein ziemlich rasches Ende. Zwar hatte es auch zuvor bereits Anzeichen für einen schleichenden Niedergang gegeben. Intrigen am Hof, ein zunehmend selbstbewusster Adel und Satrapen, die Politik auf eigene Rechnung machten, führten zu einer Schwächung der königlichen Autorität. Dass der Untergang dann aber ganz schnell kam, war nicht absehbar. Gerade einmal zehn Jahre brauchte der junge makedonische König Alexander, um das gesamte Reich der Achämeniden zwischen der Ägäis und dem Indus zu erobern. Der letzte König Dareios III. wurde 330 v. Chr. von einem Verwandten ermordet, der sich selbst zum Herrscher ausrief, nur kurze Zeit später aber auf Befehl Alexanders umgebracht wurde.

Dareios III. in der Schlacht bei Issos 333 v. Chr., Bodenmosaik in Pompeji

DER STAAT DER SPARTANER

Fitmachen für den Krieg

Sie waren berüchtigt für ihre harten Erziehungsmethoden. Im Krieg bestehen zu können, ging den Spartanern über alles. Deswegen predigten sie auch Disziplin und einen asketischen Lebensstil. Manchmal ging es aber auch sehr laut zu.

Die antiken Spartaner hatten eine Spezialität. Politische Entscheidungen wurden nicht per Mehrheitsbeschluss gefällt, sondern durch Lautstärke. So war es jedenfalls im wichtigsten politischen Gremium der Fall, dem Rat der Ältesten, den die Spartaner Gerusia nannten. Der Rat setzte sich aus 30 Angehörigen der vornehmsten Familien zusammen. Die Plätze wurden auf Lebenszeit vergeben. Mitglied durfte nur werden, wer über 60 Jahre alt war. Wenn durch Tod ein Platz frei wurde, fand unter denen, die sich um den vakanten Platz bewarben, ein Casting der besonderen Art statt.

Man rief das Volk zu einer Versammlung herbei. Eigens ausgewählte Männer wurden in einem Haus eingeschlossen, wo sie weder etwas sehen konnten noch selbst gesehen wurden. Sie hörten nur das Geschrei in der Versammlung. Die Kandidaten schritten nacheinander und einzeln durch die Menge. Dabei durften sie kein Wort sagen. Die Mitglieder der im Haus isolierten Jury waren alle mit Schreibtafeln ausgerüstet. Sie notierten bei jedem der Kandidaten die Lautstärke des Geschreis, das ausbrach, wenn er durch die Reihen des Volkes marschierte. Gewonnen hatte derjenige, bei dem nach Ausweis der Jury das Geschrei am lautesten gewesen war.

Die Spartaner strapazierten ihre Stimmbänder nicht nur bei der Klärung von Personalfragen. Auch bei Abstimmungen über Krieg und Frieden oder Gesetze kam das lautstarke Verfahren zur Anwendung. Nicht immer war klar, zu wessen Gunsten oder für welche Sache der Phon-Test ausgefallen war. Für diesen Fall hatten die Spartaner eine Prozedur ersonnen, die noch heute in Parlamenten als Hammelsprung bekannt ist: Man durchschritt gekennzeichnete Türen und gab damit sein Votum kund.

Alles für den Krieg

Sparta war ein Staat der Krieger. Staat und Gesellschaft waren ganz und gar auf die Bedürfnisse des Militärs ausgerichtet. Und so bestimmten die militärischen Sitten und Gebräuche auch die Abläufe in der Politik. Die politischen Institutionen waren ein Abbild der Einrichtungen des Heeres. Schon seit frühester Zeit hatten die Soldaten in Sparta das Recht der Akklamation bei Entscheidungen, wie über die Einsetzung des militärischen Führungspersonals. Dies geschah in der Regel durch Abstimmung per Lautstärke. Und weil die Spartaner in allen Dingen sehr konservativ waren, wurde die Prozedur auch auf die politischen Gremien übertragen.

Das Militär war der ganze Stolz der Spartaner. Denn ihm verdankten sie ihren Aufstieg zur dritten Supermacht der griechischen Geschichte nach den Minoern auf Kreta und der Festlandskultur der Mykener. Von dorischen Einwanderern gegründete kleinere Siedlungen auf der südlichen Peloponnes formierten sich um 900 v. Chr. zum Stadtstaat Sparta. Von Anfang an war der Krieg Spartas ständiger Begleiter. Es

Ruinen des Theaters in Sparta

Training für den Krieg

Der antike Schriftsteller Plutarch über spartanische Erziehungsmethoden:

„Im Alter von sieben Jahren wurden die Jungen aus den Familien entfernt und Gruppen zugeteilt, in denen sie miteinander aufwuchsen. So wurden sie erzogen und daran gewöhnt, dass sie beim Spiel und bei ernsten Beschäftigungen immer zusammen waren. Zum Führer der Horde wählten sie denjenigen aus, der sich durch Klugheit und Mut im Kampf auszeichnete … Wenn sie zwölf Jahre alt waren, gingen sie stets ohne Unterkleidung, erhielten nur einen Mantel im Jahr, waren am ganzen Körper mit Schmutz bedeckt und durften weder baden noch sich salben. Sie schliefen zusammen in Gruppen auf aufgeschütteten Strohmatten.“

Kopf und Torso eines spartanischen Kriegers, 5. Jh. v. Chr. Evtl. handelt es sich um eine Abbildung des Königs Leonidas.

hatte damit begonnen, dass die Messenier, die indigene Bevölkerung, von der Besetzung ihres Landes durch die Zugewanderten nicht besonders angetan waren. Im Gegenteil: Sie leisteten heftigen Widerstand und zwangen so die Spartaner zu dauerhafter Kriegsbereitschaft. Auch als sie schließlich von den Spartanern zu Heloten degradiert worden waren, zu rechtlosen Sklaven im Dienste des Staates, machten sie den Spartanern durch Aufstände das Leben schwer.

Die Spartaner besaßen nach den Kämpfen gegen die Messenier eine bestens ausgerüstete, gut trainierte Bürgerarmee. Die kriegerische Mentalität bestimmte in der Folgezeit auch die Außenpolitik. Unverhohlen und konsequent strebten die Spartaner nach der Vorherrschaft über die gesamte Peloponnes. Zu Beginn des 6. Jh. v. Chr. war dieser Prozess abgeschlossen. Zu einer flächendeckenden Herrschaft fehlten dem Stadtstaat die Ressourcen und die organisatorischen Instrumente. Also vereinte man die unterworfenen Städte und Stämme in einem Militärbündnis unter der Führung Spartas.

Auf dem absteigenden Ast

Als die Perser 480 v. Chr. Griechenland angriffen, übernahmen die Spartaner selbstverständlich auch den Oberbefehl in der Verteidigungsallianz, zu der sich viele griechische Städte zusammengeschlossen hatten. Doch hatten die erfolgreich beendeten Perserkriege einen internen Angriff auf Spartas Führung zur Folge. Der Gegenwind wehte aus Athen. Die Stadt in Attika hatte sich in den Kämpfen der Perser bewährt und mit ihrer Flotte letztlich den Sieg bewirkt. Daraus leitete Athen den

Anspruch ab, Sparta als die Nummer eins in Griechenland abzulösen.

Der lange schwelende Konflikt mündete in einen für alle desaströsen Bruderkrieg. Auf der einen Seite kämpfte Sparta mit seinen Verbündeten, auf der anderen Seite Athen mit seinen Bundesgenossen. Der Peloponnesische Krieg dauerte 27 Jahre, von 431 bis 404 v. Chr. Am Ende stand Sparta formell als Sieger da. Doch der Sieg war teuer erkauft. Denn die Militärmacht Sparta hatte in dem langen Krieg Federn lassen müssen. Die Auseinandersetzung mit Athen hatte viel Substanz gekostet. Man hatte viele Opfer zu beklagen, die Wirtschaft lag am Boden, und Athens Verbündete waren nicht bereit, nun den Spartanern zu folgen. Zugleich war die traditionelle Landmacht Sparta nicht in der Lage, die Rolle Athens als Seemacht zu übernehmen. So musste man sich notgedrungen in maritime Abenteuer in der Ägäis stürzen, die die spartanischen Möglichkeiten bei Weitem überstiegen.

Kurz und bündig

Die Spartaner machten keine großen Worte. Ihre Ausdrucksweise war „lakonisch“. Der Name stammt von der Landschaft Lakonien, in der die Stadt Sparta lag. Ein Klassiker ist die Antwort, die sie König Philipp II. von Makedonien gaben, als dieser drohte: „Wenn ich euch besiegt habe, werden eure Häuser brennen, eure Städte in Flammen stehen, eure Frauen zu Witwen werden.“ Die Antwort der Spartaner: „Wenn ...“

Grabrelief für zwei tote Helden, Sparta, 3. Jh. v. Chr.

Daher ergab sich die paradoxe Situation, dass der Sieger des Peloponnesischen Krieges ebenfalls zum Verlierer wurde. Die Zeiten änderten sich, Sparta wirkte mit seinem archaischen Gesellschaftsmodell wie ein Relikt aus grauer Vorzeit. Andere Mächte betraten die Bühne der großen Politik und bestimmten den Kurs: Zuerst die Perser, die während des Krieges Sparta finanziell unterstützt hatten, weil sie völlig richtig voraussahen, dass ein Sieg der Landmacht Sparta ihnen weniger schaden würde als ein Triumph der Seemacht Athen. Dann die Makedonen. Die ungeliebten Verwandten der Griechen mit dem ehrgeizigen König Philipp II. an der Spitze stießen in das Machtvakuum, das die beiden ehemaligen Supermächte Athen und Sparta hinterlassen hatten. Sie übernahmen die Kontrolle über Griechenland.

Erstmals in seiner Geschichte machte Sparta jetzt die Erfahrung, von Fremden dominiert zu werden. Später übernahmen die Römer die Herrschaft. Jetzt war Sparta eine kleine, unbedeutende Stadt im großen römischen Imperium. Als Trost blieb nur die nostalgische Erinnerung an glorreiche Zeiten.

Das Reich der Athener

Demokratische Großmacht

Sie wussten alles, wussten alles besser und hatten meistens auch noch recht. Doch populär waren sie bei den anderen Griechen nie. So hielt sich die Trauer über den Absturz der Athener in Grenzen.

Im Jahre 480 v. Chr. fand in der Bucht von Salamis eine denkwürdige Seeschlacht statt. Eine griechische Flotte besiegte eine Flotte der Perser. Den Schlachtort hatten die Athener ausgesucht. Sie hatten die schwerfälligen Schiffe der Perser hierher, nahe der Küste Attikas, gelockt. In der engen Bucht hatten sie keine Chance gegen die wendigen Schiffe der Griechen. Schwer geschlagen mussten die Perser abziehen. Besonders frustrierend war die Niederlage von Salamis für den persischen König Xerxes, der seine Armeen persönlich nach Griechenland geführt hatte. Er hatte sich eigens einen Logenplatz auf einem Plateau gesichert, von dem er das Kampfgeschehen live beobachten wollte, in der festen Überzeugung, dass er Zeuge eines grandiosen Sieges seiner Flotte werden würde. Stattdessen musste er sich ein Debakel ansehen. Als die Perser im Jahr darauf auch noch eine Schlacht zu Land verloren, verließen sie Griechenland und fuhren nach Hause. Das kläglich gescheiterte Projekt „Eroberung von Griechenland“ wurde zu den Akten gelegt.

Projekt Wachablösung

Die Schlacht von Salamis war die Geburtsstunde der Großmacht Athen. Denn die meisten Schiffe in dem Seegefecht hatten die Athener gestellt. Sie hatten mit ihren eigenen Mitteln eine Flotte gebaut, ohne die man die Perser nie hätte besiegen können. Sie wollten sich nicht damit begnügen, dass die anderen Griechen ihnen dankbar waren. Sie strebten nach mehr Macht und Einfluss im Konzert der griechischen Stadtstaaten. Das war eine Kampfansage an Sparta, die bisherige Nummer eins in Griechenland. Unter Spartas Führung waren die Griechen in den Krieg gegen die Perser gezogen. Jetzt plante Athen die Wachablösung. Und ging dabei mit einem klaren Konzept vor.

Bis heute das Wahrzeichen von Athen: die Akropolis

Griechenland bestand im 5. Jh. v. Chr. aus 700 Stadtstaaten. Nominell waren sie alle unabhängig. Jede Polis, wie die Griechen einen solchen Stadtstaat nannten, hatte ihr eigenes Territorium, ihre eigenen Gesetze, ihr eigenes politisches Führungspersonal. Um der persischen Gefahr zu begegnen, hatten sich eine Reihe dieser Städte zu einem Kampfbündnis unter dem Kommando von Sparta zusammengeschlossen. Mit dem Abzug der Perser hatte es seine Funktion erfüllt und wurde offiziell für beendet erklärt.

Freundliche Einladung

Doch kurze Zeit später verteilte Athen eifrig Formulare für Beitrittserklärungen. Die Griechen wurden freundlich eingeladen, sich einem neuen Bündnis anzuschließen. Die Perser könnten jederzeit wiederkommen, da müsse man gewappnet sein. Die Athener würden gerne die Organisation übernehmen. Das Werben war von Erfolg gekrönt. 200 Städte schlossen sich der Allianz an. Fast ausnahmslos handelte es sich um Städte auf den Inseln der Ägäis und an der Westküste Kleinasiens. Das Meer war bis dahin eine Domäne der Perser gewesen, und so waren diese Städte schon aus Gründen der Sicherheit besonders an einer neuen Allianz interessiert.

Das Bündnis wurde „auf ewig" geschlossen, was nach den damaligen Gepflogenheiten bedeutete, dass man nicht die Absicht hatte, es gleich wieder aufzulösen. Ein Austritt einzelner Mitglieder war ausgeschlossen. Reiche Inseln wie Chios, Samos und Lesbos stellten für den Verteidigungsfall Schiffe zur Verfügung. Die anderen entrichteten einen jährlichen Geldbetrag, der ihren finanziellen Möglichkeiten angepasst war. Deponiert wurden die Mittel im Heiligtum des Gottes Apollon auf der Kykladeninsel Delos. Eine passende Wahl: Griechen trugen ihre Ersparnisse gern in einen Tempel, weil sie sie in der Obhut eines Gottes gut aufgehoben glaubten. Damit waren die Griechen die Erfinder des Bankwesens. In Delos wurde die Bundeskasse, um ganz sicher zu gehen, zusätzlich von einem Gremium von zehn Schatzmeistern bewacht.

Weil die Perser nicht daran dachten, sich wieder in ein griechisches Abenteuer zu stürzen, sammelte sich im Laufe der Zeit in der Bundeskasse eine ordentliche Summe an. Eines Tages erschien eine Gesandtschaft aus Athen und forderte die Schatzhüter auf, ihnen die Kasse auszuhändigen. Sie sei in Athen besser aufgehoben, sagten sie. Nicht lange danach sah man Kolonnen von Bauarbeitern auf die Akropolis marschieren, mit schweren Geräten und Maschinen im Schlepptau. Und dann wurde gehämmert, gehobelt, gesägt, wochenlang, monatelang. Das Ergebnis konnte sich sehen lassen. Rasch waren die Konturen von groß dimensionierten Tempeln erkennbar. Bald leuchteten sie in ganzer Pracht, in weißer, blauer, roter und goldener Farbe. Nachdem die Perser bei ihrer Invasion Griechenlands Athen besetzt und die Bauten auf der Akropolis zerstört hatten, lag das Schaufenster der Stadt brach. Jetzt erstrahlte Athen in neuem Glanz, als Symbol für seine Größe und Bedeutung.

Bronzestatue des griechischen Gottes Apollon, ca. 530 v. Chr.

Wir sind die Besten!

Perikles in einer Rede vor dem Volk von Athen:

„Die Verfassung, nach der wir leben, ist mit keiner anderen vergleichbar. Wir sind viel mehr Vorbild für andere als Nachahmer. Sie heißt Demokratie, weil der Staat nicht auf wenigen Bürgern, sondern auf einer größeren Zahl beruht … Wir haben mit unserer Denkweise auch die meisten Erholungen von der Arbeit geschaffen: Wettspiele und Opfer, die Jahr für Jahr bei uns stattfinden, und die schönsten häuslichen Einrichtungen, deren tägliche Freude das Negative verscheucht. Wegen der Größe der Stadt kommen aus aller Welt die Menschen zu uns herein … Wir lieben das Schöne und bleiben bescheiden, wir lieben den Geist und werden nicht schlaff … Zusammengefasst sage ich, dass unsere Stadt die Schule von Griechenland ist.“

Hitzige Debatte

Woher aber stammte das Geld? Das konnte kein Geheimnis bleiben. Athen war eine Demokratie, und in einer Demokratie musste auch über die öffentlichen Ausgaben Rechenschaft abgelegt werden. Es war Perikles, damals der führende Politiker in Athen, der vor der Volksversammlung den Sachverhalt erläuterte. Ja, richtig, man habe zur Finanzierung der Akropolis-Bauten in die Kasse des Bundes gegriffen, die man aus Delos nach Athen geholt hatte. Daraufhin hagelte es Kritik. Das sei Veruntreuung. Die Bundesgenossen hatten die Gelder eingezahlt, um sich gegen einen neuen Angriff der Perser zu wappnen, und nicht, um die Stadt Athen zu verschönern. Der antike Autor Plutarch fing die aufgeheizte Stimmung mit den Worten ein: „Griechenland steht unter dem Eindruck, es werde in frevelhafter Weise beschimpft und offen tyrannisiert, da es sehen muss, wie wir mit den Geldern, die es notgedrungen für den Krieg beigesteuert hat, unsere Stadt vergolden und herausputzen und sie mit kostbaren Steinen, mit Bildern und Tempeln von 1000 Talenten behängen wie eine eitle Frau.“ Perikles antwortete mit einer eigenwilligen Argumentation: Er machte dem Volk klar, dass Athen den Bundesgenossen für seine Gelder keine Rechenschaft schuldig sei, da es den Krieg für sie führe und sie vor den Persern beschütze. „Das Geld gehört nicht denen, die es zahlen, sondern denen, die es bekommen, sofern sie für den erhaltenen Betrag die vereinbarte Gegenleistung erstatteten.“

Der Tempelbezirk der Akropolis von Athen wurde vor allem mit dem Geld der Athener Bundesgenossen finanziert.

Unglückliche Partner

Auch die Bundesgenossen waren nicht glücklich. Je länger, desto mehr wurden sie von Athen nicht mehr wie Partner, sondern wie Untertanen behandelt. Mit den Persern wurde Frieden geschlossen. Damit war der Bund eigentlich überflüssig geworden. Doch Athen hatte sich daran gewöhnt, den 200 Mitgliedsstaaten zu diktieren, was sie zu tun und zu lassen hatten. Sogar in die innere Autonomie griffen sie ein. Waren sie mit den politischen Verhältnissen nicht zufrieden, forderten sie den betreffenden Stadtstaat auf, sie unverzüglich nach den Vorstellungen Athens zu ändern. Das sorgte für erheblichen Unmut. Athen verstieß gegen zwei eherne Prinzipien – die Freiheit und die Autonomie. Beide waren den Stadtstaaten heilig.

Athen war eine Demokratie, sogar die erste Demokratie der Geschichte. Bei den meisten Bundesgenossen herrschte nicht das Volk, sondern der Adel. Die Athener forderten sie auf, demokratische Verfassungen einzurichten. Im Reich der Athener sollten die politischen Verhältnisse überall gleich sein. Wer sich weigerte, wurde mit dem Einsatz von Gewalt auf den richtigen Kurs gebracht. Wer damit drohte, den Seebund zu verlassen, wurde mehr oder weniger diskret darauf hingewiesen, dass ein Austritt nicht vorgesehen war und entsprechend bestraft werden würde.

Die Sympathiewerte der Athener erreichten nach der Mitte des 5. Jh. v. Chr. einen historischen Tiefpunkt. In ihrer Verzweiflung wandten sich die drangsalierten Bundesgenossen an Sparta. Die Spartaner, denen Athen nach den Perserkriegen den Rang abgelaufen hatte, waren nur zu gern

Fatale Finsternis

Der 27. August 413 v. Chr. leitete das Ende der Großmacht Athen ein. An diesem Tag gab es eine Mondfinsternis. Die Athener wollten gerade ihre Flotte abziehen, die vor Syrakus lag. Lange hatte die Belagerung der mächtigen Stadt auf Sizilien gedauert. Dann hatten die Kommandanten einsehen müssen, dass sie die Stadt nicht erobern konnten. Also lautete der Befehl: Abmarsch, zurück in die Heimat! Die Mondfinsternis machte aber einen Strich durch die Rechnung. Man hielt sie für ein ungünstiges Vorzeichen, das ihnen die Götter als Warnung schickten. Astrologen schauten in ihre schlauen Bücher und rieten, mit der Abreise noch drei mal neun Tage zu warten. Der Zeitpunkt zum Rückzug war verpasst. Kurze Zeit darauf schlug Syrakus zurück, die Athener kapitulierten und verloren fast die ganze Armee – ein Verlust, von dem sich Athen nicht mehr erholte.

bereit, den frustrierten Bittstellern ihre Unterstützung anzubieten. Sie witterten die große Chance, dem ungeliebten, so arrogant auftretenden Rivalen eine Lektion zu erteilen. Und sie sammelten beim griechischen Adel Pluspunkte mit dem Versprechen, ihre Herrschaft in den einzelnen Stadtstaaten nicht anzutasten.

Der Niedergang

Der Konflikt mündete in einen der längsten und größten Kriege der antiken Geschichte. Auf der einen Seite stand Athen, auf der anderen Sparta, dazu kamen die jeweiligen Verbündeten. Der „Peloponnesische Krieg" dauerte 27 Jahre. Am Ende siegte Sparta. Athen stand vor einem Scherbenhaufen. Die Spartaner diktierten die Friedensbedingungen. Der Seebund wurde aufgelöst, die Flotte, der ganze Stolz der Athener, auf zwölf Schiffe reduziert. Radikale Athen-Gegner forderten, Sparta solle die ganze Stadt Athen in Schutt und Asche legen. So weit wollte Sparta aber nicht gehen.

Mit der Niederlage im Peloponnesischen Krieg hatte Athen seine beste Zeit hinter sich. Zwar gab es in der Folgezeit wieder einen bescheidenen Aufschwung. Die von den Spartanern beseitigte Demokratie wurde bald wieder eingerichtet. Doch an die Glanzzeiten des 5. Jh. v. Chr., als Athen nicht nur politisches, sondern auch kulturelles Zentrum der griechischen Welt gewesen war, konnte es nie mehr anknüpfen.

Nachspielzeit

Eine Wiederauferstehung erlebte Athen unter den Römern. Nicht wie früher als politische Macht, denn die Römer hielten die Zügel fest in der Hand. Doch sie fanden Gefallen an einer Stadt, die lange vor ihnen ein mediterranes Imperium aufgebaut hatte. Wer etwas auf sich hielt, reiste vom Tiber an die Akropolis, bewunderte die alten Bauwerke und beteiligte sich in den Schulen der Philosophen an gelehrten Diskussionen. Römische Kaiser betätigten sich als großzügige Förderer, allen voran Hadrian (117 bis 138), der tief in die Tasche griff, um Athen mit prächtigen Bauwerken auszustatten. Doch ab dem 3. Jh., als die Zeiten unruhiger wurden, versank die Stadt erneut in der Bedeutungslosigkeit. Im Mittelalter und in der Neuzeit fristete sie ein eher tristes Dasein, bevor sie im 19. Jh. von begeisterten Antikenfans neu entdeckt wurde. Heute tummeln sich Millionen Touristen aus aller Welt in der Metropole, die einst Weltgeschichte schrieb.

Kämpfende Krieger. Griechische Vasenmalerei, 6. Jh. v. Chr.

DAS REICH ALEXANDERS

Eroberung in Rekordzeit

Alexander der Große war ein König der Superlative. Niemals in der Geschichte eroberte jemand in jüngeren Jahren und in kürzerer Zeit ein größeres Reich. Heutzutage hat der strahlende Held der Antike aber viel von seinem Glanz verloren.

Mit 20 wurde er König von Makedonien. Mit 22 führte er eine Armee gegen das mächtige Perserreich. Mit 32 war er Herrscher über Asien und Ägypten. Er starb ein paar Wochen vor seinem 33. Geburtstag.

Das ist die Kurzbiografie Alexanders des Großen. Dürre Worte, die nicht annähernd zum Ausdruck bringen können, wie Alexander die Welt verändert hat. Und weil er so früh starb, ranken sich um sein kurzes Leben und Wirken umso mehr Mythen und Legenden. Zu den Erzählungen, die man getrost in das Reich der Fabel verweisen darf, gehört eine in der Antike viel und gern kolportierte Geschichte aus Alexanders Kindheit. Seinem Vater Philipp wurde ein Pferd zum Kauf angeboten. Doch ungestüm und wild wie es war, warf es alle ab, die sich bemühten, auf ihm zu reiten. Da kam der kleine Alexander, und flugs war das Pferd brav wie ein Lamm. Mühelos stieg er auf und absolvierte einen unfallfreien Proberitt. Alles staunte, und der stolze Vater hatte für den Filius eine Empfehlung bereit: „Such dir ein Reich, mein Sohn, das deiner würdig ist, denn Makedonien ist für dich nicht groß genug."

Eine Stadt für ein Pferd

Eine typische Anekdote – doch richtig ist, dass Alexander ein Pferd besaß, auf das er sich immer verlassen konnte. Er nannte es Bukephalos, „Stierkopf". Es hat einen festen Platz in der Liste berühmter Pferde der Geschichte, begleitete Alexander auf seinem Feldzug nach Asien und starb hoch betagt 326 v. Chr. im heutigen Pakistan. An der Stelle, wo das treue Pferd Alexander für immer verließ, legte der König zu Ehren des Bukephalos den Grundstein zu einer Stadt. Diese Stadt gibt es bis heute. Sie heißt jetzt Jhelam und liegt im Norden der indischen Provinz Punjab.

Tödliche Hochzeit

Als Alexander König von Makedonien wurde, hatte sein Vater schon wichtige Vorarbeiten für die spätere Machtstellung des Landes geleistet. Philipp II. hatte die Griechen unterworfen, sie aber gleichzeitig für sich gewonnen, weil er ihnen versprach, die in Kleinasien, an der Westküste der heutigen Türkei, lebenden Griechen von der Herrschaft der Perser zu befreien. Alle Vorbereitungen für einen Feldzug waren bereits getroffen, da wurde Philipp – im Jahre 336 v. Chr. – bei einer Hochzeitsfeier Opfer eines Attentats.

Alexander übernahm die Nachfolge. Zuerst galt es, Widerstände zu überwinden. Städte wie Korinth sahen mit dem Tod Philipps das Bündnis mit Makedonien als beendet an. Doch sie hatten die Rechnung ohne den jungen Wirt Alexander gemacht. Entschlossen warf er die Aufstände nieder. In Korinth gab ihm die antike Anekdoten-Fabrikation die Chance, dem dort in einer Tonne lebenden Philosophen Diogenes einen Satz für den ewigen Zitatenschatz zu ermöglichen. Diogenes lebte das Prinzip der radikalen Askese vor, und als Alexander bei ihm erschien und gönnerhaft fragte, ob er etwas für ihn tun könne, antwortete dieser: „Geh mir aus der Sonne!“

Der Feldzug startet

Vom Vater Philipp erbte Alexander auch das Projekt „Befreiung der Griechen in Kleinasien“. Im Frühjahr 334 v. Chr. setzte er mit einer Streitmacht von 30 000 Soldaten über die Dardanellen. Kurz darauf besiegte er am Fluss Granikos eine persische Armee. In den nächsten Monaten vertrieb er die persischen Besatzungen aus den griechischen Städten. Aber statt die

Alexander der Große bei der Schlacht von Issos 333 v. Chr. Römisches Mosaik aus der Casa del Fauno in Pompeji, vermutlich nach einem griechischen Gemälde von Philoxenos aus dem 4. Jh. v. Chr.

Mosaik einer römischen Villa mit dem Motiv des Gordischen Knotens

Mission nun für beendet zu erklären, zog der ehrgeizige Feldherr weiter. Er machte Station in Gordion, wo er den „Gordischen Knoten" zerschlug, was ihm nach einem alten Orakelspruch die Herrschaft über Asien bringen sollte. Bei Issos gewann er 333 v. Chr. gegen den Perserkönig Dareios III. die legendäre „Keilerei". Nun ergriff ihn, wie die antiken Quellen behaupten, der „Pothos", eine nicht zu zähmende Leidenschaft, ganz neue Welten zu erobern.

Zunächst unternahm er einen Abstecher nach Ägypten. Das alte Reich der Pharaonen befand sich im Machtbereich der Perser – ein Zustand, dem Alexander in gewohnt konsequenter Weise ein Ende bereitete. Von Ägypten stieß er bis weit ins Herz des Perserreiches vor, eroberte die Residenzstadt Persepolis und nahm auch die anderen Königsstädte ein. Jetzt war er, wie er stolz vermeldete, „König von Asien".

Durch das wilde Kurdistan

Die Ermordung des Dareios durch einen skrupellosen Verwandten, der sich als neuer König der Perser sah und im Osten des Iran eine Machtbasis aufzubauen versuchte, veranlasste Alexander, seinen Aktionsradius noch weiter auszudehnen. Nun folgte der schwierigste Teil seines Feldzuges. Über den Hindukusch gelangte er nach Baktrien und Sogdien – Regionen, die den Griechen bis dahin nur vom Hörensagen bekannt waren und die in etwa dem heutigen Afghanistan, Kurdistan und Usbekistan entsprechen. Gelegentlicher Widerstand unter seinen Offizieren und Soldaten, die sich fragten, wie der Aufenthalt in diesen weit abgelegenen Gebieten noch mit dem ursprünglichen Auftrag, die Griechen im westlichen Kleinasien zu befreien, in Einklang zu bringen war, wurde mit Härte und Brutalität unterdrückt.

Im Land der Wunder

In der letzten Phase seines Feldzuges wandelte sich Alexander vom Eroberer zum Entdecker. Nun stand das Wunderland Indien auf der Agenda. Und gerne wäre er noch weiter Richtung Osten gezogen. Das Ende der Welt erreichen – so lautete nun die Zielvorgabe, wenn er gefragt wurde, was er denn eigentlich noch vorhabe. Nach den Vorstellungen der Griechen endete die Welt dort, wo das Weltmeer, der Okéanos, begann. Denn es herrschte auch bei Alexander noch die Idee von der Erde als einer Scheibe vor, die auf dem Weltmeer schwamm. Zwar war in Expertenkreisen die Kugelgestalt der Erde bereits bekannt, doch hatte sich diese Erkenntnis noch nicht allgemein durchgesetzt.

Doch der Traum Alexanders platzte. 325 v. Chr., im zehnten Jahr der Expedition, war Schluss. Der Grund war einfach und nachvollziehbar: Die Soldaten traten in einen Generalstreik. Sie hatten schlicht keine Lust mehr, dem König weiter zu folgen. So musste Alexander seinen Feldzug

Bergrücken des Hindukuschs, einem Gebirge in Zentralasien. Die meisten Berge liegen im heutigen Afghanistan.

Gut gemogelt – ein Orakel sagt das Ende des Alexanderreiches voraus

Die Trefferquote von Prognosen lässt sich deutlich erhöhen, wenn man schon vorher weiß, wie es ausgeht. Spezialist auf dem Gebiet der Vorhersage von bereits Geschehenem waren antike Orakel. So wird von einer Vision des jüdischen Propheten Daniel berichtet, der seine Bekanntheit vor allem einem in der Bibel geschilderten zeitweiligen Aufenthalt in einer Löwengrube verdankt. Historisch war Daniel einer der Deportierten, die im 6. Jh. v. Chr. durch Nebukadnezar II. nach Babylon gebracht worden waren. Im Palast von Susa hatte er eine Vision: Ein Widder wird von einem einhörnigen Ziegenbock überwältigt. Der Ziegenbock wächst ins Gigantische, bis das Horn zerbricht. Dafür wachsen vier neue Hörner nach. Daniel wusste die Zeichen zu deuten: Der Widder ist der König von Persien, der Ziegenbock Alexander, der König von Griechenland. Alexander besiegt die Perser. Nach seinem Tod zerfällt sein Reich in vier Teile. Eine sehr beeindruckende Prognose, erstellt über 200 Jahre vor den Ereignissen. Pech nur, dass es sich dabei um eine Fälschung handelt. Die so erstaunliche Vorhersage stammt aus dem Jahr 166 v. Chr. Die Fälscher hatten sich den ehrbaren Namen Daniels ausgeliehen.

am Indus abbrechen. Zur Strafe dirigierte er seine Armee auf dem Rückweg durch die karge Gedrosische Wüste, ein Marsch, den viele nicht überlebten.

Streit um Alexander

Auch Alexander hatte nicht mehr lange zu leben. Er starb am 10. Juni 323 in Babylon. Viele trauerten ihm nach. Was hätte er noch alles erreichen können, sagten sie. Er hätte die Völker verbinden und vereinen können, so, wie er es mit der Massenhochzeit von Susa 324 v. Chr. symbolisch angedeutet hatte, als sich Griechen und Makedonen mit einheimischen Frauen verheiratet hatten. Ohne Alexander aber hatte sein Reich keine Chance. Und tatsächlich kam es bald zu erbitterten Machtkämpfen unter seinen Generälen und zum Zerfall des Imperiums in mehrere Einzelteile.

In der modernen Forschung überwiegen die skeptischen Stimmen. Man müsse Alexander seinen Glorienschein abnehmen. Die einzige Vision, die er hatte, war die Macht. Er wollte herrschen und erobern. Andere Völker waren ihm völlig gleichgültig.

Alexander selbst scheint geahnt zu haben, dass man sich später über die Bewertung seiner Taten streiten würde. Und so diktierte er seinen Begleitern vorsorglich einen bedenkenswerten Satz in die Notizblöcke: „Es ist königlich, Gutes zu tun und dafür geschmäht zu werden.“

Sarkophag eines phönizischen Fürsten mit Motiven aus den Kriegen Alexanders gegen die Perser

Kleopatra und der Tanz auf dem Vulkan

30 v. Chr. beging Kleopatra Selbstmord. Die letzte Königin aus der Dynastie der Ptolemäer schied stilecht und landestypisch durch einen selbst beigefügten Biss der Uräus-Schlange aus dem Leben. Fast 300 Jahre lang hatte die makedonisch-griechische Familie über Ägypten geherrscht, nachdem sich der Urahn Ptolemaios I., einer der Weggefährten Alexanders des Großen, in den Verteilungskämpfen nach dessen Tod das reiche Nilland als Besitz gesichert hatte. Nun aber standen die Römer vor den Toren der Hauptstadt Alexandria, mit dem unbeugsamen Octavian, dem späteren Kaiser Augustus, an der Spitze, und die stolze Königin sah keinen anderen Ausweg, als sich das Leben zu nehmen. Das Reich der Ptolemäer hatte allerdings schon länger abgewirtschaftet. Thronintrigen und Machtkämpfe taten ein Übriges, um aus dem einstigen Juwel ein Notstandsgebiet zu machen. Daran hatten auch Kleopatras sagenhafte Verführungskünste gegenüber römischen Größen wie Iulius Caesar und Mark Anton nichts ändern können.

War damit die Akte „Ende des ptolemäischen Ägypten" für geschlossen erklärt worden, ließen 2018 Forschungen irischer Naturwissenschaftler aufhorchen. Sie stellten einen Zusammenhang zwischen dem Niedergang Ägyptens und massiven Vulkanausbrüchen im Pazifikraum her. Solche Ausbrüche schleudern Schwefelpartikel in die Atmosphäre, die nach einiger Zeit als Feinstaub zur Erde zurückkehren. Im Eis des Südpols und des Nordpols lassen sie sich mit geophysikalischen Methoden nachweisen und auch relativ exakt datieren. Die Forscher von der grünen Insel stellten eine verblüffende Parallele fest: Immer, wenn die Vulkane ausbrachen, sank der Pegel des Nils. Der Nil war seit den Zeiten der alten Pharaonen die Lebensader Ägyptens. Die sommerlichen Regenfälle im Hochland von Äthiopien sorgten jedes Jahr dafür, dass der Nil über seine Ufer trat. Dank eines raffinierten Systems von Kanälen wurden die Fluten so gelenkt, dass sie nicht zerstörerisch wirkten, sondern im Gegenteil die Ufer längs des Nils zu fruchtbaren Landschaften machten. In den Jahren, in denen es zu Eruptionen kam, war der Pegel des Nils deutlich niedriger als in Jahren ohne Ausbruch, denn die durch die Vulkane hervorgerufenen atmosphärischen Turbulenzen führten zu deutlich weniger Niederschlägen – auch im äthiopischen Hochland. Die Folgen für Ägypten waren fatal: Dürreperioden führten zu Hungersnöten, und die Menschen standen nicht mehr zu ihrer Regierung. Kleopatra, so die Schlussfolgerung, war Opfer von Naturkatastrophen, die sich Tausende von Kilometern entfernt ereigneten.

Königin Kleopatra VII. Philopator war die letzte Herrscherin des Ptolemäerreiches. Zeitgenössische Marmorbüste

Die Theorien der Naturwissenschaftler haben eine heftige Debatte ausgelöst. Es gab viel Beifall, aber auch skeptische Stimmen. Sicher spielten beim Untergang des Ptolemäerreiches auch andere Aspekte eine wichtige Rolle – der hohe Steuerdruck beispielsweise, ferner die sozialen Gegensätze zwischen Reich und Arm, Stadt und Land, zwischen den Einheimischen und den Fremden, die im Ägypten der Kleopatra lebten. Aber klar ist: Die Naturwissenschaftler haben in eine alte Frage – Wie konnte das reiche Imperium der Ptolemäer aus der Geschichte verschwinden? – neuen Schwung gebracht.

Das Reich von Pergamon

Klein, aber fein

Mit einem klaren Fall von Unterschlagung an die Macht gekommen und das eigene Ende selbst in die Wege geleitet – an Pergamon ist vieles ungewöhnlich. Auch das Marketing: Die Könige hatten ein besonderes Gespür für wirkungsvolle Inszenierungen.

Der Auftrag war unmissverständlich: Burgberg sichern, auf den Schatz aufpassen. Das hatte Philetairos hoch und heilig versprochen. Er stand als Offizier in Diensten des Lysimachos, eines alten Haudegen, der im Kampf der Diadochen um das Erbe Alexanders des Großen kräftig mitmischte. Den landschaftlich dominanten Burgberg von Pergamon hatte der umtriebige General als sein Hauptquartier auserkoren. Und er schien ein geeigneter Platz für die bestens gefüllte Kriegskasse zu sein – immerhin 9000 Talente, genug, um eine große Armee monatelang zu finanzieren. Weil Philetairos so zuverlässig war, hatte Lysimachos, der ständig auf Achse war, ihm die verantwortungsvolle Aufgabe des leitenden Wachtpostens übertragen.

Dann aber überschlugen sich die Ereignisse. Philetairos dachte über seine Situation nach und kam zu dem Ergebnis, dass die Rolle des Platzhalters ihm nicht genügte. Die Festung Pergamon und das ihm anvertraute Geld waren doch hervorragendes Startkapital zur Verwirklichung eigener politischer Ziele. So sagte er sich von Lysimachos los und genoss das Dasein eines reichen lokalen Fürsten. Die ihn anfangs belastende Furcht, er könne von dem betrogenen Dienstherrn zur Rechenschaft gezogen werden, löste sich in Wohlgefallen auf, als die Nachricht eintraf, Lysimachos sei bei einer der zahlreichen Schlachten der Diadochen – ehemalige Feldherren Alexander des Großen und ihre Nachkommen – ums Leben gekommen.

Geschehen war dies im Jahr 281 v. Chr. In den darauffolgenden Jahren begnügte sich Philetairos mit der Rolle des unbeteiligten Beobachters des Zeitgeschehens. Die meiste Zeit saß er auf seiner entrückten Burg in der Nordwestecke der heutigen Türkei. Als er 18 Jahre später starb, trat sein Neffe Eumenes die Nachfolge an. Und auch künftig blieb die Herrschaft in

Der Burgberg von Pergamon. Heute befinden sich an seinem Hang die Ruinen des Theaters aus römischer Zeit.

der Familie. Der Dritte im Bunde trug den Namen Attalos. Er kam 197 v. Chr. an die Macht und nahm den Titel eines Königs an. Attalos war es auch, der den Grundstein zur Erweiterung des Territoriums legte – mit freundlicher Unterstützung seiner neuen Freunde aus dem Westen.

Die Wolke aus dem Westen

Er schaffte diesen Karrieresprung durch Anbiederung, Schmeichelei und Opportunismus. Das zumindest sagten seine Gegner. Er selbst sprach lieber von einer flexiblen Anpassung an die jeweils gegebenen Verhältnisse. Und die Verhältnisse waren zu Beginn des 2. Jh. v. Chr. so beschaffen, dass eine „Wolke aus dem Westen", wie es die Griechen ausdrückten, Richtung Osten zog und den Himmel verdüsterte. Diese Wolke waren die Römer, die nach der Eroberung der westlichen Mittelmeerwelt nun ihre Fühler nach jenen Gebieten ausstreckten, die die Diadochen untereinander aufgeteilt hatten. Während die meisten Griechen entschlossenen Widerstand leisteten, fuhr Attalos einen anderen Kurs. Er diente sich den Römern als willfähriger, loyaler, unentbehrlicher Bundesgenosse an und wurde für diese Haltung von seinen dankbaren Freunden fürstlich belohnt. Neben den territorialen Zugewinnen gehörten dazu weitere Privilegien vor allem wirtschaftlicher und handelspolitischer Art.

Kultureller Glanz

Als Emporkömmlinge von Roms Gnaden waren die Pergamener in der griechischen Welt nicht gerade beliebt. Und trotz römischer Unterstützung spielten sie im Konzert der Mächte des Ostens nicht in der ersten Liga. Umso mehr waren sie bestrebt, durch kulturellen Glanz Pluspunkte zu sammeln. So wetteiferten sie mit den Ptolemäern in Ägypten um den Besitz der größten Bibliothek. Alexandria hatte am Ende klar die Nase vorn, doch zogen die Pergamener alle propagandistischen Register, um sich als Förderer von Kunst und Wissenschaften zu profilieren. Mit viel Geld lockten sie die besten Köpfe an ihren Hof. Als Konkurrenz zum Papyrus, einem Exportschlager der Ptolemäer, entwickelten sie als alternativen Beschreibstoff das nach ihnen benannte Pergament. Ihre künstlerische Glanzleistung war der große „Pergamonaltar", der heute die Museumsinsel in Berlin ziert, geschaffen als mythologisch inszenierte Erinnerung an einen Sieg, den Pergamon gegen die keltischen Galater errungen hatte.

Auf den ersten Attalos folgte ein weiterer Eumenes, dann kamen noch einmal zwei Könige, die Attalos hießen. Mehr gab es nicht. Der dritte Attalos war der letzte Herrscher von Pergamon. Er regierte nur kurze Zeit, von 138 bis 133 v. Chr., und setzte, während er weit oben auf dem Burgberg thronte, keine besonderen politischen Akzente. Doch bevor er starb, landete er einen überraschenden Coup. Er hatte keine Nachkommen und wusste, was nach seinem Tod passieren würde: Die Römer würden Pergamon kassieren und ihrem Reich einverleiben. Das würde nicht allen in Pergamon gefallen. Vielen ging die Romfreundlichkeit der königlichen Familie zu weit. Es drohten Aufstände und

Marmorstatue „Sterbender Gallier". Die Statue ist die römische Kopie einer Bronzestatue, die Attalos I. in Auftrag gab. Hintergrund war der Sieg über die Kelten.

Königlicher Giftmischer

Zeitgenössische Marmorbüste von Mithradates VI., König von Pontos – inszeniert als Sieger mit der Löwenhaut des Herkules

König Attalos III., der letzte Herrscher von Pergamon, war ein begeisterter Giftmischer. In seiner Freizeit beschäftigte er sich gern mit toxikologischen Experimenten. So heißt es in einer antiken Quelle: „Er grub seine Gärten mit dem Spaten um, streute Samen aus, und zwar Kraut und Unkraut kunterbunt durcheinander, und all das tränkte er dann in einer Giftbrühe und sandte es seinen Freunden als Ehrengabe ins Haus." Mag man den letzten Teil der Aussage auch als Produkt der in solchen Fällen immer heftig brodelnden antiken Gerüchteküche ansehen, so wird die Passion als solche von vielen anderen Autoren bestätigt. Denkwürdig war auch sein Tod, der ihn ereilte, als er im Garten an einer Skulptur seiner Mutter arbeitete und sich dabei einen Sonnenstich holte.

Wenigstens erging es ihm nicht so wie einem anderen prominenten Giftexperten. Mithradates, der König von Pontos, fürchtete sich zeit seines Lebens vor Giftanschlägen. Um sich dagegen zu wappnen, entwickelte er eine ganze Reihe von Gegengiften, die er eifrig konsumierte. Als er, durch die Römer in eine ausweglose Lage gebracht, als alter Mann per Gift Selbstmord begehen wollte, wartete er vergeblich auf die erhoffte Wirkung – er war inzwischen immun geworden.

militärische Auseinandersetzungen. Sein Testament, so verriet Attalos besorgten Beratern, würde alle Probleme beseitigen.

Kluger Schachzug

Als Attalos gestorben war, schritt man gespannt zur feierlichen Öffnung des Dokuments, das seinen letzten Willen enthielt. Der Inhalt war brisant: Der König vermachte sein Reich – den Römern. Diese hatten schon viel erlebt, nicht aber, dass sie die Herrschaft über ein fremdes Territorium auf einem silbernen Tablett serviert bekamen. Die Berater des Königs waren fassungslos. War Attalos noch richtig im Kopf gewesen? Den Verlust der Freiheit, königlich besiegelt, würde das Volk nicht hinnehmen. Doch das Testament ging noch weiter. Das Stadtgebiet von Pergamon und einige andere Städte sollten nicht Teil der Erbschaft sein, sondern frei bleiben. Sie mussten daher auch nicht die üblichen Steuern und Tribute an die neuen Herren zahlen. Ein geschickter Schachzug, denn so konnten sich auch die Widersacher nicht mehr beschweren. Dank des Einfallsreichtums des letzten Königs verabschiedete sich das Reich von Pergamon nicht mit einem Untergang, sondern mit einem geordneten Rückzug.

DAS IMPERIUM VON KARTHAGO

Didos Erben

Bevor die Römer kamen, beherrschten die Karthager von Nordafrika aus das gesamte westliche Mittelmeer. Drei Kriege brachten den Riesen zu Fall. Daran konnte auch ein genialer Feldherr nichts ändern.

Alles begann mit Dido. Sie war die schöne und kluge Tochter des Königs von Tyros in Phönizien. Als ihr Mann von ihrem Bruder Pygmalion ermordet wird, flieht sie nach Nordafrika. Mit einer List bringt sie einen einheimischen König dazu, ihr ein Stück Land zu schenken. Der König verspricht ihr so viel Land, wie sie mit der Haut einer Kuh umspannen könne. Die kluge Dido schneidet die Haut in dünne Streifen, fügt sie zusammen und darf ein viel größeres Stück Land ihr eigen nennen, als es ihr der großzügige König eigentlich zur Verfügung stellen wollte. Der König ist mächtig beeindruckt und will sie heiraten. Aber Dido bleibt standhaft und tötet sich letztendlich selbst auf einem Scheiterhaufen.

So erzählt der Mythos die Geschichte von der Gründung Karthagos. Und wie bei allen antiken Mythen verschwimmen hier Fantasie und Realität. Erfunden ist die Figur der einfallsreichen, standhaften Dido. Wahr ist, dass die Stadt Karthago von Phöniziern aus Tyros im Libanon gegründet wurde. 814 v. Chr. erbauten sie an der Küste des heutigen Tunesien einen Handelsstützpunkt. Einen besseren Platz hätten ihre Scouts nicht finden können. Außer an der Straße von Gibraltar gibt es keine Stelle, an der das Mittelmeer schmaler ist. So konnten die Neusiedler aus dem Vorderen Orient bequem die Schifffahrtswege kontrollieren, und die strategisch wichtige Insel Sizilien lag zum Greifen nahe.

Es waren vor allem handelspolitische Erwägungen, die zu der Gründung von Karthago geführt hatten. Völlig zu Recht werden die Phönizier in fast allen Geschichtswerken, die sich mit der frühen

Die Ruinen der Antoninus-Pius-Thermen in Karthago zeugen noch heute vom Glanz der Stadt in römischer Zeit.

Opferten die Karthager lebende Kinder?

Bei archäologischen Grabungen in Karthago kam eine groß angelegte Opferstätte zum Vorschein. Hier reihte sich Urnengrab an Urnengrab. Teilweise waren die Gräber mit Stelen versehen, die Zeichnungen und Worte in phönizischer Schrift trugen. Solche Tophets, wie sie original genannt wurden, befanden sich auch in vielen anderen Siedlungen der Karthager, wie zum Beispiel auf Sardinien. Griechen und Römer verbreiteten darüber Schauermärchen. Die Karthager, so behaupteten sie, opferten hier lebende Kinder, um die Götter gnädig zu stimmen. In Wirklichkeit handelte es sich um Grabstätten für Kinder, die tot geboren oder ganz jung verstorben waren. Man vertraute sie den Göttern an, mit der Bitte, sich im Jenseits um die verstorbenen Kinder zu kümmern. In anderen Texten werden die Götter angefleht, sie vor weiteren Schicksalsschlägen dieser Art zu verschonen. Waren also die Karthager brutale Kindermörder? Dieser Vorwurf muss nach den archäologischen Befunden als gegnerische Propaganda wohl zu den Akten gelegt werden.

Geschichte der Mittelmeerwelt befassen, mit dem Etikett „erstes großes Seefahrervolk der Antike“ versehen. Vom Libanon aus erkundeten sie, nautisch bestens ausgebildet, mit ihren Schiffen die Küsten des Mittelmeeres und gelangten so im Westen bis nach Spanien, dessen reiche Metallvorkommen bei den levantinischen Händlern große Begehrlichkeiten geweckt hatten. Sie selbst hatten Purpur und Zedernholz im Gepäck – beides Produkte, für die der Libanon in der Antike berühmt war.

Der Name, den die rührigen Kaufleute aus Tyros der neuen Siedlung gaben, war nicht besonders einfallsreich. Man brauchte wahrscheinlich kein Expertengremium einzuberufen, um auf die Idee zu kommen, die neu gegründete Stadt „Neustadt“ zu nennen. Denn nichts anderes heißt der originale phönizische Name Qart Hadascht. Die Griechen machten aus Qart Hadascht Karchedon, die Römer Carthago.

Starke Gruppen

Lange blieb die Filiale im Schatten des Mutterkonzerns. Im 6. Jh. v. Chr. aber begann der Stern der Phönizier zu verblassen. Turbulenzen in der Heimat führten dazu, dass sie sich von den Märkten im Westen des Mittelmeerraumes zurückzogen. Jetzt schlug die Stunde Karthagos. Ausgerüstet mit dem merkantilen Know-how ihrer phönizischen Gründer, entwickelte sich die Stadt rasch zur finanzstärksten Macht in Nordafrika und im gesamten westlichen Mittelmeerraum. Spitzenprodukte der Landwirtschaft und ein weit dimensionierter Fernhandel sorgten dafür, dass die Kassen immer gut gefüllt waren. Die Arbeitsteilung war höchst effizient. Die Großgrundbesitzer im Hinterland der Stadt nutzten den fruchtbaren Boden zum Anbau von Getreide und begründeten den Ruf Nordafrikas als eine der wichtigsten Kornkammern der antiken Welt. Eine andere, weniger bodenständige, unternehmungslustige Gruppe von Händlern kümmerte sich in großem Stil um den Absatz und die Einfuhr von Waren.

Karthago war keine Monarchie, sondern eine Adelsrepublik. Die führenden Köpfe der Bauern- und der Händlerfamilien bestimmten auch die Richtlinien der Politik. Alle wichtigen Entscheidungen wurden in einem Gremium gefällt, das in Zusammensetzung und Funktion dem Senat in Rom ähnelte. Solange die beiden Gruppen gut miteinander auskamen, ging es auch dem Staat gut. Im Laufe der Zeit machten sich allerdings Gegensätze bemerkbar. So waren den Großgrundbesitzern die zunehmend ausufernden Aktionen der maritimen Händlerfraktion ein Dorn im Auge. Sie fürchteten die Risiken eines organisatorisch nicht mehr zu bewältigenden Engagements in großen Teilen des Mittelmeerraums. Solange aber die Schatzhäuser gefüllt waren, fehlten der Agrargruppe wirklich überzeugende Argumente.

Handelsparadies Mallorca

Stützpunkte und Niederlassungen besaßen die Karthager in ganz Nordafrika und auf den Inseln des westlichen Mittelmeeres. Die Balearen mit Mallorca gehörten dazu, außerdem Korsika, Sardinien und vor allem Sizilien. Aber konkurrenzlos waren die Karthager nicht. Auch Griechen und Etrusker waren an diesen lukrativen Märkten stark interessiert. So kam es wiederholt zu militärischen Auseinandersetzungen, häufig in wechselnden Konstellationen.

Eine der größten Seeschlachten fand 545 v. Chr. vor der Ostküste Korsikas statt, bei einem Ort namens Alalia. Hier kämpften Karthager und Etrusker mit 120 Schiffen erfolgreich gegen die Griechen, die mit einer Flotte von nur 60 Schiffen unterlegen waren.

Tor zur Welt

Im 5. und 4. Jh. v. Chr. stand Karthago im Zenit seiner Macht. Die Stadt selbst entwickelte sich zu einer prächtigen Metropole mit moderner Infrastruktur, ausgebauten Straßen und planmäßig angelegten Wohnvierteln. Die Häfen waren, als Tor zur Welt, sturmfest gebaut und mit

Glasanhänger in Form eines Männerkopfes. 4.–3. Jh. v. Chr., gefunden in Karthago. Karthago gehörte zu den damaligen Zentren der Glasproduktion.

Ruinen der antiken Festung Byrsa in Karthago

monumentalen Mauern versehen. Auf der Akropolis gab es ein viel besuchtes Heiligtum des phönizischen Heilgottes Melkart, das an die orientalische Herkunft der Karthager erinnerte.

Kampf der Giganten

Mehrere Jahrhunderte lang durfte sich Karthago im hellen Licht des Erfolgs und des Ruhmes sonnen. Dann kamen die „Punischen Kriege“. So werden die drei großen militärischen Auseinandersetzungen genannt, die Karthago gegen Rom führte. Die Römer nannten die Karthager wegen ihrer phönizischen Herkunft „Punier“.
In der aufstrebenden römischen Republik erwuchs Karthago, anders als es bei Griechen und Etruskern der Fall gewesen war, ein wirklich ernsthafter Gegner. Im Laufe des 3. Jh. v. Chr. war Rom führende Macht in Italien geworden – aus karthagischer Sicht nur der Auftakt weiterer expansiver Unternehmungen. Rom seinerseits fürchtete, die Karthager könnten den Aufstieg der Tibermetropole als Bedrohung ansehen und entsprechende Maßnahmen treffen.

So brach ein Krieg aus, den eigentlich keiner so recht wollte. Der Erste Punische Krieg dauerte von 264 bis 241 v. Chr., einer der längsten Kriege der Antike.
Am Ende musste Karthago kapitulieren. Schmerzlichste Folge war der Verlust der Inseln Sizilien, Sardinien und Korsika. Unter den Grundbesitzern begann es zu rumoren. Nun sollte endlich Schluss sein mit den Abenteuern im Mittelmeer, forderten sie.

Doch die Händler siegten. Ihre Galionsfigur war Hamilkar Barkas, dessen martialischer Beiname „Blitz“ andeutet, das er einiges vorhatte. Er baute in Spanien eine neue Machtbasis auf, dort, wo bereits einst die Phönizier, angelockt von den reichen Metallvorkommen, Station gemacht hatten. Nach dem Tod Hamilkars wurde sein Sohn Hannibal zum obersten Militärführer gewählt. Dessen erklärtes Ziel war die Korrektur der Niederlage im Ersten Punischen Krieg.

Alpiner Überraschungscoup

Den Zweiten Punischen Krieg eröffnete Hannibal 218 v. Chr. mit einem spektakulären Zug über die herbstlichen Alpen. Der Tross bestand aus 45 000 Söldnern und 37 Kriegselefanten. Nach 16 beschwerlichen und verlustreichen Tagen war die Po-Ebene erreicht und der Überraschungscoup gelungen. Zunächst eilte Hannibal von Sieg zu Sieg. Letztlich aber scheiterte das Unternehmen, weil es ihm nicht gelang, Roms Bündnispartner in Italien auf seine Seite zu ziehen. Die Entscheidung zugunsten der Römer brachte deren Entschluss, den Krieg nach Afrika zu tragen. Karthago musste 201 v. Chr. einen Friedensvertrag unterzeichnen, der zwar seine Existenz garantierte, mit dem es sich aber aus der Riege antiker Großmächte verabschiedete. Es verlor alle seine Außenbesitzungen und bestand praktisch nur noch aus dem Territorium der Stadt Karthago.

In Schutt und Asche

Doch das Schlimmste stand Karthago noch bevor. Noch einmal kam es zu einem Krieg mit den Römern, der als Dritter Punischer Krieg in die Geschichte eingegangen ist. Er begann 149 v. Chr. mit der Belagerung der Stadt und endete drei Jahre später mit ihrer kompletten Zerstörung. Nur Ruinen blieben von der einstigen Größe übrig. Dabei war Karthago den Römern gar nicht mehr gefährlich gewesen. Doch ein bescheidener wirtschaftlicher Aufschwung und kleinere Scharmützel mit afrikanischen Nachbarn hatten genügt, um bei den Römern alte Ängste vor dem Erzfeind Karthago zu aktivieren. Deshalb lautete der klare Auftrag für den römischen Feldherrn Scipio: Die Stadt musste bis auf die Grundmauern niedergebrannt werden. So endete der letzte Akt in der Geschichte des punischen Karthago. Später bauten die Römer die Stadt wieder auf. Bis zur arabischen Eroberung 698 war sie sogar eines der blühendsten urbanen Zentren Nordafrikas. Die Araber aber hatten keine Verwendung für sie und verlagerten ihre Administration nach Tunis.

Ceterum censeo ...

„Ceterum censeo Carthaginem esse delendam“ („Im Übrigen bin ich der Meinung, dass Karthago zerstört werden muss.“): So lautet einer der berühmtesten Aussprüche der Antike. Mit diesen Worten beendete der kantige Senator Cato, ein Römer von altem Schrot und Korn, jede seiner Reden im römischen Senat. Tragischerweise hat er die praktische Umsetzung seiner Forderung nicht mehr miterlebt. Das römische Urgestein starb 149 v. Chr., im stolzen Alter von 85 Jahren. Das war drei Jahre, bevor die Römer die Stadt Karthago dem Erdboden gleichmachten.

Das römische Weltreich

Konkurrenzlos

Christen, Germanen, Gicht, Prostitution, Bleirohre, Alkohol, Dekadenz, Klima – die unterschiedlichsten Gründe wurden angeführt, um zu erklären, warum das mächtige Römische Reich nach 1000 Jahren unterging. Doch die Wirklichkeit sah anders aus. Rom fiel, weil viele unglückliche Umstände zusammentrafen. Und die meisten Zeitgenossen bekamen den Untergang gar nicht mit.

„Roma aeterna", das „ewige Rom". Kein Römer konnte sich vorstellen, dass es die Weltmacht Rom eines Tages nicht mehr geben würde. Auf dem Gipfel des Ruhms erklärten sich die Römer schlicht und ergreifend für unbesiegbar. Die Welt war dazu da, Rom zu gehorchen. Diese Ordnung war von den Göttern so gewollt. Und solange man die Götter respektierte und ihnen die gebührenden Opfergeschenke darbot, würde Jupiter mit seiner Götterschar dafür sorgen, dass dieser Zustand für alle Zeiten anhielt.

Superlative und Rekorde

Tatsächlich war die Geschichte der Stadt am Tiber eine einzigartige Erfolgsgeschichte. Am Anfang eine kleine Siedlung von Hirten und Bauern, wurde Rom prächtige Metropole eines Reiches, das sich von Britannien bis Nordafrika, von Spanien bis Syrien erstreckte. Rom – ein Reich der Superlative und der Rekorde: die erste Stadt, die eine Einwohnerzahl von über einer Million Menschen erreichte. Das von den geografischen Ausmaßen her größte Reich, das es bis dahin gegeben hatte. Ein Imperium, das 1000 Jahre Bestand hatte.

Weltreich wider Willen?

Warum hatte gerade Rom so viel Erfolg? Heutige Historiker wollen sich mit der Erklärung, die Römer seien Lieblinge der Götter gewesen, verständlicherweise nicht zufriedengeben. Auch nicht mit der im damaligen Rom populären Deutung, man habe eben immer starke Typen zur Verfügung gehabt, Männer von echtem Schrot und Korn, diszipliniert, engagiert, jeden Tag von morgens bis abends bereit, alles für den Staat zu tun. Das sei schon ganz am Anfang so gewesen, als Romulus die Stadt gründete und sich mit Weitblick, Mut und Klugheit als Erster an die Aufgabe machte, an dem Projekt „Weltmacht Rom" zu basteln. Dabei habe man aber nie Kriege um ihrer selbst willen geführt. Rom griff nur zu den Waffen, um anderen zu helfen oder sich selbst zu verteidigen.

Befreit man die römische Geschichte von selbstgestrickten Mythen und Legenden, so ergibt sich ein anderes Bild. Ein Dankschreiben hätten die Römer an die Etrusker richten müssen. Sie legten den Grundstein zum Aufstieg. Angesiedelt in der heutigen, nach ihnen benannten Toskana, exportierten sie ein beachtliches Arsenal an Know-how in Sachen Technologie, Urbanistik und Wirtschaft in den bescheidenen Ort am Tiber. Die Römer haben diese willkommene Geburtshilfe in die Legende von den sieben Königen gekleidet, den ersten

Ruinen des Forum Romanum – ursprünglich der zentrale Platz der Stadt Rom, auf dem sich Tempel, Senatsgebäude und Markthallen befanden

Die Villen römischer Adliger und reicher Bürger waren repräsentativ und luxuriös ausgestattet. Besonders gut erhalten sind die Fresken der Villa dei Misteri in Pompeji, das 79 n. Chr. bei einem Ausbruchs des Vesuvs unterging.

mythischen Königen Roms, bei denen es sich in Wirklichkeit um eine unbekannte Zahl etruskischer Fürsten handelte.

Nach dem Ende der Königsherrschaft um 500 v. Chr. folgten knapp 500 Jahre Republik. Jetzt lenkten die Häupter der Adelsfamilien gemeinsam die Geschicke Roms, mit dem Senat als zentrale Regierungsinstanz. In diese Zeit fielen die meisten römischen Eroberungen. Gestützt auf eine stabile staatliche Ordnung, stürzten sich die Adligen in einen mehr oder weniger edlen Wettstreit um Macht und Einfluss. Jeder wollte der Beste sein – und der Beste war, wer das Beste für den Staat tat. So marschierten sie, dekoriert mit der Würde von Konsuln, an der Spitze leistungsfähiger, aus den Bauern rekrutierter Legionen, in die Welt hinaus.

Jedoch gab es, anders als von den Römern kolportiert, keinen Masterplan für den Erwerb der Weltherrschaft. Es gab keine Generäle, die, über einen Kartentisch gebeugt, Pläne schmiedeten, in welcher Reihenfolge sie die Welt erobern wollten. Zu Beginn stand die junge Republik sogar mit dem Rücken zur Wand, bedrängt von ambitionierten Völkerschaften Italiens.

Kooperation wird belohnt

Doch die zahlreichen Gegner wurden besiegt und – zu Sklaven degradiert? Genau dies taten die Römer nicht. Es sollte sich als eines der wichtigsten Erfolgsrezepte erweisen, dass sie aus den Besiegten keine Untertanen, sondern Partner machten. Und sie lockten mit dem Angebot: Wer sich freiwillig unterwirft, darf sich noch mehr Privilegien ausrechnen.

Die Römer eroberten die Welt mit Waffen, aber auch mit der in Italien erstmals erprobten Diplomatie. Diese Strategie bekam auch der karthagische Feldherr Hannibal zu spüren. Nach dem spektakulären Gang über die Alpen mit 45 000 Söldnern und 37 Elefanten errang er anfangs glorreiche Siege gegen die römische Armee, aber der Krieg an sich ging für ihn verloren. Es gelang ihm nicht, Roms Partner in Italien auf seine Seite zu ziehen. Das System hatte seine erste große Bewährungsprobe bestanden.

Ab nach Osten

Nach dem Triumph über Karthago war Rom die Nummer eins im westlichen Mittelmeerraum. Das weckte weitere Begehrlichkeiten. Rom war auf den Geschmack gekommen. Ab 200 v. Chr. unterwarfen die Römer die Königreiche im Osten, die ihnen den Gefallen taten, sich einzeln besiegen zu lassen, statt eine Einheitsfront gegen die, wie man damals sagte, „dunkle Wolke aus dem Westen“ zu bilden. Gegen die geballte Macht des Ostens hätte Rom sonst keine Chance gehabt – einer der zahlreichen Glücksfälle in der römischen Geschichte. Da der Senat seiner angeblichen Doktrin treu bleiben wollte, nie selbst Kriege vom Zaun zu brechen, wurde die Eroberung des Ostens als Hilfe für bedrohte Freunde deklariert.

Eine Welt in Frieden

Als mit Augustus die Kaiserzeit begann, war der größte Teil der Mittelmeerwelt bereits römisch. Nachdem sein Versuch, die Herrschaft bis an die Elbe auszudehnen, mit dem Desaster in der „Schlacht am Teutoburger Wald“ (9 n. Chr.) grandios gescheitert war, gab es keine größeren militärischen Unternehmungen mehr. So rief man die „Pax Romana“ aus, den „römischen Frieden“. Unter dem schützenden Dach des Imperiums lebten, so die römische Deutung, alle Völker friedlich, glücklich und zufrieden. Nur unter Kaiser Traian, der von 98 bis 117 n. Chr. regierte, gab es noch einmal einen Eroberungskrieg, der dazu führte, dass das heutige Rumänien dem Imperium einverleibt wurde.

Das Römische Reich war stark – militärisch, politisch, wirtschaftlich, kulturell.

Bronzestatue des Kaisers Augustus

Von der Infrastruktur her war es so modern und fortschrittlich wie kein Reich der Geschichte zuvor. Ein Netz gut ausgebauter Straßen mit einer Gesamtlänge von 100 000 Kilometern verband alle Teile des Reiches. Aquädukte führten frisches Quellwasser in jede Stadt. Auch für Komfort und Unterhaltung war gesorgt. Thermen boten Wellness, Theater Unterhaltung, Arenen Spektakel.

Licht und Schatten

Doch es war nicht alles Gold, was glänzte. So gab es, was die Lebensqualität anging, einen deutlichen Gegensatz zwischen Stadt und Land. Aber das führte nicht zu Unruhen. Gefährlicher war eine Entwicklung, die von den Verantwortlichen gar nicht als Problem registriert wurde. Im 2. Jh. n. Chr., als Rom seine beste Zeit hatte, wurde kräftig Geld ausgegeben. Zu viel, wie man rückblickend sagen muss: Kaiser und Senat griffen tief in die Kassen, um all die schönen Bauten zu finanzieren, von denen man noch heute viele bewundern kann. Bis in die tiefste Provinz hinein sollte der Glanz der römischen Herrschaft auch architektonisch zum Ausdruck kommen. Um die Kassen wieder aufzufüllen, prägte man jede Menge neue Münzen oder erhob neue Steuern – beides Maßnahmen, die sich fatal auswirkten. Die erste Maßnahme führte zur Inflation, die zweite zur Verstimmung bei der Bevölkerung.

Kaiser mehr als genug

So begann der Abstieg Roms, als es Rom am besten ging. Bis zum Untergang aber

Der Pont du Gard, ein immer noch gut erhaltenes römisches Aquädukt in der Nähe von Nîmes, Südfrankreich

Exzentrische Kaiser – Caligula und Nero

Kupferstich aus dem 19. Jh. Er zeigt Kaiser Nero, wie er beim Brand von Rom auf der Leier spielt.

Caligula ließ seine Soldaten am Strand der Nordsee Muscheln sammeln und präsentierte sie der römischen Bevölkerung in einem großartigen Triumphzug, als habe er einen bedeutenden Krieg gewonnen. Außerdem hatte er die Absicht, sein Pferd zum Konsul zu ernennen. Nero hielt sich für einen begnadeten Künstler und quälte die Zeitgenossen mit stundenlangen Gesangseinlagen. Als Rom brannte und er in Verdacht geriet, das Feuer selbst gelegt zu haben, wälzte er die Schuld auf die Christen ab und bereitete ihnen ein schreckliches Strafgericht. Früher galten die beiden Kaiser als verrückt oder wahnsinnig. Doch vielleicht lag im Wahn ein Sinn. Caligula wollte einfach nur zeigen, was sich ein Kaiser aufgrund seiner Machtfülle alles leisten durfte. Und Neros Gesang diente dazu, sich als volkstümlicher Herrscher zu gerieren. Erfolg hatten sie aber letztlich beide nicht: Caligula fiel einem Attentat zum Opfer, Nero beging Selbstmord.

sollte es noch lange dauern. Nach wie vor waren alle davon überzeugt, dass ein Koloss wie Rom niemals ins Wanken geraten würde. Zwar gab es auch im 3. Jh. erhebliche Schwierigkeiten. Fremde Völker bedrohten, auf der Suche nach Land, die Grenzen an Rhein und Donau. Häufige Kaiserwechsel waren nicht dazu geeignet, für Ruhe und Stabilität zu sorgen. Zwischen 235 und 284 zählten die Chronisten über 70 Herrscher, darunter auch solche, die sich gegen den legitimen Kaiser erhoben hatten. Zeitweise gab es fünf Kaiser gleichzeitig. Dabei handelte es sich um Militärführer, die von unzufriedenen Soldaten zu Imperatoren befördert worden waren. Bürokratische Reformer wie Diokletian und Konstantin brachten das schlingernde Staatsschiff wieder auf Kurs – jedoch nur vorübergehend. Der schleichende Niedergang war nicht durch mehr Staat und mehr Steuern aufzuhalten.

Westrom – Ostrom

Ein tiefer Einschnitt war das Jahr 395, als Kaiser Theodosius starb. In seinem Testament stand Überraschendes. Er hatte die Herrschaft unter seinen beiden Söhnen Arcadius und Honorius aufgeteilt. Arcadius bekam den Osten, Honorius den Westen. Eine Teilung des Reiches war mit dieser Maßnahme nicht beabsichtigt. Der alte Kaiser war der Meinung gewesen, die Probleme seien leichter zu bewältigen, wenn die Last der Herrschaft auf mehrere Schultern verteilt würde. Faktisch aber gab es nun ein Westrom mit der neuen Hauptstadt Ravenna und ein Ostrom mit der Hauptstadt

Die Plünderung Roms durch die Westgoten 410

Der Heilige Hieronymus gehört zu den Kirchenvätern und war Zeitzeuge der Völkerwanderung. In einem seiner Briefe schreibt er:

„Die Stimme stockt mir, vor Schluchzen kann ich nicht weiter diktieren. Die Stadt Rom ist eingenommen worden, jene Stadt, die zuvor die ganze Welt besiegt hatte."

Konstantinopel. Die Stadt am Bosporus war bereits von Kaiser Konstantin zur Metropole des Ostens erhoben worden.

Weltuntergangsstimmung

Das 5. Jh. brachte neue Schwierigkeiten. Die Völkerwanderung nahm noch einmal an Fahrt auf. Die Hunnen zogen aus den Steppen Asiens Richtung Europa und verbreiteten Angst und Schrecken. Viele germanische Stämme suchten Schutz und Zuflucht im Westen des Römischen Reiches. Der Osten war geschickter. Die Administration in Konstantinopel komplimentierte die Völker erfolgreich nach Westen. Dort machten die Regierenden den Landsuchenden oft Versprechungen, die sie nicht einhielten. Um den Römern einen Denkzettel zu verpassen, plünderten die Westgoten im August 410 die alte Reichshauptstadt Rom. Daraufhin übertrafen sich besorgte Mahner in apokalyptischen Visionen. Der Preis für die düsterste Prognose gebührt einem römischen Kirchenfürsten aus Gallien, der die folgenden Worte fand: „Alle erwarten das Ende der Welt. Weder Gebirge noch Ströme, Mauern oder Festungen halten die barbarischen Völker mehr auf. Streit herrscht überall. Wer früher im Wagen durch herrliche Städte fuhr, zieht jetzt ermattet durch verödetes Land. Tausendfacher Tod geht um, der Friede hat die Erde verlassen."

Rom geht unter – und keiner merkt es

Christen gehörten damals zu den Berufspessimisten. Jede Katastrophe deuteten sie als das Ende der Welt. Doch Rom ging immer noch nicht unter. Und als es dann wirklich unterging, hat es niemand bemerkt. Denn das Ende kam ganz unspektakulär. 476 erschien vor Ravenna ein germanischer Heerführer namens Odoaker, setzte den jugendlichen Kaiser Romulus Augustulus ab und ernannte sich selbst zum König. Die Zeitgenossen nahmen diesen Vorgang gleichmütig hin. Zu oft hatten sie zuletzt solche Herrscherwechsel erlebt. Und dass Germanen hohe Positionen in der kaiserlichen Verwaltung bekleideten, war ebenfalls nicht ungewöhnlich.

Erst später sollte sich zeigen, dass mit dem Ende des weströmischen Kaisertums auch das Ende des weströmischen Reiches gekommen war. Germanische Nachfolgestaaten traten an die Stelle des Imperiums. Dagegen war Ostrom, oder, wie es auch genannt wurde, Byzanz, ein Erfolgsmodell. Gut 1000 Jahre länger dauerte hier die römische Geschichte. Erst mit der Eroberung Konstantinopels durch die türkischen Osmanen kam auch für den Osten das Ende.

Warum ging das Römische Reich unter?

Ein deutscher Historiker hat genau nachgerechnet: Rom ging aus 210 Gründen unter. Natürlich sorgten sie nicht alle auf einmal für den Fall des ruhmreichen Imperiums. Aber so viele einzelne Gründe wurden von der Antike bis in die Gegenwart genannt, um das Ende des Imperiums zu erklären. Die moderne Debatte eröffnete im 18. Jh. der britische Geschichtsforscher Edward Gibbon. Er hielt die Christen und die Germanen für die Schuldigen – die Christen, weil sie eine Abkehr von der bewährten Staatsreligion herbeigeführt, die Germanen, weil sie das Reich von außen ins Chaos gestürzt hätten. Später traten wirtschaftliche und soziale Gründe in den Vordergrund. In den 60er- und 70er-Jahren des 20. Jh. erfreute sich die Bleivergiftungs-Theorie großer Beliebtheit. Doch die Auffassung, den Römern sei das verbleite Trinkwasser nicht bekommen, verschwand bald wieder aus den Lehrbüchern. Dann meinte man, Politikverdrossenheit hätte die Menschen vom Staat entfernt und die Gesellschaft ruiniert. In jüngster Zeit haben Erklärungsmodelle Konjunktur, die den Einfluss von Klimawandel und Pandemien auf den Niedergang des Römischen Reiches in den Vordergrund stellen. Ab dem 5. Jh. wurde es kalt, weil Vulkanausbrüche das Klima beeinflussten. Diese „Kleine Eiszeit" dauerte bis 700. In dieser Zeit verschwand Westrom von der politischen Landkarte. Pandemien setzten dem Reich immer wieder zu, so im 2., im 3. und im 6. Jh. Aktuell tendiert die Forschung dazu, den Untergang Roms nicht auf Einzelfaktoren zurückzuführen. Es musste zu einer Häufung verschiedenster – wenn auch nicht gerade von 210 – Ursachen kommen, bis der Gigant zu wanken begann und schließlich aufhörte zu existieren. Die vielen Kriege spielten eine wichtige Rolle, auch die wirtschaftlichen Probleme, insbesondere der Steuerdruck, der viele Bewohner des Reiches dazu veranlasste, sich von der Politik abzuwenden.

Römische Legionäre auf dem Konstantinsbogen in Rom, 315 n. Chr.

HARAPPA UND MAURYA

Hochkulturen am Indus

Ägypten? Mesopotamien? Wenn es um die ältesten Hochkulturen der Welt geht, kann Indien ein gewichtiges Wort mitreden. Nicht nur am Nil und zwischen Euphrat und Tigris, sondern auch am Indus entstanden große Reiche.

Nach elf Jahren härtester Strapazen traten die Soldaten in einen unbefristeten Streik. Sie wollten nicht mehr weiter, sie wollten nur noch nach Hause. Dem verärgerten König blieb nichts anderes übrig, als sich dem Wunsch seiner Armee zu fügen. Und daher endete der Feldzug Alexanders des Großen 324 v. Chr. am Indus und nicht, wie er es eigentlich vorgehabt hatte, am Ende der Welt. Doch die Soldaten hatten 18 000 Kilometer auf dem Weg von Makedonien nach Indien zurückgelegt. Anhaltende Monsunregen hatten ihnen den letzten Nerv geraubt. Und dann waren da noch die Gerüchte über einen mächtigen König namens Sandrakottos. Er herrsche, so hieß es, über die indischen Stämme der Gandariten und der Praisier und warte nur darauf, Alexander und seinen Kriegern einen unvergesslichen Empfang zu bereiten. 80 000 Reiter, 200 000 Mann Fußvolk, 8000 Streitwagen und 6000 Kriegselefanten fieberten ihrem Einsatz entgegen.

Die Nachrichten waren nicht übertrieben. Sandrakottos, den die Einheimischen Tschandragupta nannten, war der Gründer des Maurya-Reiches, schon zu diesem Zeitpunkt die bedeutendste Macht in Indien. Aber erst nach dem Rückzug Alexanders begann die beste Zeit der Maurya. Eng verbunden ist sie mit dem Namen Ashoka. Der Enkel des Tschandragupta war der eigentliche Architekt der Supermacht Maurya.

Erste Blütezeit

Die Maurya markierten jedoch nicht die erste Blütezeit Indiens. Über 2000 Jahre vorher hatte sich die Harappa-Kultur entwickelt. Benannt ist sie nach einem Ort im heutigen Pakistan, wo Archäologen im 19. Jh. die ersten Spuren dieser bedeutenden Zivilisation entdeckten. Wie sich jedoch bald zeigte, hatte sie eine weitaus größere geografische Dimension als von den Wissenschaftlern zunächst vermutet. In den folgenden Jahren und Jahrzehnten kamen im gesamten Indus-Tal städtische Anlagen zum Vorschein, die alle nach dem gleichen Muster gestaltet waren und also, so die zwingende Schlussfolgerung, derselben Kultur angehören mussten.

Die Harappa wurden von mächtigen Fürsten regiert, die standesgemäß in prächtigen Palästen residierten. Diese befanden sich in prominenter Lage auf natürlichen Erhebungen und lagen einerseits geschützt, andererseits konnte man von dort aus das Umland kontrollieren. In der Ebene lagen die Wohnstädte, die man nach einem erstaunlich detaillierten Plan konzipiert hatte. Die Straßen waren nach einem strengen orthogonalen Prinzip angelegt, das heißt, sie verliefen im rechten Winkel zueinander. Also müssen die altindischen Techniker bereits über die für eine solche Präzisionsarbeit notwendigen Instrumente verfügt haben. Nach der Größe der

Der Fluss Indus – auch heute noch einer der wichtigsten Flüsse auf dem indischen Subkontinent

Anlagen und der Zahl der Häuser zu urteilen, lebten in den Städten der Harappa bis zu 35 000 Menschen.

Die Lebensader der Harappa war der Fluss Indus. Die Ingenieure der Harappa verstanden es, ähnlich wie die Ägypter den Nil, die zerstörerischen Kräfte des Flusses bei Überschwemmungen zu bändigen. Ein raffiniertes System von Kanälen und Bewässerungsanlagen sorgte jedes Jahr für fruchtbare Äcker und reiche Ernten. Das Getreide wurde in großen Speichern gehortet und zentral verwaltet, sodass Engpässe in der Versorgung kein Thema waren.

Überhaupt lebte es sich in Harappa gut. So konnten die Bewohner etwa den Komfort öffentlicher Bäder genießen. Hauptquelle des Reichtums waren weitreichende Handelsbeziehungen. Die Häfen dienten als Umschlagplatz für Export- und Importwaren. Zu bieten hatten die Harappa hochwertige Kunst- und Gebrauchsgegenstände aus Ton, Kupfer und Bronze. Der Überseehandel wurde vom Hafen Lothal aus organisiert. Von hier aus fuhren die Schiffe Zielpunkte auf der arabischen Halbinsel und in Mesopotamien an.

Merkmal einer jeden Hochkultur ist die Entwicklung und der Gebrauch einer

Ruinen der Harappa- oder Indus-Kultur im heutigen Pakistan. Man entdeckte bis heute über 1500 Fundorte – und mehr als 140 Ortschaften.

Schrift. Auch in dieser Hinsicht konnte Harappa Vollzug melden. Die Schriftzeichen haben von der äußeren Form her Ähnlichkeit mit den ägyptischen Hieroglyphen. Im Gegensatz zu diesen ist die Harappa-Schrift aber bis heute nicht entziffert. Romane schrieben sie damit nicht. Die Zeichen befinden sich ausschließlich auf Tonziegeln und dienten wohl den Erfordernissen des Handels. Eine Spezialität waren kleine, aus Speckstein hergestellte Siegel, die bei den Ausgrabungen zu Tausenden gefunden wurden. Mit Bildern und Zeichen versehen, spielten sie eine wichtige Rolle in Kult und Religion.

Geheimnisvoller Untergang

Die Harappa-Kultur war um 2500 v. Chr. entstanden. Um 1700 v. Chr. verschwand sie aus der Geschichte. An ihrem Untergang ist vieles rätselhaft. Wurde sie von anderen Völkern verdrängt? In der Stadt Mohenjo-Daro fanden Forscher Hinweise auf ein Massaker. Oder waren klimatische Veränderungen hierfür verantwortlich? Das Klima in der Region war nämlich merklich kühler und trockener geworden. Doch Schwankungen dieser Art gab es im Lauf der Geschichte im Indus-Tal immer wieder, ohne dass sie das Ende bedeutender Kulturen zur Folge gehabt hätten. Möglicherweise veränderten sich die Handelsrouten, sodass der Anschluss an wichtige Märkte verloren ging.

Auf Eroberungskurs

Seit den großen Tagen von Harappa war viel Wasser den Indus hinabgeflossen. Jetzt, Jahrhunderte später, regierten in Indien die Maurya. Mit seiner bestens ausgerüsteten Armee gelang es Tschandragupta, weite Teile Nord- und Mittelindiens unter seine Herrschaft zu bringen. Die anderen Fürsten wurden zu Vasallen degradiert. Seine Glanzzeit erlebte das Reich von Maurya unter Ashoka, dem Enkel des Tschandragupta. Er kam um 270 v. Chr. an die Macht und lenkte die Geschicke der Maurya bis zu seinem Tod 232 v. Chr. Der junge König setzte die Eroberungspolitik des Großvaters fort und schuf das größte Imperium, das es bis dahin auf indischem Boden gegeben hatte. Unter seiner Ägide marschierten die Maurya-Krieger in das heutige Afghanistan und nach Belutschistan ein.

Ashoka war nicht nur ein begabter Feldherr. Er kümmerte sich auch um die Organisation der Herrschaft. Seine Architekten und Arbeiter machten aus der Hauptstadt Pataliputra, dem heutigen Patna, eine prachtvolle Residenz. Besucher aus dem Westen staunten über den hohen

Wunderland Indien

Gewürze, Diamanten, Elfenbein, Perlen: Im Westen galt Indien seit der Antike als ein Land mit magischer Anziehungskraft. Einen wahren Indien-Boom lösten die Feldzüge Alexanders des Großen aus. Um 300 v. Chr. reiste der Grieche Megasthenes als Gesandter der Seleukidenkönige nach Indien. Er traf dort Sandrakottos und reiste durch das Land. Seine Eindrücke sammelte er in einem Werk namens „Indika“, das den Ruf Indiens als faszinierendes Wunderland noch weiter verfestigte. Aus heutiger Sicht ist dieses Werk eher kritisch zu beurteilen. Der Autor konnte jedenfalls nicht immer der Versuchung widerstehen, Fake News zu verbreiten. Seiner Leserschaft war es egal. Sie liebte Indien so prächtig und so exotisch, wie er es ihr in dem Buch präsentierte.

Ashoka der Große auf einem Kriegselefanten

urbanen Standard. Auch Kultur und Wissenschaften kamen nicht zu kurz. So beherbergte Pataliputra eine renommierte medizinische Hochschule.

Trügerisches Erweckungserlebnis

Doch die Hauptbeschäftigung Ashokas blieb der Krieg, bis eines Tages etwas Unvorhergesehenes passierte. 261 v. Chr. stürmten seine Truppen Kalinga, die Hauptstadt eines an der Ostküste Indiens gelegenen Fürstentums. Die Eroberer richteten unter der Bevölkerung ein schreckliches Blutbad an. Für Ashoka, so berichten die Quellen, sei die Tragödie von Kalinga ein Erweckungserlebnis gewesen. Er habe der Gewalt und dem Terror abgeschworen und seitdem eine nur noch friedliche Außenpolitik betrieben.

Zu verdanken war der Sinneswandel der Hinwendung Ashokas zum Buddhismus. Tatsächlich wurde der Herrscher zum entscheidenden Förderer der Ideen des Stifters dieser Religion. Überall im Land, auch in den besetzten Gebieten, ließ Ashoka im Rahmen einer gigantischen Kampagne auf Säulen und Felsen Buddha-Worte und verlockende Werbetexte anbringen.

In einem Edikt beschrieb er seinen Wandel vom Tyrannen zum Friedensfürsten mit eindringlichen Sätzen: „König Piyadasi bezwang die Kalingas acht Jahre nach seiner Krönung. Einhundertfünfzigtausend wurden vertrieben, einhunderttausend getötet, und viele mehr starben. Nachdem die Kalingas erobert waren, empfand Piyadasi eine starke Hinwendung zum Dharma, eine Liebe zum Dharma und zur Unterweisung im Dharma. Nun empfindet Piyadasi große Reue, die Kalingas besiegt zu haben." Die Botschaft war klar: Der „Piyadasi", also der „freundliche Herrscher", bekannte sich zum „Dharma", zur Lehre des großen, weisen Buddha.

Nicht alle Zeitgenossen waren überzeugt davon, dass Ashokas Sinneswandel ausschließlich edlen Motiven entsprang und dass er durch die Bekanntschaft mit den Lehren Buddhas zu einem besseren Menschen geworden sei. Ashoka war kein Romantiker, sondern ein cleverer Politiker. Er wusste, wie man ein Reich mit vielen Völkern und Kulturen erfolgreich regiert. Wichtig war eine gemeinsame Idee, in der sich alle wiederfinden konnten. Buddhas Lehren mit den „vier edlen Wahrheiten“ – dem Leiden, seinem Ursprung, der Aufhebung seiner Ursache und dem Weg, der zu diesem Ziel führt – erschien Ashoka als geeignetes Instrument, die Menschen in seinem großen Reich um sich herum zu scharen. Mit Buddha und Ashoka in eine goldene Zukunft, lautete die Devise.

Verlust der Macht

Doch nach dem Tod Ashokas war es mit der Herrlichkeit der Maurya bald vorbei. Da konnte auch Buddha nicht helfen. Die Nachfolger hatten nicht das Format eines Taschandragupta und eines Ashoka. Die Strukturen der Macht waren weniger stabil als gedacht. Ehrgeizige Armeeführer nahmen die Zügel in die Hand, die Könige mutierten zu bloßen Marionetten der Generäle. 185 v. Chr. wurde der letzte König der Maurya von einem der obersten Militärs ermordet.

Geschichten um Buddha

Buddha wirkte um 500 v. Chr. Der Name ist ein Ehrentitel und bedeutet „der Erwachte“ oder „der Erleuchtete“. Eigentlich hieß er Siddharta Gautama. „Siddharta“ kommt aus dem Sanskrit und bedeutet „einer, der sein Ziel erreicht hat“. „Gautama“ war der Name eines bekannten indischen Wahrsagers.

Um Buddha ranken sich viele wundersame Geschichten. Vor der Geburt, so erzählte man sich, sei seiner Mutter ein weißer Elefant erschienen. Nach der Geburt soll ihm prophezeit worden sein, er werde entweder Weltherrscher oder Lehrer der Weisheit. Der Gott Brahma soll ihn auf seine wahre Bestimmung hingewiesen haben: nicht nutzlos als reicher Mann in einem protzigen Palast zu leben, sondern die Leiden der Menschheit zu lindern. Sechs Jahre lang war er als Bettler unterwegs in Indien, auf der Suche nach dem wahren Leben und der wahren Erkenntnis.

Dann kam plötzlich das große Erwachen. Das Wunder passierte bei Regen unter einem Feigenbaum in Uruvela bei Bodhgaya. Hier hatte er die Erleuchtung (Bothi), nach der er so lange gesucht hatte. Aus Siddharta wurde Buddha, der Erleuchtete. In Sarnath bei Benares am Ganges, einer heiligen Stätte der Hindus, verkündete er fünf Asketen, die er zuvor schon auf seinen Wanderungen getroffen hatte, seine neue Lehre. Der Baum, unter dem Buddha sein Erweckungserlebnis hatte, wird von seinen Anhängern bis heute als „Baum der Weisheit“ verehrt.

Buddha-Statue in den Ajanta-Höhlen in Indien, die bis zum 7. Jh. von buddhistischen Mönchen bewohnt und gestaltet wurden

China unter den Qin und Han

Fernöstlicher Glanz

Populär war der erste Kaiser von China nicht. Er regierte mit Unterdrückung und Gewalt. Doch führte er sein Land in kürzester Zeit zu ungeahnter Größe. Unter der Nachfolge-Dynastie legte China sogar noch einmal zu.

Am 12. Februar 1912 dankte der letzte Kaiser von China ab. Er hieß Pu Yi und hatte kurz zuvor seinen sechsten Geburtstag gefeiert. Der allererste Kaiser von China hingegen trug den Namen Qin Shi Huangdi. Den Titel eines Kaisers nahm er im Jahr 221 v. Chr. an. Mit kleineren Unterbrechungen gab es das chinesische Kaiserreich über 2100 Jahre. Kein Reich der Geschichte kann mit einer vergleichbaren Dauer aufwarten.

Qin Shi Huangdi hieß nicht von Geburt an so. Sein richtiger Name lautete Ying Zheng. 246 v. Chr. wurde er König von Qin. So hieß ein Staat im Nordwesten Chinas. 25 Jahre später wurde aus König Ying Zheng der Kaiser Qin Shi Huangdi, „Erster Göttlich Erhabener von Qin“. Als Kaiser brauchte er einen Titel, der für alle sichtbar seine herausragende Stellung vor Augen führte. Und er war überzeugt, diesen Titel zu Recht zu tragen. Schließlich war es ihm gelungen, China, das bis dahin aus vielen Teilreichen bestanden hatte, zu vereinen.

Reich der Götter

Das Reich der Mitte hatte zu jener Zeit schon eine lange Geschichte hinter sich. Die Chinesen selbst glaubten, ihre frühesten Herrscher seien Götter gewesen, die sie als die Schöpfer der Zivilisation ansahen. Doch verlieren sich die Spuren der Frühzeit im Dunkel der Geschichte. Im 16. Jh. v. Chr. kam es unter der Dynastie der Shang zu einer ersten Reichsbildung, die sich allerdings nur auf das mittlere China beschränkte. Die Shang konnten sich gut 500 Jahre halten. Dann fand eine Wachablösung statt, und die Herrschaft übernahm die Familie der Zhang. Wer in China regieren wollte, der musste, so zeigte es sich, den Adel für sich gewinnen und über eine verlässliche Armee verfügen. Dass dies nicht immer gelang, beweist eine Periode der chinesischen Geschichte, die in den einheimischen Chroniken als „Zeit der streitenden Reiche“ bezeichnet wird. Sie dauerte von 481 bis 249 v. Chr. und war durch dauerhafte Auseinandersetzungen zwischen rivalisierenden Feudalherren geprägt.

Bevor Qin Shi Huangdi – damals noch als Ying Zengh – die politische Bühne betrat, gab es sieben Staaten, die um die Macht kämpften. Bereits seine Vorgänger, die über Qin herrschten, hatten die Grundlagen für den kometenhaften Aufstieg gelegt. Sie hatten den Staat zu einem streng zentralistischen Gebilde geformt, mit einer starken Bürokratie und einer perfekten Organisation. So war es gelungen, alle Ressourcen zu aktivieren und mögliche Widerstände zu unterdrücken. Ying Zengh wurde zum Vollender dessen, was seine Vorgänger vorbereitet hatten. Er nutzte die innere Stärke des Staates zu weitreichenden außenpolitischen Unternehmungen. Die Armee der Qin war den Streitkräften der anderen chinesischen Staaten turmhoch überlegen. 221 v. Chr., 15 Jahre nach der Thronbesteigung Ying Zenghs, hatten alle chinesischen Lokalfürsten ihre staatliche Autonomie verloren und standen unter der Herrschaft der Qin. Zum ersten Mal in seiner Geschichte war China eine staatliche Einheit – für Ying Zengh Grund genug, den Kaisertitel anzunehmen und als „Erster Göttlich Erhabener von Qin“ der Geschichte des Landes seinen Stempel aufzudrücken.

Die „Verbotene Stadt“ in Peking. Einfache Bürger hatten keinen Zutritt zur Palastanlage.

Die ersten Bauarbeiten an der Chinesischen Mauer fanden unter Kaiser Qin statt. Sie sollte das Reich vor Reiternomaden schützen. Die imposante Mauer ist heute fast 9000 Kilometer lang.

Beeindruckende Bilanz

Gemessen an der Zeit, die ihm nach diesem Coup noch blieb, war seine politische Leistungsbilanz phänomenal. Denn nur elf Jahre durfte er sich im Glanz des chinesischen Kaisertums sonnen. Seine Untertanen waren weniger begeistert. Qin war nicht zimperlich, wenn es darum ging, seine Macht zu sichern. Alles drehte sich um den Kaiser, den Hof und die Armee. Der alte Adel wurde entmachtet, stattdessen bildete ein neuer, vom Kaiser eingesetzter Beamtenapparat das Rückgrat des Staates. Die Qin-Hauptstadt Xianyang bildete das Zentrum des neuen chinesischen Universums. Entsprechend ihrer Bedeutung als Residenz des Kaisers schossen Prachtbauten wie Pilze aus dem Boden.

Die unterworfenen Staaten und Völker wurden dazu verpflichtet, sich in allem den Qin anzupassen. So gab es im Reich des Göttlich Erhabenen von Qin ein einheitliches System der Maße, Gewichte und Währungen. Die bisherigen Königreiche wurden in Regierungsbezirke umgewandelt. Viel Energie wurde in den Aufbau einer Infrastruktur investiert. Straßen und Kanäle sorgten für bessere Verkehrsverbindungen. Um sich vor äußeren Feinden zu schützen, begannen unter dem ersten Kaiser die Arbeiten an der Großen Mauer im Norden des Landes. Diese frühe Ausgabe der Chinesischen Mauer kostete Tausende von Zwangsarbeitern das Leben, denn die Arbeitsbedingungen waren außerordentlich hart.

Der letzte Kaiser von China

Pu Yi, der „Sohn des Himmels“, war gerade einmal zwei Jahre alt, als er 1908 Kaiser von China wurde. Das Kleinkind auf den Thron zu setzen, war für die in Bedrängnis geratene kaiserliche Familie der letzte Ausweg, die Dynastie zu retten. Abgeschirmt von der Außenwelt, lebte der kleine Kaiser in der „Verbotenen Stadt“ in Peking. Doch die Revolutionäre unter Sun Yat-sen bliesen zum Sturm auf das marode Kaisertum. Im Dezember 1911 riefen sie die Republik aus. Am 12. Februar 1912 wurde der letzte Kaiser zur Abdankung gezwungen. Noch bis 1917 blieb er in dem kaiserlichen Palast, dann musste er die „Verbotene Stadt“ für immer verlassen. Später setzten ihn die Japaner als Marionettenherrscher in der von ihnen eroberten Mandschurei ein. Seine letzten Jahre verbrachte er als Gärtner im Botanischen Garten von Peking. 1967 starb der letzte Kaiser von China im Alter von 61 Jahren.

Hartes Regiment

Opposition? Wurde nicht geduldet. Der Kaiser war ein absoluter, unfehlbarer Herrscher. Philosophen und Gelehrte, die mit der herrschenden Lehre nicht übereinstimmten, mussten um ihr Leben fürchten. Schriften, die als staatsgefährdend galten, wurden öffentlich verbrannt. Besonders nahm der Kaiser die Anhänger des Konfuzius aufs Korn. Für die Lehren des großen Meisters, der im 5. Jh. v. Chr. gelehrt hatte, Menschlichkeit sei das oberste Prinzip, gab es im Staat des Qin Shi Huangdi, in dem Gewalt und Brutalität an der Tagesordnung waren, keinen Platz. Unbestätigten Nachrichten zufolge soll der Kaiser die

Einige der lebensgroßen Skulpturen der berühmten Terrakotta-Armee, die über das Grab von Kaiser Qin Shi Huangdi wachen sollte

Kaiserliche Garde aus Terrakotta

Ein normaler Kaiser war der erste Kaiser von China nicht. Er war der „Erste Göttlich Erhabene von Qin". Und so wollte er sich auch nicht in einem normalen Grab bestatten lassen. Schon lange vor seinem Tod gab er ein imposantes Mausoleum in Auftrag, das als seine letzte Ruhestätte dienen sollte. Und er hatte bei der Planung einen besonders originellen Einfall: Er wollte sich in seinem Grab von einer ganzen Armee bewachen lassen. So schufen die von ihm engagierten Künstler eine schwer bewaffnete Truppe aus Terrakotta, 8000 Mann stark, naturgetreu nachgebildet. Der Grabhügel mit dem einzigartigen Inhalt wurde 1974 entdeckt und gehört seit 1987 zum UNESCO-Weltkulturerbe – eine Auszeichnung, die der eitle Qin-Herrscher ohne Zweifel als seiner Würde und Bedeutung angemessen angesehen hätte.

Hinrichtung Hunderter Konfuzianer angeordnet haben.

Manche der Reformen des Kaisers überdauerten die Zeiten und galten bis zum Ende des Kaiserreiches im Jahre 1912. Das betrifft die Währung, die Maße und die Gewichte, aber auch das vereinheitlichte Strafrecht und die Standardisierung der Schrift. Es gab nichts, worum sich der Kaiser nicht kümmerte: So lag ihm auch die Festlegung des Radabstandes bei Lastkarren so sehr am Herzen, dass er diesbezüglich eine reichsweite einheitliche Regelung durchsetzte.

Kein Mittel gegen den Tod

210 v. Chr. starb der große Herrscher. Vor diesem Augenblick hatte er zeit seines Lebens große Angst. Als Kaiser ließ er nach einem Elixier suchen, das unsterblich machen sollte. Sein Tod bewies, dass die Suche erfolglos war. Und es zeigte sich, dass die vom Kaiser geschaffenen bürokratischen Strukturen nicht so wirkungsvoll waren wie gedacht. Es fehlte die Autorität des großen Reichsgründers. Kaum machte die Nachricht von seinem Tod die Runde, kam es im ganzen Land zu Aufständen. In vorderster Reihe standen Bauern, die für mehr Rechte und Freiheit kämpften. Die turbulente Phase endete mit der Machtübernahme einer neuen Dynastie. Ihr Gründer hieß Liu Bang, der sich vom einfachen Bauern zum Revolutionsführer hochgearbeitet hatte. Im Jahre 202 v. Chr. nahm er den Titel eines Kaisers an und trat damit in die Fußstapfen des verstorbenen ersten Herrschers. Liu Bang war der erste Kaiser aus der Han-Dynastie. Mit kurzen Unterbrechungen war sie bis 220 n. Chr. am Ruder. Ein absoluter Rekord: Keine Dynastie regierte in der gesamten Geschichte der chinesischen Kaiserzeit länger.

Liu Bang war entschlossen, nicht dieselben Fehler zu machen wie der Qin-Kaiser. Er setzte nicht auf Strenge und Härte, sondern auf Kooperation. So gab er sich gegenüber den Anhängern des Konfuzius moderater, und die grausamsten Strafbestimmungen verschwanden aus den Gesetzbüchern. Der Beamtenapparat wurde reformiert, das Lehnswesen neu organisiert. Auch mit der Nachfolge gab es keine Schwierigkeiten. Als Liu Bang 195 v. Chr. starb, ging die Herrschaft geräuschlos und ohne Probleme auf seinen Sohn Liu Ying über.

Größte Ausdehnung

Prominentester Herrscher der Han-Dynastie war Kaiser Wudi. Mit einer Regierungszeit von 54 Jahren – sie dauerte von 141 bis 87 v. Chr. – rangiert er, was die Verweildauer angeht, auf der Liste der Kaiser Chinas ganz oben. Seine Berühmtheit verdankt er dem Umstand, dass unter seiner Herrschaft das chinesische Reich seine bis zu diesem Zeitpunkt größte Ausdehnung erreichte. Zuvor hatten sich seine Truppen der Angriffe der Xiongnu zu erwehren. Aus ihnen gingen später die gefürchteten Hunnen hervor. Nach erfolgreichen Abwehrkämpfen schaltete der Kaiser auf Offensive um. Seine Armeen marschierten in die Mandschurei ein, richteten in Korea militärische Stützpunkte ein und drangen weit nach Süden vor, bis nach Burma und ans Südchinesische Meer.

Wirtschaftlich und handelspolitisch öffnete sich China in der Han-Zeit gegenüber dem Westen. Auf der später Seidenstraße genannten Ost-West-Verbindung waren in beiden Richtungen reich mit Warenpaketen beladene Karawanen unterwegs. Die Kassen der Han-Kaiser waren daher stets gut gefüllt. Und so konnten sie es sich leisten, großzügig in Kultur und in die Wissenschaften zu investieren. Die Forscher gaben ihr Bestes. Die Erfindung des aus Pflanzenfasern gewonnenen Papiers um das Jahr 100 gehört ebenso zu den Innovationen der Han-Zeit wie bedeutende Werke der Astronomie und der Historiografie.

Der Abstieg

Die Han-Periode währte lange, aber nicht ewig. Die einst modernen Strukturen des Staates hatten sich im Laufe der Zeit abgenutzt, und der Reformeifer der späten Kaiser hielt sich in Grenzen. Die Quittung waren Bürgerkriege und Aufstände, die 220 n. Chr. zum Sturz der Dynastie führten. In der Erinnerung der Chinesen ist das Han-Reich aber bis heute eine der großen Glanzzeiten der Geschichte geblieben.

Auf der Route der berühmten Seidenstraße wurden schon zur Han-Zeit Waren mit Karawanen transportiert.

Das Reich von Palmyra

Brennpunkt Wüste

Manche nannten sie eine zweite Kleopatra. Tatsächlich gibt es einige Gemeinsamkeiten zwischen der Königin von Ägypten und der Herrscherin von Palmyra. Unter Zenobias Führung stieg die syrische Oasenstadt in schwindelerregende Höhen auf – und Zenobia der Ruhm zu Kopf.

Karawanen, die sich im 3. Jh. n. Chr. der Wüstenstadt Palmyra näherten, bot sich ein großartiger Anblick. Weithin sichtbar thronte als Wahrzeichen der große Tempel des Wettergottes Baal über dem Ort, eines der wichtigsten Heiligtümer im Orient. Kamen sie in die Stadt, staunten sie über die von Kolonnaden flankierte, prächtig gestaltete Hauptstraße. Theater, Thermen und Statuen von Kaisern erinnerten daran, dass der lange Arm der Römer auch vor der Wüste nicht haltmachte. Doch hatten es die Fürsten von Palmyra geschafft, sich einen weitgehend unabhängigen Status zu bewahren. Den Römern war es recht. Sie schätzten das Modell des Vasallenstaates. Sie konnten sich bei der oft komplizierten Verwaltung einheimischen Sachverstandes bedienen und mussten sich nicht um die oft lästigen Angelegenheiten der lokalen Verwaltung kümmern. Und dafür zahlten die Fürsten auch noch regelmäßig Tribute an die kaiserliche Kasse in Rom.

Drehscheibe des Handels

Aus Palmyra floss besonders viel Geld nach Rom. Die Stadt zwischen Damaskus und Euphrat war seit uralten Zeiten eine Drehscheibe des Handels. Schon im 2. Jahrtausend v. Chr. wurden hier lukrative Geschäfte abgeschlossen. Karawanen brachten Waren bis nach Indien und China. Umgekehrt kamen aus aller Welt Produkte nach Palmyra, die über das Mittelmeer nach Griechenland und Italien exportiert wurden.

Nicht nur handelspolitisch, sondern auch strategisch hatte Palmyra eine herausragende Bedeutung. Die Perle der Wüste

Der Baal-Tempel in Palmyra, bevor er von IS-Terroristen in Schutt und Asche gelegt wurde

lag nicht weit entfernt vom Fluss Euphrat, der im 3. Jh. die Grenze zwischen dem Imperium der Römer und dem Reich der Perser bildete. In Persien regierten in dieser Zeit Könige aus der ehrgeizigen Familie der Sassaniden. Kriegerische Aktionen zwischen Römern und Persern waren in dieser Zeit an der Tagesordnung.

Hilfreicher Lokalfürst

Odaenathus, der Fürst von Palmyra, leistete den Römern dabei gute Dienste. Seinen ortskundigen Soldaten verdankten sie eine ganze Reihe von Siegen. Die Römer zeigten sich generös und überhäuften den treuen Vasallen mit Ehrungen und Privilegien. Lange konnte er sich daran nicht erfreuen. Unter mysteriösen Umständen wurde er 267 ermordet.

Die Regelung der Nachfolge ging überraschend geräuschlos über die Bühne. Zenobia, die Witwe des Ermordeten, übernahm – offiziell in Vertretung des noch unmündigen Sohnes – alle seine Titel und Positionen. Die Gerüchteküche brodelte: Hatte Zenobia beim gewaltsamen Tod des Odaenathus die Hände im Spiel? Hatte sie ein Komplott geschmiedet? Beweise für diese Behauptung wurden nicht geliefert.

Selbstbewusste Herrscherin

Zenobia nahm das Zepter gleich fest in die Hand. Sie war jung, intelligent, selbstbewusst, gebildet – und hatte große Ziele. Eine Rolle in der zweiten Reihe war ihr nicht genug. Palmyra sollte Großmacht werden. Nicht umsonst war sie eine Nachfahrin der Kleopatra, der berühmten

Die Kolonnadenstraße in Palmyra

Königin von Ägypten. Das behauptete sie jedenfalls. Ihre Untertanen glaubten es ihr gerne. Sie waren stolz auf ihre dynamische Herrscherin.

Schon kurz nach Antritt der Herrschaft setzte sie ihre Truppen in Bewegung. Der erste Auftrag lautete: Arabien. Im Frühjahr 270 besetzte die palmyrenische Armee den Norden der Arabischen Halbinsel. Noch im selben Jahr zogen die Truppen weiter nach Ägypten. Auch hier errangen sie rasche Erfolge. Doch der Machthunger der Wüstenkönigin war noch lange nicht gestillt. Jetzt nahm sie auch Gebiete weiter westlich ins Visier und dirigierte ihre Heere in Richtung Kleinasien.

Jetzt aber begannen in Rom die Alarmglocken zu schrillen. Bis dahin hatte man dem Treiben der Zenobia zwar etwas irritiert, aber immer noch gleichmütig zugesehen. Palmyra war ein wichtiger Verbündeter im Orient. Zenobias verstorbener Ehemann hatte sich große Verdienste um die Verteidigung der Euphrat-Grenze gegen den Erzrivalen in Persien erworben. Doch nun war eine rote Linie überschritten. Der Einmarsch der Truppen in Arabien, Ägypten und Kleinasien konnte nicht hingenommen werden. Denn dabei handelte es sich um römisches Reichsgebiet. Insofern waren die militärischen Aktionen auch eine Kampfansage an Rom.

Begehrte Spezialisten

In der Antike gab es eine rege Nachfrage nach militärischen Spezialeinheiten aus Palmyra. Besonders begehrt waren berittene Bogenschützen und Kamelreiter. Wer es sich leisten konnte, engagierte sie als Söldner für kriegerische Unternehmungen. Gute Geschäfte machten sie auch als Begleiter von Karawanen, die sehr dankbar waren, in der Wüste zuverlässige Sicherheitskräfte an ihrer Seite zu haben. Denn Überfälle waren keine Seltenheit – die kostbaren Waren, die auf den alten Karawanenwegen transportiert wurden, lockten immer wieder Räuber an.

Rom schlägt zurück

Daher war der römische Kaiser Aurelian zum Handeln gezwungen. Im syrischen Antiochia kam es zu einer ersten Schlacht der Legionen gegen das Aufgebot der Zenobia. Die Römer siegten, Zenobia blies zum Rückzug. Doch weit davon entfernt, ihre Ambitionen aufzugeben, landete sie einen ungewöhnlichen Coup: Sie nahm den Titel „Augusta" an. Die weibliche Form des Titels „Augustus" war nicht weniger als der Titel einer römischen Kaiserin. Ihren Sohn ernannte sie zum „Augustus". Damit hatte die Fürstin ein brisantes Paket geschnürt. Denn ganz offiziell machte sie dem römischen Kaiser Aurelian den imperialen Arbeitsplatz streitig.

Aurelian reagierte sofort. Bei Emesa, dem heutigen Homs, kam es zu einer weiteren Schlacht. Erneut siegten die Römer. Zenobia kehrte schwer geschlagen nach Palmyra zurück. Aurelian folgte ihr und ließ die Stadt abriegeln. Bei dem Versuch, sich über den Euphrat abzusetzen, wurde Zenobia aufgegriffen und festgenommen. In Emesa wurde sie von den Römern unter dem Anklagepunkt „Verschwörung gegen Rom" vor Gericht gestellt. Dort erklärte sie, sich keiner Schuld bewusst zu sein. Alles sei von ihren Beratern geplant worden. Daraufhin verurteilte das Gericht Zenobias Lehrer und wichtigsten Helfer, den berühmten Philosophen Kassios Longinos, zum Tode.

Ende nach Wahl

Offenbar war es der römische Kaiser Aurelian selbst, der seine schützende Hand über Zenobia hielt. Anscheinend war er, wie so viele andere, von ihrer faszinierenden Persönlichkeit beeindruckt. Vielleicht träumte er auch davon, sie dem Publikum in der Stadt Rom als Attraktion eines Triumphzuges zu präsentieren. Ob es dazu gekommen ist, lässt sich nicht mehr zuverlässig feststellen. Die antiken Berichte sind, was das weitere Schicksal der Zenobia betrifft, sehr widersprüchlich. Manche wollen wissen, sie sei auf dem Weg nach Rom in einen Hungerstreik getreten und gestorben. Andere sagen, sie sei schwer krank geworden und habe deswegen die Hauptstadt des Imperiums nicht mehr lebend erreicht. Auch Anhänger eines filmreifen Happy Ends werden in den Quellen bedient. Demnach habe Zenobia von den Römern ein Landgut in Italien, in der Nähe von Tivoli, übertragen bekommen, wo sie in Ruhe und Frieden, wie eine römische Matrone, bis zum Ende ihrer Tage lebte. Je nach Einstellung und Temperament darf man sich aus diesem Angebot das Passende aussuchen.

Frauenbildnis auf einem Sarkophag aus Palmyra

Das Reich von Aksum

Der Brunnen der Fürsten

Salomo, Menelik und die Königin von Saba: Um das Reich im Hochland von Äthiopien ranken sich viele Mythen und Legenden. Ganz real aber war das Streben nach Macht. Und in Sachen Religion war Aksum Trendsetter für ganz Afrika.

Lucy kam vermutlich bei einem Unfall ums Leben. Das war vor mehr als drei Millionen Jahren. Lucy lebte in Äthiopien. Sie wurde 25 Jahre alt, war nur einen Meter groß und wog 30 Kilo. Übrig geblieben sind von ihr 47 Knochenteile. 1974 wurden die Reste ihres Skeletts in Äthiopien entdeckt. Natürlich hieß sie nicht Lucy. Zu dieser Zeit gab es wahrscheinlich noch gar keine Namen. Die Forscher nannten die unbekannte Tote nach dem Beatles-Song „Lucy in the Sky with Diamonds", den sie damals im Camp hörten. Lucy steht ganz am Anfang der Menschheitsgeschichte. Das Land im ostafrikanischen Hochland gehört damit zu den Wiegen der Menschheit.

Der Name „Äthiopien" wurde von den alten Griechen geprägt und bedeutet so viel wie „Land der verbrannten Gesichter". Teile des Landes wurden in der Antike zu der Landschaft „Nubien" gerechnet. Der Name „Abessinien" ist modern und hatte während der italienischen Kolonialzeit Konjunktur.

Nach dem verheißungsvollen Start in der Steinzeit hatte Äthiopien auch in späteren Zeiten viele bedeutende Kulturen zu bieten. Die wichtigste war das Reich von Aksum im Norden des Landes. Es entstand um 100 v. Chr. und wurde nach der Stadt benannt, in der die Könige residierten. Die Lage Aksums war außerordentlich günstig, nämlich am Schnittpunkt wichtiger Handelswege zwischen Indien, Afrika, Arabien und dem Mittelmeer.

Viel Prominenz

„Aksum" bedeutet wörtlich „Brunnen der Fürsten". So steht es in der „Kebra Nagast", der „Herrlichkeit der Könige". Dieses Werk entstand im 14. Jh. und hat den Rang eines äthiopischen Nationalepos. In der Rückschau auf eine große Zeit verbreitete das Buch beeindruckende Geschichten über das alte Aksum, die Kaderschmiede äthiopischer Herrscher. Demnach hieß der Gründer des ersten äthiopischen Königreiches Menelik. Seine Eltern gehörten zur biblischen Prominenz: Der Vater war kein Geringerer als Salomo, der weise König der Juden, die Mutter war die Königin von Saba.

Saba – ein Name wie aus 1001 Nacht, nur war er sehr viel älter als die berühmten Erzählungen aus dem Bagdad der Kalifen – lag im heutigen Jemen. Der Besuch der Königin bei Salomo in Jerusalem gehört zu den spannendsten und farbigsten Geschichten der Bibel, aber auch zu jenen, deren Wahrheitsgehalt nicht sehr hoch anzusetzen ist. Doch die Äthiopier glauben fest daran. Noch der letzte Kaiser von Äthiopien, Haile Selassie, der bis zu seinem Tod 1975 regierte, sah sich als Nachkomme des Menelik, in einer Reihe von insgesamt 225 Herrschern. In Dungur, in der Nähe von Aksum, gibt es die Ruinen eines repräsentativen Gebäudes, das die Äthiopier stolz als den Palast der Königin von Saba bezeichnen.

Jedoch: Die Geschichte von Salomo, der Königin von Saba und Menelik ist eine Legende. Sie kann schon deswegen nicht stimmen, weil Salomo im 10. Jh. v. Chr. lebte, das Königtum in Saba aber erst gut 150 Jahre später gegründet wurde. Die Legende konnte entstehen, weil das Reich von Aksum aufgrund seiner exponierten Lage enge Kontakte zu den Völkern und Kulturen im östlichen Mittelmeerraum und im Vorderen Orient hatte. Besonders eng waren die Beziehungen zum jüdischen Kulturkreis. So gab es viele Verbindungen zu den Judengemeinden in Alexandria. In der Kirche St. Maria in Aksum wird noch heute die Bundeslade gezeigt, die nach jüdischem Glauben einst die Steintafeln mit den Zehn Geboten enthielt. Menelik persönlich soll sie bei einem Besuch in Jerusalem mitgenommen haben.

In der kleinen Kirche St. Maria von Zion soll sich die Bundeslade befinden – das glauben zumindest die christlichen Bewohner von Aksum. Ein Mönch bewacht diesen Schatz auf Lebenszeit.

Reger Handel

Den Herrschern von Aksum ging es um Macht und um Anerkennung, und zwar nicht nur in Afrika, sondern auch in den Metropolen der hellenistischen und römischen Welt, mit denen sie gute Geschäfte machten. Von der Hauptstadt Aksum aus,

Gemälde in der orthodoxen Kirche Abreha wa Atsbaha, einer der ältesten Felsenkirchen Äthiopiens. Oben sind König Ezana und sein Bruder Saizana dargestellt, unten der Apostel von Äthiopien, der Heilige Frumentius.

2100 Meter hoch gelegen, überwachten und dirigierten sie die unternehmerischen Aktivitäten ihrer Kaufleute. Auch die Römer zählten zu ihren Handelspartnern. Die Äthiopier lieferten Elfenbein, Schildpatt, Weihrauch, Gold und auch Sklaven und erhielten dafür Glas, Wein und Olivenöl. Die Anbindung an die mediterranen Kulturen dokumentierten sie durch die Verwendung der griechischen Schrift, die sie ihrer semitischen Sprache anpassten. Später verwendeten sie eigene Schriftzeichen. Und auch die Münzen, die Aksum ab dem 3. Jh. prägte, waren nach römischen Standards geformt.

Die Stadt Aksum wurde zu einer antiken Metropole ausgebaut, zu einem Schaufenster königlichen Wohlstands und Know-hows. So gab es ein repräsentatives Zentrum mit einer Infrastruktur, die den Vergleich mit den Errungenschaften der Griechen und der Römer nicht zu scheuen brauchte. Am meisten freuten sich die 50 000 Einwohner, die Aksum in seiner Glanzzeit hatte, über die regelmäßige Versorgung mit Wasser. In riesigen Zisternen wurde das kühle Nass gespeichert, das während des Monsuns im Frühjahr und im Spätsommer in Massen vom Himmel fiel.

Die Könige von Aksum trieben Handel, sie führten aber auch Kriege. Im 2. und 3. Jh. dehnten sie ihren Herrschaftsbereich auf das Reich von Kusch im Norden des Sudans aus. Auch Südarabien rückte in den Fokus ihrer militärischen Unternehmungen. Damit konnte sich Aksum in die Riege der damaligen Großmächte einreihen.

Beim Christentum die Nase vorn

Unter König Ezana, der von 325 bis 355 n. Chr. regierte, wurde in Aksum das Christentum offizielle Religion. Äthiopien war damit das erste afrikanische Land, das sich von Staats wegen zu jenem Glauben bekannte, der zu dieser Zeit im Römischen Reich in Kaiser Konstantin dem Großen einen wichtigen Förderer fand. Diese religiöse Revolution verbindet die äthiopische Überlieferung mit einer abenteuerlichen Geschichte. Demnach war die Annahme des Christentums Ergebnis des segensreichen Wirkens eines frommen Mannes namens Frumentius. Der „Apostel

Die Stelen von Aksum

Sie gehören zu den absoluten Attraktionen in Äthiopien: die Stelen von Aksum, die wie Obelisken aussehen, aber als Grabdenkmäler dienten und bei Krönungszeremonien als Kulisse fungierten. Die höchste Stele ragt 33 Meter in den Himmel. 2005 gab Italien einen der Obelisken an Äthiopien zurück, den der Diktator Mussolini 1937 als Kriegsbeute nach Rom gebracht hatte.

Einige der berühmten Stelen von Aksum. Die höchste war König Ezana gewidmet.

der Äthiopier", wie man ihn später nannte, stammte aus Tyros in Phönizien. Auf einer Reise nach Indien wurde sein Schiff von Piraten überfallen. Diese lieferten den Gefangenen an König Ezana aus, der von ihm so angetan war, dass er ihn zu seinem obersten Finanzchef beförderte. Nach dem Tod des königlichen Gönners wurde Frumentius Vormund des jungen Prinzen und nutzte diese einflussreiche Position, sich um die Ausbreitung des Christentums verdient zu machen. Später wurde der „Abba Salama" (Vater des Friedens) erster Bischof von Aksum.

Doch auch in Äthiopien war der Sieg des Christentums nicht allein der Initiative eines Einzelnen zu verdanken. Dass Aksum seine bisherigen Götter in die Requisitenkammer verbannte und sich voll und ganz dem Christengott zuwandte, hatte gute Gründe. Eine wichtige Rolle spielten die engen Kontakte zur Christenhochburg Alexandria. Auch die Verbindung zum Judentum war ein wichtiger Faktor. Noch heute gibt es in der äthiopischen Kirche jüdische Traditionen wie die Befolgung koscherer Speisevorschriften und die Beschneidung. Und da die Könige von Aksum schon immer Bewunderer des römischen Kaisers waren, eiferte Ezana auch in Sachen Christentum seinem Vorbild Konstantin nach.

Das Ende

Über lange Zeit konnte sich das Reich von Aksum als Großmacht behaupten. Im 7. Jh. aber kam die Wende. Die große arabische Expansion nach dem Tod des Propheten Mohammed kappte die Verbindung zu den Handelswegen im Norden Afrikas und im Vorderen Orient. Aksum gingen lukrative Märkte verloren. Die wirtschaftlichen Einbrüche führten auch zu einer Schwächung des Königtums. Der letzte Herrscher verließ die Residenzstadt Aksum im 10. Jh. Damit war ein großes Kapitel afrikanischer Geschichte beendet.

Herrschaft der Angelsachsen

Eroberung einer Insel

Angeln plus Sachsen ergibt Angelsachsen. Als die Römer abzogen, übernahmen die Germanen das Kommando auf den Britischen Inseln – bis zum berühmten Jahr 1066, als es hieß: Die Normannen kommen!

Die Post aus Ravenna enthielt keine guten Nachrichten. Kaiser Honorius habe sich entschlossen, so stand in dem Brief, auch die restlichen Soldaten aus Britannien abzuziehen. Sie würden an anderen Stellen des bedrohten Imperiums gebraucht. Er würde auch keine neuen Truppen mehr schicken. Und überhaupt: Die Briten sollten ihn nicht weiter behelligen, sondern sich um ihre eigenen Angelegenheiten kümmern.

Die Briten waren frustriert. Der Kaiser hatte die Insel aufgegeben. Nun gab es keinen Schutz mehr vor den fremden Kriegern, die in regelmäßigen Abständen vom Festland herüberkamen. Sie überquerten mit ihren Schiffen das raue Meer, überfielen die Städte an der Küste und plünderten die Dörfer. Bisher hatten die römischen Soldaten das Schlimmste verhindern können. Jetzt aber hatten die Bewohner Britanniens keine Chance mehr.

Erster Brexit

Die kaiserliche Hiobsbotschaft über den unfreiwilligen Brexit erreichte die Insel im Jahr 410. In diesem Jahr endete die Zeit der römischen Herrschaft, die 43 n. Chr. begonnen hatte, als unter Kaiser Claudius die Römer Britannien besetzten. Ganz Britannien? Nein – zunächst nur den Süden. Danach arbeiteten sich die Truppen immer weiter nach Norden vor. Doch bei den Pikten, den Vorläufern der heutigen Schotten, war Schluss. Sie verteidigten ihre Gebiete so vehement, dass die Römer ihre Ambitionen, die ganze Insel unter Kontrolle zu bringen, aufgaben. Seit dem 2. Jh. markierte der Hadrianswall, benannt nach Kaiser Hadrian, die Grenze zwischen dem römischen und dem „barbarischen" Teil Britanniens.

Im römischen Teil funktionierte das Zusammenleben von einheimischen Kelten und römischen Besatzern reibungslos. Dies war auch deswegen der Fall, weil die Römer alle Register zogen, um den Kelten ihre Herrschaft schmackhaft zu machen. Sie bauten Straßen, Tempel, Thermen, Gymnasien und boten viele weitere Annehmlichkeiten. Mit Erfolg: Bald gingen die Kelten in der Toga spazieren und besuchten Lateinkurse. Sie hielten das, wie der römische Historiker Tacitus scharfzüngig formulierte, für gehobene Lebensart, obwohl es doch in Wirklichkeit nur eine raffinierte Methode war, sie zu gefügigen Untertanen zu machen.

Der fast 120 Kilometer lange Hadrianswall bildete über 250 Jahre lang die Nordgrenze des Römischen Reichs.

Marmorbüste des römischen Kaisers Honorius

Im 5. Jh. waren die glorreichen Zeiten vorbei. Im Imperium der Römer brannte es an allen Ecken und Enden. Germanische Völkerschaften nutzten die Schwäche aus, zogen in Massen über Rhein und Donau, angetrieben von dem Wunsch nach Reichtümern, Beute und Siedlungsland. Im Sog dieser Völkerwanderung mischten auch die Angeln und die Sachsen mit – und die in diesem Zusammenhang oft vergessenen Jüten. Die Heimat dieser germanischen Stämme befand sich in Norddeutschland, im heutigen Schleswig-Holstein. Sie waren gewissermaßen Nachbarn gewesen, kannten sich daher gut – ohne ahnen zu können, dass sie einmal zu den Begründern der nachrömischen Herrschaft in einem nach ihnen benannten Land werden würden.

Brenzlige Lage

Den von Kaiser Honorius verfügten Abzug der letzten Truppen aus Britannien sahen sie als freundliche Einladung an, ihre Bemühungen um die Okkupation der Insel zu intensivieren. Und so kamen immer mehr Angeln, Sachsen und Jüten über die Nordsee. Nicht von allen Einheimischen wurden sie als Eindringlinge angesehen. Manche sahen in ihnen sogar willkommene Helfer im Kampf gegen die Pikten in Schottland, die nach dem Abzug der letzten römischen Truppen wieder aktiv geworden waren. Ein keltischer Stammesfürst namens Vortigern bat die Germanen um Hilfe. Diese ließen sich nicht zweimal bitten. Sie kamen, sahen und siegten gegen die Pikten, weigerten sich aber, nun wieder in die norddeutsche Heimat zurückzukehren. Sie blieben und untermauerten durch den Bau von Festungen und Siedlungen ihre Absicht, im Lande zu bleiben und die Herrschaft zu übernehmen.

Freiwillig aber wollten die Briten nicht kapitulieren. Sie leisteten erbitterten Widerstand, und im ganzen Land kam es zu heftigen Auseinandersetzungen. Doch am Ende mussten die Verteidiger die Überlegenheit der Angreifer anerkennen. Die Invasoren waren klug genug, sich nicht in Einzelaktionen zu verzetteln. Stattdessen setzten sie auf koordinierte Unternehmungen geschlossener Flottenverbände. Schier unerschöpflich war der Vorrat an Schiffen, die von der Mündung der Elbe aus in See stachen und nach zehn Tagen die Insel erreichten.

So hatten es die Insulaner nun mit einer übermächtigen Koalition aus Angeln, Sachsen und Jüten zu tun. Nur ein einziges Mal gab es einen Hoffnungsschimmer: Die Briten errangen in einer denkwürdigen Schlacht am Mons Badonicus einen Sieg gegen die Verbände vom Festland. Heute weiß keiner genau, wo dieser Berg liegt, und auch das Datum der Schlacht ist unbekannt. In der englischen Tradition findet die „Schlacht von Badon" immer noch große Beachtung, weil es sich um den letzten Triumph im Abwehrkampf gegen die Germanen handelte.

Danach aber gab es keine Erfolge mehr zu verzeichnen. Ab 500 hatten die Angelsachsen das Heft fest in der Hand. Während auf dem Kontinent andere germanische Stämme wie Franken, Goten, Burgunder und Langobarden um das Erbe der Römer kämpften, etablierten sich die Angelsachsen in geschützter Insellage als neue Herrscher Britanniens. Die einheimischen Kelten und die im Lande verbliebenen Reströmer waren nicht begeistert, gewöhnten sich aber an die neuen Verhältnisse und leisteten keinen Widerstand mehr.

Aufteilung des Landes

So konnten die Angelsachsen nun darangehen, ihre Herrschaft zu organisieren. Darin hatten sie eigentlich keine Erfahrung. Britannien war ein anderes Kaliber als Norddeutschland. Als Erstes beschlossen die Kampfgefährten, das Land unter sich aufzuteilen. Jeder sollte ein bestimmtes Gebiet erhalten. Der Südosten und der Süden gingen an die Jüten, die Mitte und der Nordosten an die Angeln, der Südwesten und der Westen an die Sachsen. Der Nordwesten wurde ausgespart, weil hier immer noch die unbeugsamen Pikten das Sagen hatten.

Im Verlauf des 7. Jh. bildeten sich sieben Königreiche heraus. Sie verdankten ihre Entstehung dem Umstand, dass die Senior- und Juniorchefs der einzelnen Teilstämme ein vitales Interesse an Führungspositionen hatten. So entstanden die Königreiche von Ostanglia, Kent, Essex, Sussex, Wessex,

König Artus

Als die Angeln, Sachsen und Jüten kamen, herrschte in Britannien König Artus. In zahlreichen Schlachten bot er mit seinen Rittern der Tafelrunde den Eindringlingen Paroli. So zumindest erzählen es die Mythen und Legenden. Ob es einen König Artus wirklich gegeben hat, darf bezweifelt werden. Die Geschichten um König Artus und seine Ritter gehörten zu den beliebtesten Sagenstoffen des Mittelalters. Romane und Spielfilme strickten auch in der Neuzeit am Bild des tapferen Königs – und tun es bis heute.

Ganz aus der Luft gegriffen ist diese Figur aber auch nicht. Pate standen jene heute meist nicht mehr bekannten Fürsten keltisch-römischer Herkunft, die sich an die Spitze des Widerstands gegen die Angelsachsen stellten.

Die Geschichten um König Artus und seine Tafelrunde waren häufiger Gegenstand des höfischen Romans im Hochmittelalter. Der Stoff fasziniert bis heute. Im Bild eine Darstellung aus dem 19. Jh., nach einer Miniatur aus dem 14. Jh.

Historisches Zeugnis – der Teppich von Bayeux

Knapp 70 Meter lang, aufgeteilt in 58 Einzelszenen: Der Wandteppich von Bayeux ist ein einzigartiges Dokument. Um 1080 im südlichen England hergestellt, erzählt das kostbare Stück die Geschichte der Eroberung Englands durch die Normannen. Heute befindet sich der Teppich in der Stadt Bayeux in der Normandie, wo man eigens für dieses Textilstück ein Museum errichtet hat.

Ausschnitt des Teppichs von Bayeux, der die Schlacht von Hastings zeigt

Northumbria und Mercia. Die Ortsnamen zeigen, dass die englische Sprache, die zu dieser Zeit noch in den Kinderschuhen steckte, schon damals mehr germanische als keltische oder lateinische Wurzeln hatte. Essex, Sussex und Wessex wurden nach den germanischen Bezeichnungen für Osten, Süden und Westen benannt. Ostanglia war das östliche Territorium der Angeln. „Mercia" hatte seinen Namen vom germanischen Wort „Mark" (Grenze). Die übrigen beiden Reiche fielen aus dem germanischen Rahmen: „Kent" ist walisisch, „Northumbria" im zweiten Wortteil lateinisch (von „umbra", Schatten). Ihre germanischen Götter brachten die Angelsachsen in den Wochentagen unter. Bei Wednesday (Mittwoch) stand Wodan, bei Thursday (Donnerstag) Thor Pate.

Einheit statt Vielfalt

Auch sonst pflegten die Angelsachsen in Britannien ihre heimischen Sitten und Gebräuche. Die Verstorbenen schickten sie, wie sie es gewohnt waren, mit reichen Grabbeigaben auf die Reise ins Jenseits. Fürstengräber wurden, wie es dem kriegerischen Charakter der Angelsachsen entsprach, mit wertvollen Helmen, Schwertern und Rüstungen ausgestattet. Bald aber hielt auch das Christentum Einzug. Treibende Kraft war Papst Gregor der Große, der am Ende des 6. Jh. christliche Missionare auf die Insel schickte. Im 7. Jh. bildete sich eine eigene kirchliche Organisation mit Canterbury als Sitz des Erzbischofs aus.

Politisch ging der Trend in Richtung Einheit statt Vielfalt. Die Königreiche wuchsen im Laufe der Zeit mehr und mehr zusammen. Im 8. Jh. wurde aus dem Kreis der Könige erstmals ein König für alle gewählt. Nun ging es nicht nur mit der Entwicklung staatlicher Strukturen, sondern auch mit der Wirtschaft voran. Pionierarbeit leistete König Offa, der von 757 bis 796 regierte. Durch die gezielte Förderung von Handel, Handwerk und Gewerbe kurbelte er das wirtschaftliche Leben an. Alfred der Große, König von 871 bis 899, machte sich um den formellen Zusammenschluss der Königreiche zu einem einzigen Königreich verdient. Dieses Werk wurde 927 unter seinem Enkel Aethelstan vollendet. Der 12. Juli 927 war die Geburtsstunde des United Kingdom – mit den Schotten, aber ohne Wales und Irland.

Die Normannen kommen

Im Innern lief es gut, doch von außen drohte Ungemach. Schon früher hatten die Wikinger von Dänemark aus die englischen Küsten unsicher gemacht. Nun wurden die Angriffe immer heftiger. Zeitweise standen weite Teile Englands unter ihrer Herrschaft. Andere Wikinger setzten sich an der Nordküste Frankreichs fest. Hier nannte man sie „Normannen" – Nordmänner –, und die von ihnen bewohnten Gebiete die „Normandie". 1066 bliesen sie zum Generalangriff auf das angelsächsische England. Angeführt wurden sie von Wilhelm, dem Herzog der Normandie. Aus einer weitläufigen Verwandtschaft mit König Edward („dem Bekenner") leitete er den Anspruch auf den englischen Thron ab, dessen Inhaber zu dieser Zeit Harold Godwinson war, Regent von Essex und Edwards Schwager.

Im September 1066 überquerten die Normannen mit 800 Schiffen und 7000 schwerbewaffneten Kriegern den Ärmelkanal. Am 14. Oktober kam es bei Hastings an der Südostküste der Britischen Inseln zur Entscheidungsschlacht zwischen Wilhelm und Harold. Der Normanne siegte und schuf damit die Voraussetzungen dafür, dass er als „William the Conqueror" (Wilhelm der Eroberer) in die Annalen einging. Zu Weihnachten wurde er in Westminster zum König gekrönt.
Die Angelsachsen waren alles andere als begeistert. Es kam zu Aufständen, die von den Normannen blutig niedergeschlagen wurden. Der angelsächsische Adel wurde entmachtet, seine Güter konfisziert und an die Gefolgsleute des Königs verteilt. 1066 oder, wie die Engländer sagen, „Ten Sixty-Six", markierte einen tiefen Einschnitt in der Geschichte Englands.

Dieser berühmte Helm von Sutton Hoo wurde 1939 in einem angelsächsischen Schiffsgrab in Suffolk gefunden. Vermutlich gehörte das Grab dem Kriegerfürsten Rædwald, einem König Ostanglias.

Die Reiche der Westgoten

Wie gewonnen, so zerronnen

Die Westgoten gehörten zu den umtriebigsten Gruppen der großen Völkerwanderung. Sie gründeten gleich zwei Reiche: eines in Gallien, eines in Spanien. In die Geschichte eingegangen sind sie aber als diejenigen, denen es gelang, die berühmteste Stadt der Welt zu erobern.

Es war ein langer Weg von der Weichsel nach Toledo. In der traumhaft gelegenen Stadt im Herzen Spaniens endete die Wanderschaft der Westgoten. Einst waren sie von den Ufern des längsten Flusses im heutigen Polen aufgebrochen, um, wie viele andere germanische Völker, ihr Glück in der Fremde zu suchen. Zu unsicher waren die Verhältnisse in der Heimat geworden, zu groß die ständigen Bedrohungen durch andere germanische Stämme. Ein magnetischer Anziehungspunkt war das Imperium der Römer. Die anfangs noch vereinten Goten malten sich aus, dass man ihnen dort Land zuweisen würde, auf dem sie in Wohlstand leben könnten. Doch an den Grenzen des Römischen Reiches wurden sie von der Wirklichkeit eingeholt. Die Römer hatten kein Interesse an germanischen Siedlern. Die Grenzen blieben für sie verschlossen.

Aber die Verhältnisse änderten sich, als das Imperium ab dem 3. Jh. in eine schwere Krise geriet. Tiefe Löcher in den Kassen führten zu einem Abzug von Truppen in den Grenzregionen an Rhein und Donau. Die Goten nahmen die Einladung gerne an. Als die Römer gezwungen waren, die Provinz Dakien im heutigen Rumänien aufzugeben, nahmen die Goten das verlassene Territorium in Besitz. Von hier aus starteten sie in der Folgezeit viele kriegerische Unternehmungen auf römischem Reichsgebiet. Die Römer sprachen von Raubzügen, die Goten argumentierten, sie müssten sich doch ernähren dürfen.

Eine neue Strategie

Um 290 trennten sich die Goten. Nun gab es Westgoten und Ostgoten, die ihre eigenen Wege gingen. Wer die Namen

Die Alcantara-Brücke von Toledo stammt noch aus römischer Zeit und stand bereits an dieser Stelle, als die Westgoten die Stadt eroberten.

Westgoten und Ostgoten mit Himmelsrichtungen in Verbindung bringt, liegt falsch, auch wenn sich der Wirkungskreis der Westgoten erstaunlicherweise immer westlich von den Ostgoten befand – und umgekehrt. Eigentlich hießen die Ostgoten „Ostrogoten" und die Westgoten „Wisigoten" – die „Glanzvollen" und die „Edlen".

Während nun die Ostgoten im Osten des Römischen Reiches agierten, lag der Schwerpunkt der westgotischen Unternehmungen im Westen. Die Römer, militärisch und finanziell immer mehr unter Druck, nahmen in ihrem Verhältnis zu den germanischen Völkern eine Kursänderung vor. Statt Konfrontation stand nun Kooperation ganz oben auf der Tagesordnung. Man überließ den Goten auf Reichsboden Siedlungsplätze und verpflichtete sie im Gegenzug dazu, die Verteidigung grenznaher Gebiete zu übernehmen.

Marsch auf Rom

Doch wurden diese Arrangements von den Römern nicht immer eingehalten. Denn wenn sich die politische und militärische Lage verbesserte, litten sie oft an Erinnerungslücken und weigerten sich, die mit den Westgoten geschlossenen Verträge einzuhalten. Die Folge war eine der spektakulärsten Aktionen der Völkerwanderungszeit. Treibende Kraft war Alarich, seit 391 Anführer und späterer König der Westgoten. Sein Kontrahent auf römischer Seite war Kaiser Honorius, der im Westen des frisch geteilten Römischen Reiches regierte. Zwischenzeitlich Verbündete, gerieten König und Kaiser in einen heftigen Streit über die Auslegung vertraglicher Bestimmungen. Alarich fühlte sich hintergangen. Im August 410 marschierte er mit seiner Armee in Rom ein, plünderte die Stadt und entführte die Kaisertochter Galla Placidia,

Das Grab im Busento

Ohne August von Platen wäre Alarich nie so berühmt geworden. Aber weil der deutsche Dichter im Jahre 1828 zur Feder griff und das Gedicht „Das Grab im Busento" schrieb, war der Name Alarich plötzlich in aller Munde. Ganze Generationen lernten in der Schule die Verse: „Nächtlich am Busento lispeln, bei Cosenza, dumpfe Lieder, / Aus den Wassern schallt es Antwort, und in Wirbeln klingt es wider." Bis hierin lief es beim Auswendiglernen gut. Nicht alle schafften auch die nächsten Verse fehlerfrei: „Und den Fluss hinauf, hinunter, ziehn die Schatten tapfrer Goten, / Die den Alarich beweinen, ihres Volkes besten Toten."

Holzstich aus dem 19. Jh., der das Begräbnis von König Alarich darstellt

Wer auch die restlichen Verse auswendig rezitieren konnte, galt als Lyrikexperte. Doch erfuhr durch Platen die breite Öffentlichkeit überhaupt erst vom Tod und dem merkwürdigen Begräbnis des großen Königs der Westgoten. Alarich starb plötzlich und unerwartet bei der Stadt Cosenza in Süditalien. Der Originalbericht stammt von dem gotischen Historiker Jordanes, der im 6. Jh. die Ereignisse beschrieben hat, die Platen zu seinem Gedicht inspirierten. Mitten im Bett des Flusses Busento wurde eine Grube ausgegraben, und darin fand Alarich „mit vielen Schätzen" sein Grab. Zu diesem Zweck war das Wasser des Flusses umgeleitet worden. „Und indem sie den Wasserlauf wieder in sein Bett zurückleiteten, ertränkten sie alle, die beim Graben geholfen hatten, damit nicht irgendwann jemand den Ort finden würde."

die vier Jahre später den Westgotenkönig Arnulf heiratete. Nach dem Strafgericht in Rom zogen die Westgoten weiter nach Süden, in der Absicht, von dort nach Nordafrika überzusetzen. Doch der plötzliche Tod Alarichs machte den Westgoten einen Strich durch die Rechnung. Sie änderten ihre Pläne und zogen nun Richtung Gallien. Auch hier machte sich die zunehmende Schwäche der römischen Reichsverwaltung bemerkbar. Ohne auf großen Widerstand zu stoßen, gründeten die Westgoten im Jahre 418 ein eigenes Reich mit der Hauptstadt Tolosa, dem heutigen Toulouse. Bald dehnten sie ihren Einfluss auf die benachbarte Iberische Halbinsel aus. Auch im eigenen Interesse unterstützten sie das am Abgrund stehende Römische Reich im Kampf gegen die eingefallenen Hunnen. So standen westgotische Truppen an vorderster Front, als der Hunnenkönig Attila 451 in der Schlacht auf den Katalaunischen Feldern besiegt wurde.

Sturm aus Afrika

Doch dann begann der Stern der Westgoten zu sinken. Grund waren die Machtkämpfe unter den germanischen Fürsten nach dem Ende des Weströmischen Reiches im Jahr 476. Bei aller Dominanz war es den Westgoten nicht gelungen, stabile politische Strukturen zu schaffen. Für die römisch-katholische Bevölkerung Galliens waren sie nicht zuletzt deswegen ein Fremdkörper, weil sie an die als Häresie gebrandmarkten „Irrlehren" der Arianer glaubten. Diese behaupteten, dass Gott-Vater und Gott-Sohn nicht die gleichen göttlichen Qualitäten hätten.

507 bereiteten die aufstrebenden Franken unter der Dynastie der Merowinger der westgotischen Herrschaft in Gallien ein Ende. Daraufhin verlagerten die Westgoten den Schwerpunkt ihrer Herrschaft nach Spanien. Von Toledo aus regierten sie als ethnische Minderheit über die einheimische Bevölkerung. Sie gewannen an Vertrauen, als sie 589 den Übertritt zum Katholizismus vollzogen. Nun begann eine letzte Blütezeit. Kunst und Wissenschaften standen hoch im Kurs. Das Ende kam abrupt und plötzlich.

Der arabisch-berberische Fürst Tariq ibn Ziyad blies von Nordafrika aus zum Sturm auf das Westgotenreich. 711 besiegte er den letzten Westgotenkönig Roderich in der Schlacht am Fluss Guadalete. Nur in Asturien, im Nordwesten der Iberischen Halbinsel, blieb den Westgoten ein letztes Refugium. Dort erwiesen sie sich aber als höchst aktiv. Unter der Führung des legendären Pelayo begann von Asturien aus die Reconquista, der Kampf um die Wiedereroberung Spaniens. Vollendet wurde sie erst 1492 – da waren die Westgoten schon längst in der Bevölkerung Spaniens aufgegangen.

Nur wenige Gebäude aus westgotischer Zeit sind erhalten geblieben. Hier die katholische Kirche Santa Maria de Melque in Toledo

DAS REICH DER OSTGOTEN

Kämpfen und Heiraten

Mit Italien erbten die Ostgoten das Kernland des Römischen Reiches. Geschickt meisterten sie die Aufgabe, Römer und Goten zusammenzubringen. Am Anfang aber stand ein heimtückischer Mord.

Wohl fühlte er sich in seiner Haut nicht. Aber Odoaker hatte die Einladung nicht ablehnen können. Bei einem gemeinsamen Abendessen sollten alle Differenzen endgültig begraben werden. So betrat er mit seinem Gefolge den Palast in Ravenna. Theoderich erwartete ihn bereits. Er führte seinen Gast in einen von Fackeln hell erleuchteten Saal. Die Tische waren festlich gedeckt. Hinter jedem Stuhl stand ein Diener bereit. An den Türen waren Wachen postiert. Gerade wollte Odoaker Platz nehmen. Doch plötzlich zog Theoderich ein Schwert aus dem Gewand. Er stach sofort zu, traf seinen Gast in der Nähe des Schlüsselbeins. Odo-

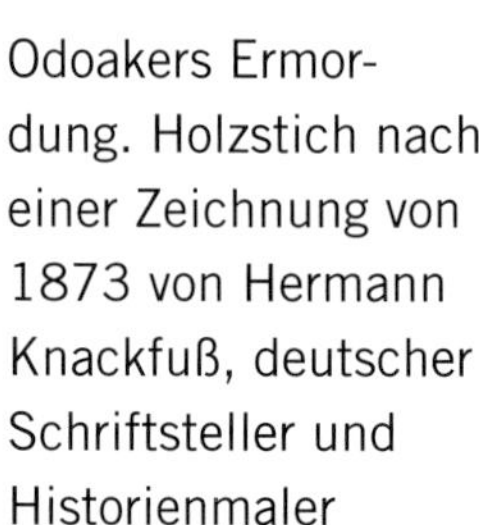

Odoakers Ermordung. Holzstich nach einer Zeichnung von 1873 von Hermann Knackfuß, deutscher Schriftsteller und Historienmaler

Die Ostgoten in Sage und Literatur

Ewigen Ruhm hat Theoderich als historisches Vorbild für die in der mittelalterlichen Dichtung populäre Sagengestalt des Dietrich von Bern gewonnen. Aus „Theoderich" wurde „Dietrich", und „Bern" war der mittelhochdeutsche Begriff nicht etwa für die Stadt in der Schweiz, sondern für die Stadt Verona in Italien, in der sich der Ostgotenkönig gerne und häufig aufhielt.

Der Verteidigungskampf der Goten gegen die Byzantiner bildete auch den geschichtlichen Hintergrund eines der berühmtesten historischen Romane der Neuzeit: „Ein Kampf um Rom" von Felix Dahn aus dem Jahr 1876.

Die Sagengestalt Dietrich von Bern rettet den Ritter Sintram aus dem Maul eines Drachen. Darstellung an einem Kapitell des Baseler Münsters

aker sank zusammen, fiel zu Boden und war tot. Theoderich reichte das Schwert einem Soldaten und sagte: „Odoaker hat keine Knochen im Leib."

Kaiser in Frühpension

So starb am 15. März 493 Odoaker, der „König von Italien". Diesen Titel trug er nicht von Geburt an. Er hatte ihn 17 Jahre vorher angenommen, nachdem er den letzten weströmischen Kaiser Romulus Augustulus abgesetzt hatte. Der Germane hatte zeitweise in römischen Diensten gestanden und 476 die Gunst der Stunde genutzt, den jungen Kaiser in einen frühen Ruhestand versetzt und selbst die Herrschaft über Italien übernommen. Dabei musste er sich mit dem oströmischen Kaiser arrangieren, der seinen Dienstsitz in Konstantinopel hatte. Nach dessen Ansicht gab es nämlich nur einen Kaiser – ihn selbst –, und so musste sich Odoaker mit dem Rang eines Königs begnügen.

Jedoch interpretierte er seine Rolle in den folgenden Jahren so weit, dass der oströmische Kaiser entschied, ihn in die Schranken zu weisen. Er brauchte keinen ehrgeizigen Kriegshelden, sondern einen willfährigen Helfer. Odoaker war ihm deutlich zu selbstbewusst geworden. Denn tatkräftig hatte er die Führungsrolle in den Verteilungskämpfen übernommen, in die sich die germanischen Fürsten nach dem Ende Westroms verstrickt hatten.

Mobile Einsatzreserve

489 zog der Kaiser die Notbremse: Odoaker musste eine Lektion erteilt werden. Mehr noch, er musste beseitigt werden. Und der Kaiser wusste auch, wem er diese Aufgabe anvertrauen konnte – den Ostgoten, seiner mobilen Einsatzreserve,

mit ihrem fähigen Anführer Theoderich. Die Goten genossen einen guten Ruf. Sie galten als verlässliche Krieger. Während der großen Völkerwanderung, die im 3. Jh. begonnen und im 4. und 5. Jh. noch einmal an Fahrt aufgenommen hatte, spielten sie immer eine wichtige Rolle. Nach der Trennung von den Westgoten siedelten die Ostgoten in den Regionen rund ums Schwarze Meer. Doch unternahmen sie wiederholt Beutezüge, die sie in Konflikt mit dem Kaiser in Konstantinopel brachten. Auch durch Bündnisverträge waren sie nicht zu zähmen. So beschloss Kaiser Zenon, die ostgotischen Störenfriede auf elegante Weise loszuwerden.

471 war der junge Theoderich in der Nachfolge seines Vaters Theodemir König der Ostgoten geworden. Er trat noch selbstbewusster als seine Vorgänger auf, forderte von Ostrom mehr Siedlungsland und verlieh diesen Forderungen mit der Drohung Nachdruck, im Notfall auch den Einsatz militärischer Mittel nicht zu scheuen. Und Theoderich ließ den Worten Taten folgen. Als es wieder einmal zu Unstimmigkeiten gekommen war, tauchte der König 486 mit einer Armee vor Konstantinopel auf und belagerte die Stadt so lange, bis Zenon nachgab.

Im Dienst seiner Majestät

Doch dann hatte der Kaiser die rettende Idee. Er übertrug dem renitenten Gotenkönig die Aufgabe, in seinem Namen nach Italien zu ziehen und Odoaker zu stürzen. Damit würden die Barbaren, dachte sich der schlaue Zenon, zur Genüge beschäftigt sein und ihm keine weiteren Schwierigkeiten mehr bereiten. Vereinbart wurde, dass Theoderich nach der Beseitigung Odoakers eine Art Statthalterschaft in Italien ausüben sollte, als Sachwalter der oströmischen Interessen.

Der Auszug der Ostgoten startete im Herbst 488. Es war eine logistische Meisterleistung des Königs Theoderich, wie er einen riesigen Tross von 100 000 Menschen, einschließlich Frauen und Kinder, Richtung Italien dirigierte. Dort angekommen, machte er sich an die Ausführung des Projekts „Sturz des Odoaker“. Doch Odoaker erwies sich als zäher Gegner. Die Kämpfe zogen sich hin, und erst nach dreijähriger Belagerung von Ravenna musste er kapitulieren. Kurze Zeit später bereitete der perfide Mord auf dem Bankett des Theoderich seinem turbulenten Leben ein abruptes Ende.

Projekt Herrschaftssicherung

Nun konnte Theoderich ein weiteres Mal unter Beweis stellen, dass er nicht nur ein fähiger Militär, sondern auch ein talentierter Organisator war. In den folgenden Jahren widmete er sich konsequent der Sicherung und dem Ausbau des Ostgotenreiches in Italien. Er ließ sich von Anastasios, dem Nachfolger des verstorbenen Kaisers Zenon, seine Rechte und Privilegien bestätigen. Anastasios war froh, sich nicht um den Westen kümmern zu müssen, und ließ dem ambitionierten Theoderich freie Hand. Leicht war dessen Aufgabe nicht. Denn für die Menschen in Italien waren die Ostgoten Fremdherrscher. Zwar war das Weströmische Reich mit der Absetzung des letzten Kaisers Romulus Augustulus von der politischen Landkarte verschwunden. Aber die Römer an sich waren nicht untergegangen, als Bevölkerung gab es sie immer noch, und sie blickten mit Sorgen in die Zukunft.

Mosaik in der Kirche Sant'Apollinare Nuovo in Ravenna, errichtet unter Theoderich als Gotteshaus der Arianer. Links sieht man den Hafen mit drei Galeeren, in der Mitte die Stadtmauer und Häuser der spätantiken Stadt Ravenna.

Viele trauerten der – vermeintlich – guten alten Zeit nach, und obwohl die politischen Verhältnisse unter den letzten weströmischen Kaisern ziemlich chaotisch gewesen waren, wünschten sich viele wieder einen Kaiser – und zwar einen Kaiser aus den eigenen Reihen – zurück. Diesen Wünschen musste Theoderich Rechnung tragen. Er wusste, dass es auf Dauer nicht möglich sein würde, eine Herrschaft über die Römer in Italien gegen deren Willen aufzubauen.

Ein weiteres Problem war die Religion. Die Römer waren Christen. Doch seit den Tagen Kaiser Konstantins des Großen, der den Christen den Weg zur Nummer eins unter den damaligen Religionen geebnet hatte, waren die Christen zerstritten. Stein des Anstoßes waren die Lehren des Areios, eines Kirchenfürsten aus Alexandria. Er hatte die Göttlichkeit Jesu in Frage gestellt und damit an den Grundfesten christlich-katholischer Lehre gerüttelt. 325 wurde der Arianismus als Irrlehre gebrandmarkt. Viele der germanischen Völker und auch die Ostgoten aber bekannten sich zu den Lehren des Areios. Damit gerieten sie in Gegensatz zu den Katholiken, also zu denjenigen, die nach eigener Deutung den richtigen Glauben vertraten.

Kluge Entscheidungen

Um all diese Schwierigkeiten zu meistern, setzte Theoderich auf die Karten Sympathie und Diplomatie. Er präsentierte sich den Römern in Italien nicht als überheblicher Fremdherrscher, sondern als verständnisvoller Landesvater. So war er klug genug, den katholischen Römern ihren Glauben zu lassen. Der Arianismus wurde im Reich der Ostgoten nicht zur Staatsreligion. Außerdem beherzigte Theoderich eine Erfolgsformel, die sich bereits bei vielen anderen Großmächten, wie den Persern oder den Römern, bewährt hatte: Man musste den alten Eliten so viel Macht und Einfluss geben, dass sie das Gefühl hatten, noch gebraucht zu werden. Zwar wurden die meisten politischen Spitzenpositionen mit Goten besetzt. Doch ansonsten tastete Theoderich die überkommenen römischen Verwaltungsstrukturen nicht an. Auf der mittleren und unteren Ebene konnten auch Römer Karriere machen. Der König hatte auch immer ein offenes Ohr für die Wünsche des Adels. Nicht wenige schafften es sogar in den engsten Beraterkreis des Herrschers.

Und auch in einer anderen Frage bewies Theoderich viel Fingerspitzengefühl. Die Goten kamen als Eroberer. Daher beanspruchten sie auch das Recht auf den Besitz aller Ländereien in Italien. Doch die Befürchtungen der römischen Grundbesitzer, all ihre Güter zu verlieren, stellten sich als unbegründet heraus. Zwar wurden Goten bei der Verteilung von Grund und Boden bevorzugt. Doch kamen auch die Einheimischen nicht zu kurz. Bald durfte sich Theoderich der nahezu uneingeschränkten Wertschätzung seiner gotischen und römischen Untertanen erfreuen.

Deckenmosaik der Taufkapelle der Arianer in Ravenna, im 5. Jh. unter Theoderich errichtet. Es stellt die Taufe Jesu im Jordan sowie die zwölf Apostel dar.

Lebhafter Heiratsmarkt

Neben Italien hatte Theoderich auch Gebiete in den osteuropäischen Provinzen Pannonien und Dalmatien sowie in der Alpenregion geerbt. Ermutigt durch die erfolgreiche Politik in Italien, unternahm er nun auch den Versuch, den Herrschaftsbereich der Ostgoten auszudehnen. Doch geschah dies nicht mit militärischen Mitteln. Theoderich setzte vielmehr auf die Karte „dynastische Verbindungen". So oft wie in der folgenden Zeit war in Europa auf höchster Ebene selten geheiratet worden. Allerdings nicht wahllos: Theoderich zielte auf ein germanisches Bündnissystem unter gotischer Führung. Entsprechend dieser Leitlinie wurden Heiratsbeziehungen nach dem Kriterium der politischen Ausbaufähigkeit geknüpft. Er selber heiratete Audefleda, die Schwester des aufstreben-

Das Mausoleum des Theoderich in Ravenna

den Frankenkönigs Chlodwig. Zwei seiner Töchter verheiratete er mit dem wichtigen Burgunder Sigismund und mit Alarich II., dem mächtigen König der Westgoten. Seine Schwester Amalafrida schloss die Ehe mit dem Vandalen Thrasamund, seine Nichte Amalaberga mit dem Thüringer-Fürsten Herminafried.

Theoderich starb am 30. August 526, etwas über 70 Jahre alt. Die Nachfolge trat sein noch unmündiger Enkel Athalarich, der Sohn seiner Tochter Amalasuntha, an. Bestattet wurde Theoderich in einem Mausoleum in Ravenna, das noch heute zu den Attraktionen der Stadt gehört. Und noch im Tod nahm er eine vermittelnde Position zwischen Goten und Römern ein. Eine gewaltige gotische Kuppel erhob sich über römischen Fundamenten – besser konnte nicht symbolisiert werden, dass Goten und Römer unter König Theoderich eine Einheit bildeten.

Entscheidung am Vesuv

Unter den Nachfolgern des Theoderich herrschte häufig Streit. Doch die Strukturen, die der große König geschaffen hatte, sorgten zunächst noch für stabile Verhältnisse. Die Gefahr kam von außen. In Konstantinopel rüstete Kaiser Justinian zur Eroberung des Westens, sein Ziel war die Wiederherstellung des alten Römischen Reiches unter östlicher Führung. Italien als Stammland der Römer war bei diesem ehrgeizigen Projekt ein wichtiger Programmpunkt. Justinian schickte mit Narses und Belisar seine besten Feldherren nach Italien. Die Ostgoten leisteten heftigen Widerstand. Doch schließlich mussten sie vor der oströmischen Militärmaschinerie kapitulieren. Die Entscheidungsschlacht fand 555 am Vesuv statt. Das Ostgotenreich war nur drei Jahrzehnte nach dem Tod des Theoderich schon wieder Geschichte.

Das Reich der Vandalen

Nordlichter auf Abwegen

Den besten Ruf haben sie nicht. Doch in der Realität hatten die Vandalen keinen unbezähmbaren Drang zur Zerstörung. Vielmehr erbrachten die Germanen in Nordafrika den Beweis, dass sie in der Lage waren, ein stabiles Reich aufzubauen.

Paris im Jahre 1794. In Frankreich tobt die Revolution. Das Geschehen läuft aus dem Ruder. Die radikalen Jakobiner um Robespierre errichten eine Schreckensherrschaft. Brutalität, Gewalt und Zerstörung bestimmen die Ereignisse in der Hauptstadt und in anderen Teilen des Landes. Die Menschen sind verunsichert und verängstigt. Da platzt einem hohen geistlichen Herrn in Blois der Kragen. Henri Jean-Baptiste Gregoire, seines Zeichens Bischof in dem Städtchen an der Loire, schreibt einen wütenden Brief an den Nationalkonvent in Paris. Man solle diesem Treiben endlich ein Ende bereiten, fordert er. Die Jakobiner dürften nicht länger „wie die Vandalen hausen".

„Hausen wie die Vandalen": Damit prägte der Bischof ein geflügeltes Wort, das auch heute noch zum verbalen Repertoire gehört, wenn es darum geht, Akte sinnloser Zerstörungswut zu geißeln. Die Vandalen selbst hätten sich vermutlich gewundert, wenn sie gewusst hätten, welches Etikett man ihnen später anklebte.

Eine genetisch bedingte Veranlagung zu destruktivem Verhalten hätten sie sich jedenfalls nicht zugeschrieben. Sie hielten andere Eigenschaften für wichtiger.

Harter Kampf

Die Vandalen waren Teil der großen germanischen Völkerfamilie. Ihre Heimat lag im Südwesten Schwedens und im Norden Dänemarks. Wie die meisten germanischen Stämme, so waren auch die Vandalen ein sehr mobiles Volk. Nicht, dass sie es grundsätzlich für erstrebenswert hielten, häufiger den Wohnort zu wechseln. Vielmehr waren sie in den meisten Fällen dazu gezwungen, mit Kind und Kegel auf die Wanderschaft zu gehen. Es tobten zwischen den Germanen heftige Verteilungskämpfe um die besten Siedlungsgebiete.

Wer einen solchen Kampf verlor, musste weiterziehen und woanders versuchen, einen anderen Stamm zu vertreiben.

So machten es auch die Vandalen. Im 1. Jh. v. Chr. hatten sie sich in dem Gebiet zwischen Oder und Weichsel niedergelassen. Dann kam es zu einer Teilung des Stammes. Auch dies war kein ungewöhnlicher Vorgang: Die germanischen Stammesverbände waren nicht so festgefügt, dass es nicht immer wieder zu Spaltungen gekommen wäre. Häufig waren hierfür interne Machtkämpfe die Ursache. Die Vandalen zerfielen in zwei Gruppen, die nun getrennte Wege gingen. Die Silingen zogen Richtung Schlesien, die Hasdingen in das heutige Rumänien.

Die Hasdingen waren schon bald wieder unterwegs. Sie gehörten zu jenen germanischen Völkerschaften, die im 3. Jh. die Grenzen des Römischen Reiches bedrängten. Sie überquerten die Donau und fielen in Pannonien ein. Erst das beherzte Eingreifen des Kaisers Aurelian konnte ihren Vormarsch stoppen. Dabei war es nicht das Ziel der Vandalen, den römischen Koloss ins Wanken zu bringen. Es lockte sie nur die Aussicht auf Beute und Siedlungs-

Anders, als ihr schlechter Ruf vermuten ließe, bewahrten die Vandalen nicht nur die römische Kultur, die sie vorfanden, sondern übernahmen sie auch. Hier die Überreste einer römischen Villa in Karthago

land. Doch noch war Rom stark genug, die Angriffe der Germanen abzuwehren, und so zogen sich die Hasdingen wieder nach Pannonien zurück.

Auf großer Tour

Die große Zeit der Vandalen begann mit der Völkerwanderung des 4. und 5. Jh. Ausgelöst wurde sie 375 durch die Hunnen, die aus den Steppen Asiens nach Europa zogen und dabei die germanischen Stämme, deren Siedlungsgebiete auf ihrem Weg lagen, vor sich hertrieben. Die Vandalen nahmen den Vorstoß der Hunnen zum Anlass für eine Wiedervereinigung. Nun waren Silingen und Hasdingen wieder gemeinsam auf Tour. Das Ziel der Wanderung war, wie bei den meisten anderen germanischen Stämmen, das Römische Reich. Jetzt standen die Zeichen günstiger als im 3. Jh. Das Imperium befand sich in einer schweren Krise. In den Kassen herrschte chronische Ebbe. Um Kosten zu sparen, wurde die Grenzverteidigung ausgedünnt. Die Germanen nahmen die Einladung gerne an und überquerten in Massen den Rhein und die Donau.

Vergoldeter Schildbuckel aus Bronze aus dem 3./4. Jh., der zu kultischen Zwecken verwendet wurde. Gefunden in einem Vandalengrab in Herpály, Ungarn

Die Vandalen passierten im Jahr 406 den Rhein zwischen Mainz und Worms und zogen weit nach Westen, in das heutige Frankreich. Dort kam es zu Auseinandersetzungen mit den Franken, die von den Römern mit der gut dotierten Aufgabe betraut worden waren, die Rheingrenze zu verteidigen. Bei dem Kampf Germanen gegen Germanen kam Godigiselus, der König der Vandalen, ums Leben. Doch die Vandalen zogen unter neuer Führung unverdrossen weiter und nahmen Kurs auf Spanien. Wieder einmal trennten sich die beiden Hauptgruppen: Die Silingen begaben sich in den Süden, die Hasdingen in den Nordwesten, wo sie vorübergehend eine Siedlungsgemeinschaft mit dem germanischen Stamm der Sueben bildeten.

Mit den Silingen aber war es bald danach vorbei. Der weströmische Kaiser Honorius engagierte 417 eine Armee der Westgoten, die er in einen Feldzug gegen die Vandalengruppe schickte. Da die Westgoten selbst Ambitionen auf Spanien hegten, kamen sie dem Wunsch des Kaisers gerne nach. Die Silingen hatten gegen die Westgoten keine Chance. Sie wurden so vollständig besiegt, dass es von ihnen in der weiteren Geschichte keine Spur mehr gibt.

Die Hasdingen waren nun die alleinigen Vertreter des Volkes der Vandalen. Und sie waren es auch, die die beste Zeit der Vandalen einläuteten. Ihre Glanzphase ist eng mit dem Namen Geiserich verbunden. Er war der Sohn des Godigiselus und übernahm 428 den Posten des Stammeschefs. Der neue König überraschte seine Mitstreiter mit einem verwegenen Plan: Der Stamm der Vandalen sollte in Nordafrika eine neue Heimat finden. Spanien, so erklärte er den staunenden Stammesgenossen, war angesichts der Dominanz der Westgoten ein zu heißes Pflaster geworden.

Verlockendes Afrika

Natürlich stand hinter dem Afrika-Plan nicht die Absicht, als der erste Stamm der großen Völkerwanderung in die Geschichte einzugehen, der einen Platz außerhalb Europas fand. Vielmehr war es die Aussicht auf Reichtum und Wohlstand, die Geiserich nach Afrika blicken ließ. Nordafrika, so wusste er, war eine der wichtigsten Kornkammern des Römischen Reiches. Noch war das Gebiet zwischen der Straße von Gibraltar und der Metropole Karthago in römischen Händen. Aber das sollte sich nach dem Willen Geiserichs bald ändern.

Nicht weniger als 80 000 Menschen waren es, die bei der Überfahrt von Spanien nach Afrika im Jahre 429 die Straße von Gibraltar überquerten. Es war eine bunte Mischung aus Kriegern und Bauern, Männern und Frauen, Greisen und Kindern, die schließlich alle glücklich in Afrika landeten. Dort angekommen, hatten sie doppeltes Glück. Einheimische Mauretanier erklärten sich bereit, den ortsunkundigen Gästen aus Europa mit Rat und Tat beizustehen. Die Römer leisteten keinen entschlossenen Widerstand, weil die Verantwortlichen in Nordafrika im Streit mit dem Kaiser in Ravenna lagen. Es gab sogar Gerüchte, dass ein hoher Beamter namens Bonifatius die Vandalen zu dem Afrika-Abenteuer animiert hatte, weil er sich von ihnen Hilfe im Privatkrieg gegen den Kaiser erhoffte.

Der Zug der Vandalen an der Küste Afrikas Richtung Osten wurde zu einem einzigen Siegeszug. Die römischen Städte und Militärlager wurden mühelos eingenommen. Ein paar Monate nach dem Übersetzen nach Afrika hatten die Vandalen einen Küstenstrich von 1000 Kilometern Länge unter ihre Kontrolle gebracht. 431 eroberte Geiserich die Stadt Hippo Regius, im heutigen Algerien gelegen. Während der Belagerung starb der berühmte Kirchenvater Augustinus. 439 fiel die ruhmreiche Stadt Karthago, die letzte Bastion der Römer in Nordafrika, in die Hände der Vandalen. Sie wurde Residenz der vandalischen Könige und Hauptstadt des neuen Vandalenreiches. Geiserich arrangierte sich mit dem römischen Kaiser, mit dem er einen Vertrag schloss, der die Autonomie seines Reiches garantierte. So endete in Afrika der lange Weg, den Geiserichs Vorfahren einst in Skandinavien begonnen hatten.

Die große Überfahrt

Die Distanz war kurz, der Aufwand groß. Die Aufgabe, mit 80 000 Menschen die Straße von Gibraltar zu überqueren, war eine logistische Herausforderung ersten Ranges. Doch die vandalischen Organisatoren zeigten sich der Situation gewachsen. Als ersten Schritt hatten sie sich auf ihren Kaperfahrten genügend Schiffe besorgt. Dann richteten sie einen Pendelverkehr ein: Pausenlos fuhren alle verfügbaren Schiffe von einer Küste zur anderen und wieder zurück. So gelang es in kurzer Zeit, alle 80 000 Passagiere wohlbehalten von Europa nach Afrika zu bringen.

Bewahren statt Zerstören

Hätten die Vandalen „gehaust wie die Vandalen“, wäre in Karthago und den anderen Städten, die von ihnen beherrscht wurden, kein Stein auf dem anderen geblieben. Doch nichts dergleichen geschah. Die Vandalen kamen nicht als Zerstörer, sondern als Bewahrer. Sie übernahmen die römische Administration, die römische Infrastruktur und die römische Wohnkultur. Vandalen besuchten Thermen und Theater, feuerten die Wagenlenker im Hippodrom an und gingen, wie die römischen Eliten auch, in ihrer Freizeit auf die Jagd. Karthago und die anderen Städte sahen nach der Machtübernahme der Vandalen nicht schlechter aus als zuvor.

Ein Besuch in Rom

Was den Vandalen den Ruf blindwütiger Zerstörer einbrachte, waren von Afrika aus gestartete Plünderungszüge. Zielpunkte waren die Inseln des Mittelmeeres. Flottenexpeditionen führten nach Sizilien, Sardinien, Korsika und zu den Balearen. 455 statteten die Vandalen der Stadt Rom einen Besuch ab. Es war der 2. Juni, ein Tag, den die Bewohner der Stadt Rom so schnell nicht vergessen sollten. Unter Führung Geiserichs stürmten die Krieger die altehrwürdige Stadt am Tiber, zerstörten öffentliche und private Gebäude und richteten viel Unheil an. Als die Schiffe wieder in Richtung Afrika in See stachen, waren sie voll beladen mit wertvollen Kunstschät-

Die Plünderung Roms durch die Vandalen. Gemälde des russischen Malers Karl Pawlowitsch Brjullow, 19. Jh.

zen. Aber nur blindwütig war die Aktion der Vandalen nicht gewesen. Vielmehr glaubte sich Geiserich dazu berechtigt, ein Strafgericht zu veranstalten. Ein inzwischen ermordeter römischer Kaiser hatte ihm seine Tochter zur Frau versprochen, der neue Kaiser beanspruchte sie für sich. Die Plünderung von Rom sollte zeigen: So konnte man mit einem König der Vandalen nicht umspringen. Hausten die Vandalen mal wie die Vandalen, dann nur deshalb, weil sie dafür einen guten Grund zu haben glaubten.

Über 100 Jahre hatte das Vandalenreich in Nordafrika Bestand. Die Einheimischen arrangierten sich mit den fremden Herrschern. Die Getreideexporte spülten jede Menge Geld in die Kassen. Gegensätze gab es nur bei der Religion. Eigentlich waren alle Christen, doch die Vandalen bekannten sich zum arianischen Glauben, der offiziell als Häresie galt.

Zerstreut in alle Winde

Das Ende trat schnell und überraschend ein. Im fernen Konstantinopel fasste der oströmische Kaiser Justinian den kühnen Plan, das alte Römerreich unter seiner Führung wiederherzustellen. Auf dem Programm stand demzufolge auch die Rückeroberung der Kornkammer Afrika. Sie erfolgte in den Jahren 533 und 534 durch den kaiserlichen Feldherrn Belisar in einer kombinierten Flotten- und Landaktion. Mehrere Zehntausende Soldaten waren beteiligt. Der letzte Vandalenkönig Gelimer kämpfte verzweifelt. Als er merkte, dass alles verloren war, verlangte er ein Brot, um seinen Hunger zu stillen, einen Schwamm, um seine Tränen zu trocknen, und eine Leier, um sein Unglück zu besingen. Nachdem er das getan hatte, wurde er mit seiner Familie auf Anweisung Justinians ins Exil geschickt. Die besten Krieger wurden in die oströmische Armee eingegliedert, alle anderen suchten sich eine neue Heimat. Bald waren die Vandalen in alle Winde zerstreut.

Der letzte Vandalenkönig Gelimer, auf einer im 6. Jh. geprägten 50-Denar-Münze

Den Siegern hinterließen die Vandalen in Nordafrika ein wohlgeordnetes Reich. Doch hatte Byzanz große Schwierigkeiten mit einheimischen Völkerschaften, die das Ende der Vandalen-Herrschaft zu Aufständen nutzten. Es zeigte sich, dass es deutlich schwieriger war, Nordafrika von Konstantinopel als von Karthago aus zu regieren. Immerhin konnten sich die Besieger der Vandalen über hundert Jahre an der Macht halten, und sie profitierten, wie zuvor die Römer und die Vandalen, von den riesigen Einkünften, die sie aus dem Getreidehandel erzielten. Danach waren es die Araber, die im Zuge ihrer großen Expansion das gesamte nördliche Afrika und damit auch das ehemalige Reich der Vandalen in Besitz nahmen. Mit ihnen hatte die altehrwürdige Metropole Karthago, der auch die Vandalen ihren Stempel aufgedrückt hatten, endgültig ausgedient.

Attila und das Hunnenreich

„Schrecken der Welt“

100 Jahre lang verbreiteten die Hunnen in Europa Angst und Schrecken. Keiner schien die Nomaden aus den Steppen Asiens aufhalten zu können. Doch ausgerechnet der Berühmteste aller Hunnen zeigte unerwartete Schwächen – mit fatalen Folgen.

Als die Diener am Morgen arglos die Tür zum Schlafzimmer öffneten, ahnten sie nichts von der Tragödie, die sich in der Nacht zugetragen hatte. Attila, der König der Hunnen, lag scheinbar friedlich schlafend in seinem Bett. Daneben Idilco, die Frau, die er gerade geheiratet hatte, in Tränen aufgelöst. Die sofort herbeigerufenen Ärzte konnten nur noch den Tod feststellen. Bei der Hochzeitsfeier hatte Attila bis tief in die Nacht gezecht. Der König hatte, so diagnostizierten die Mediziner, einen Blutsturz erlitten, der zum Tod durch Ersticken führte.

Auf großer Tour

So endete das Leben von Attila, dessen Name überall Angst und Schrecken verbreitet hatte. Die Hunnen waren in ganz Europa gefürchtet. Schon Jahrzehnte, bevor Attila König geworden war, hatten sie die Grenzen des Römischen Reiches überschritten. Ursprünglich lebten sie als Nomaden in den Steppen Zentralasiens, danach in der Gegend zwischen Wolga und Don. Dann zog es sie weiter Richtung Westen. Der Grund für die Massenmigration ist unklar. Früher glaubte man an eine Reaktion auf die Bedrohung vonseiten chinesischer Völkerschaften. Moderne Forscher, die das Ohr am Puls der Zeit haben, halten einen gravierenden Klimawandel und damit verbundene Hungersnöte für möglich. Jedenfalls lockte sie der Westen in der Hoffnung auf bessere Lebensbedingungen, aber auch auf Beute und Reichtümer. Als sie 375 am Horizont der Römer auftauchten, notierte ein erschreckter römischer Chronist: „Dieses kampfestüchtige Volk brennt vor entsetzlicher Gier nach Kriegsbeute.“ Wer sich ihnen entgegenstellte, hatte keine Chance: Die hunnischen Reiter waren damals die anerkannt besten Kämpfer. In den weiten Steppen Asiens hatten sie das Kriegshandwerk perfektioniert. Zudem waren sie sehr lernfähig und daher in der Lage, ihre Kampfestaktik neuen Verhältnissen anzupassen.

Um 400 erreichten die Hunnen die untere Donau und standen vor den Toren des römischen Imperiums. Zu diesem Zeitpunkt hatte Rom seine beste Zeit bereits hinter sich. Gerade war das Reich geteilt worden. Ein Kaiser herrschte nun in Konstantinopel über die östliche Hälfte, ein anderer in Ravenna über den Westen. Die Hunnen nahmen mit beiden Kaisern Verbindung auf. Sie forderten von ihnen hohe Tribute und boten als Gegenleistung den Verzicht auf kriegerische Handlungen. In realistischer Einschätzung der Situation gaben die Herrscher nach. Die Hunnen bauten sich mit dem römischen Geld eine Machtbasis in der ungarischen Tiefebene auf, östlich der Theiss.

Lukrative Verträge

Attila kam 434 an die Macht. Elf Jahre regierte er zusammen mit seinem Bruder Bleda. Nach dessen Tod, bei dem, wie die Gerüchteküche wissen wollte, Attila seine Finger im Spiel hatte, war er alleiniger König der Hunnen. Solange aus Ravenna und Konstantinopel Geld floss, zügelte der umtriebige Herrscher seine expansiven Gelüste. Er schloss mit dem oströmischen Kaiser Theodosius II. einen Vertrag, der den Hunnen Gebiete entlang der Donau zusicherte. Außerdem erklärte sich

Eine Hunnen-Rezeption der speziellen Art im deutschen Kaiserreich

Kaiser Wilhelm II. hielt 1900 bei der Verabschiedung eines deutschen Expeditionskorps auf dem Weg nach China zur Bekämpfung des Boxer-Aufstandes seine berühmte Hunnenrede:

„Kommt ihr vor den Feind, so wird derselbe geschlagen. Pardon wird nicht gegeben. Gefangene werden nicht gemacht. Wer euch in die Hände fällt, sei euch verfallen. Wie vor 1000 Jahren die Hunnen unter ihrem König Etzel sich einen Namen gemacht, der sie noch jetzt in Überlieferung und Märchen gewaltig erscheinen lässt, so möge der Name Deutscher in China auf 1000 Jahre durch euch in einer Weise bestätigt werden, dass es niemals wieder ein Chinese wagt, einen Deutschen scheel anzusehen!“

König Attila lebte in den deutschen Heldenepen, dem Nibelungenlied und der Dietrichsepik, als König Etzel weiter. Das Gemälde des österreichischen Malers Albin Egger-Lienz von ca. 1910 zeigt den Einzug Etzels in Wien.

Zeitgenössische Bilder von Attila existieren nicht. Hier eine Abbildung aus dem 16. Jh. in einem Buch zur Militärgeschichte des italienischen Historikers Paolo Giovio. Die Hörner zeigen, dass Attila selbst zu diesem Zeitpunkt noch dämonisiert wurde – hatte er doch schon zu Lebzeiten vor allem in kirchlichen Kreisen als „Geißel der Menschheit“ gegolten.

Konstantinopel bereit, einen einmaligen Betrag von 6000 Pfund Gold und jährlich weitere 2100 Pfund Gold zu zahlen. Doch dann erklärte der oströmische Kaiser nach einem Blick in die leeren Staatskassen, dass er nicht mehr in der Lage sei, die Wünsche der Hunnen zu erfüllen. Und auch aus Ravenna kamen Signale, dass es mit der großzügigen Unterstützung bald vorbei sein werde. Attila reagierte ungehalten und stieß wilde Drohungen aus.

Zu Gast bei den Hunnen

Gesandte aus Konstantinopel erschienen 448 im ungarischen Hauptquartier der Hunnen und versuchten, die Wogen zu glätten. Priskos, oströmischer Geschichtsschreiber und der Leiter der Delegation, fertigte einen Bericht für seinen Kaiser an. Der Herrscher der Hunnen, notierte er pikiert, lebte in der Residenz eines Steppenfürsten. Der Palast war aus Holz gebaut, mit Palisaden und Wachtürmen versehen. Etwas entfernt davon lagen die Holzhäuser des Adels. Nur ein einziges Haus bestand aus Stein – ein Bad, das von römischen Gefangenen gebaut worden war. Wenigstens wurde, wie Priskos vermerkt, beim abendlichen Bankett alles aufgefahren, was das verwöhnte Herz eines kaiserlichen Diplomaten begehrte.

Überraschende Niederlage

Die Verhandlungen waren nicht von Erfolg gekrönt. Ostrom blieb dabei: keine weiteren Zahlungen an die Hunnen. Daraufhin beschloss Attila, den Römern eine Lektion zu erteilen. 451 mobilisierte er eine riesige Reitertruppe. In den Quellen ist von 500 000 Kämpfern die Rede. Die Zahl ist übertrieben, aber die Streitmacht, rekrutiert aus Hunnen und von ihnen abhängigen Hilfstruppen, war so gewaltig, dass Zeitgenossen vom „Schrecken der Welt“ sprachen. Umso größer war die Überraschung, als die Hunnen in der Schlacht auf den Katalaunischen Feldern, im Nordosten Frankreichs, gegen die Römer und die mit ihnen verbündeten Westgoten eine deutliche Niederlage erlitten.

Die Schlacht tobte zwei Tage lang. In die Kriegsgeschichte ist sie als eine der heftigsten Auseinandersetzungen, die es je gegeben hat, eingegangen. Der gotische Historiker Jordanes, der einiges gewöhnt war, spricht von einem „fürchterlichen, ausgedehnten, maßlosen und erbitterten Ringen“ und meint: „Wir kennen keinen Kampf, den wir auch nur entfernt mit diesem gleichstellen können.“

Niederlagen waren im Repertoire der Hunnen nicht vorgesehen. Und Attila musste dafür sorgen, dass sein ramponierter Ruf als genialer Feldherr wiederhergestellt wurde. Daher dirigierte er seine Truppen nach Italien. Verona, Aquileia und Mailand wurden geplündert, dann zogen sich die Hunnen wieder nach Ungarn zurück. Die christliche Legende will wissen, dass Papst Leo Attila zur Umkehr bewogen habe. Bei Mantua habe sich der mutige Kirchenfürst dem „Schrecken der Welt" in den Weg gestellt. Die Glaubwürdigkeit dieser Geschichte ist gering. Sie diente dazu, dem um Anerkennung ringenden römischen Pontifex Autorität und Respekt zu verleihen.

Attilas Tatendrang war noch immer nicht gebremst. 453 plante er einen Feldzug Richtung Konstantinopel. Vorher aber wollte er noch seine Auserwählte Idilco, eine Gotin, heiraten. Sein Tod in der Hochzeitsnacht machte alle Pläne der Hunnen zunichte. Bald nach seinem Ende zerfiel das hunnische Reich. Es hatte, wie es sich zeigte, seine Stärke vor allem dem charismatischen Attila zu verdanken gehabt.

Die Herrschaft übernahm Attilas Sohn Ellak, der jedoch weder über das politische Geschick noch über die Autorität seines Vaters verfügte. So kam es bei den Hunnen schnell zu ersten Auflösungserscheinungen. Sie verschärften sich noch, als Ellak im Kampf gegen rivalisierende Germanen ums Leben kam. Die Reste der Hunnen zogen sich Richtung Ostrom zurück. Bald waren sie keine politische Einheit mehr. Die verbliebenen Teilstämme gingen in anderen Völkern Asiens auf. Was blieb, war die Erinnerung an eine Zeit, in der die Hunnen Europa in Atem gehalten hatten.

Die Hunnen aus römischer Sicht

Der römische Historiker Ammianus Marcellinus, ein wichtiger Chronist der Völkerwanderungszeit und Hunneneinfälle, beschreibt die Hunnen als furchteinflößende Barbaren:

„Sie besitzen alle gedrungene und starke Gliedmaßen sowie einen dicken Nacken, sind aber von seltsamer Gestalt und so verkrümmt, dass man sie für zweibeinige Ungeheuer oder für plump zubehauene Menschenklötze halten könnte. Sie durchziehen unstet Berge und Wälder, von klein auf daran gewöhnt, Frost, Hunger und Durst zu ertragen. Ihre Kleidung besteht aus Leinen oder aus zusammengenähten Fellen von Waldmäusen, und sie besitzen kein anderes Kleidungsstück für drinnen und draußen."

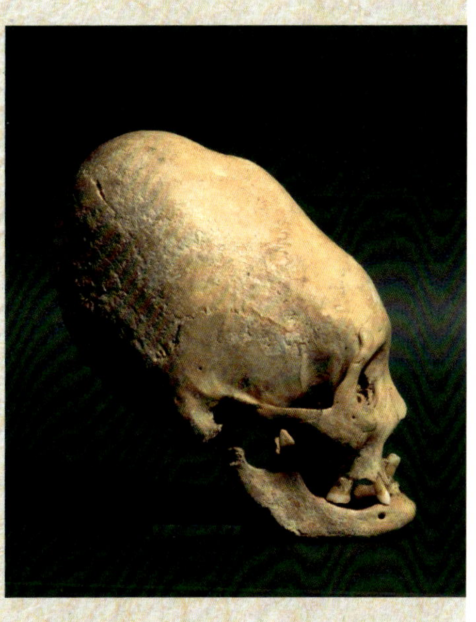

Zum furchterregenden Erscheinungsbild der Hunnen trug auch ihre Sitte der Schädeldeformation bei: Säuglingen wurde durch Bandagen der noch weiche Schädel in eine unnatürlich hohe Form gebracht. Die Schädeldeformation kam auch bei den germanischen Stämmen nach den Hunneneinfällen kurzzeitig in Mode. Das Foto zeigt den Schädel einer Adligen aus dem 5. Jh.

Mittelalter

Von wegen „finsteres Mittelalter“!

Das Mittelalter bezeichnet man häufig als „finster“, weil es angeblich so rückschrittlich gewesen ist. In manchen Bereichen mag das stimmen. Nicht aber, was die Gründung mächtiger Reiche betrifft. Byzanz setzte noch gut tausend Jahre lang die Tradition des römischen Imperiums fort.

Im Westen eiferte Karl der Große den römischen Kaisern nach und wurde, ohne es zu wissen, zum Architekten des modernen Europas. Die Araber schufen einen Herrschaftsbereich, der sich in ihrer besten Zeit von Bagdad im heutigen Irak bis nach Cordoba in Spanien erstreckte. Kühne Wikinger durchkreuzten die Fluten der Nordmeere und kamen bis nach Amerika. Die Mongolen versetzten die Welt in Angst und Schrecken, stellten aber auch beachtliche organisatorische Fähigkeiten unter Beweis.

Eine Dynastie schwäbischer Herkunft errang die Herrschaft über Süditalien und Sizilien und sicherte die Macht durch eine ausgefeilte Bürokratie. Die Republik Venedig scheffelte enorme Reichtümer durch umfangreichen Handel im gesamten Mittelmeerraum. Und im Windschatten der ganz großen Geschichte avancierte in Albanien eine schillernde Persönlichkeit zum absoluten Volkshelden. Aber auch im Mittelalter machte man die Erfahrung: Kein Reich währt ewig.

Byzanz
Weltreich am Bosporus

1123 Jahre und 18 Tage – so lange existierte das Reich von Byzanz. Am Anfang stand die glanzvolle Einweihung einer neuen Hauptstadt, am Ende deren Eroberung durch eine fremde Macht. In der Zwischenzeit mischte man auf der Bühne der großen Politik kräftig mit.

Es war der Morgen des 29. Mai 1453, halb neun Uhr Ortszeit, als sich der Vorhang zum letzten Akt der langen Geschichte von Byzanz hob. Mit lautem Gebrüll stürmten die Janitscharen die scheinbar uneinnehmbare Festung Konstantinopel. Wochenlang hatten die Soldaten Mehmeds II. die Stadt von der See und vom Land her belagert. Dann fand die Elitetruppe des türkischen Sultans die entscheidende Lücke in einem der Stadttore.

Viel Zeit und Lust hatten die Bewohner von Konstantinopel in dieser verzweifelten Situation nicht, um tiefschürfende Gedanken über den Lauf der Welt und die Vergänglichkeit des Ruhmes anzustellen. Dabei hätte die turbulente Geschichte von Byzanz allen Anlass dazu geboten. Denn 1123 Jahre zuvor war die Stadt in einer feierlichen Zeremonie eingeweiht worden. Einst hatten Griechen hier eine Siedlung namens Byzantion angelegt und dabei einen hervorragenden Spürsinn für die Gunst der Geografie bewiesen. Die Stadt lag am Bosporus, der Meerenge, die das Mittelmeer mit dem Schwarzen Meer verbindet, an der Schnittstelle zwischen Europa und Asien, wo sich die wichtigsten Ost-West-Handelsrouten kreuzten.

Rom am Bosporus

Diese einzigartigen Vorteile hatte auch der römische Kaiser Konstantin bemerkt, als er, auf der Suche nach einer neuen Hauptstadt im Osten des Reiches, auf die lebendige Hafenstadt Byzantion gestoßen war. Große Bauprojekte nahmen schon damals mehr Zeit in Anspruch als geplant. Es dauerte einige Jahre, bis die künftige Residenz des Kaisers so aussah, wie er es sich

Die Stadtmauer von Konstantinopel galt als unüberwindbar. Der Grundstein der Festungsmauer wurde von Kaiser Theodosius II. Anfang des 5. Jh. gelegt.

Warum Konstantinopel unterging

Das schrieb der byzantinische Chronist Georgios Sphrantzes über die Gründe für den Untergang von Konstantinopel:

„Ich aber will sagen, wie mir scheint, dass die Sache in Wahrheit gewesen ist: Es war eine Prüfung von Gott, die seit Langem verhängt war, dass das Reich der Römer das Äußerste an Unglück erleiden sollte. So wirkten, durch den geheimnisvollen Ratschluss der Vorsehung, alle möglichen Heimsuchungen, Leiden und Übel zusammen, und alles, was gut und hilfreich und nützlich gewesen wäre, wurde nach göttlichem Ratschluss gehemmt und gehindert."

wünschte. Die Stadt sollte ein vom Tiber an den Bosporus verlegtes Rom werden. Das Ergebnis konnte sich sehen lassen: Prächtige Paläste, große Plätze, Thermen, Theater, Zisternen – die neue Residenz erfüllte alle Erwartungen. Der Kaiser bezog ein repräsentatives Domizil in direkter Nachbarschaft zum Hippodrom, der Pferderennbahn, wo tollkühne Wagenlenker um den Sieg stritten. Die festliche Einweihung der Residenzstadt fand am 11. Mai 330 statt. Natürlich brauchte das neue Rom auch einen neuen Namen. Konstantin, für den Bescheidenheit ein Fremdwort war, entschied sich für den Namen „Konstantinopolis" – die Konstantins-Stadt.

In der Folgezeit entwickelte sich die Stadt zu einer der großen Metropolen der antiken Welt. Nur Rom und Alexandria hatten eine vergleichbar hohe, an die Million reichende Einwohnerzahl. In Konstantinopel lebten Griechen, Syrer, Ägypter, Juden, Armenier, Perser und Römer – die Stadt war ein Schmelztiegel der Kulturen. Auch politisch nahm sie einen enormen Aufschwung. Im Jahr 395 wurde das Römische Reich geteilt. Ravenna wurde die Hauptstadt von Westrom, Konstantinopel das Zentrum von Ostrom. Als 476 der letzte weströmische Kaiser Romulus Augustulus abgesetzt wurde, gab es nur noch einen, nämlich den oströmischen Kaiser. Während im Westen das Mittelalter begann, ging im Osten noch längere Zeit die Antike weiter. Der übriggebliebene Kaiser regierte über alle Gebiete, die bei der Teilung von 395 an Konstantinopel gefallen waren – sie reichten vom Balkan bis nach Ägypten und Syrien. Im Gegensatz zum Westen war der Osten stark griechisch geprägt. Das machte sich auch in der Amtssprache bemerkbar: Am Hof in Konstantinopel sprach man nicht Latein, sondern griechisch.

Mächtiges Reich

Nach 476 setzte Ostrom die Tradition des Römischen Reiches fort. Doch kann man überhaupt noch von „Ostrom" sprechen, wenn es gar kein „Westrom" mehr gab? So fragten sich die Gelehrten des 19. Jh. und kamen zu dem Schluss, für die Zeit nach 476 bis zum Untergang 1453 von „Byzanz" zu sprechen. Damit kam der alte Name der Stadt wieder zu Ehren.

Byzanz war ein mächtiges Reich, das die römische Erbmasse erfolgreich verwaltete. Im 6. Jh. unternahm der ehrgeizige Kaiser Justinian sogar den Versuch, den verlorenen Westen zurückzuerobern. Anfangs mit Erfolg. Seine Feldherrn Belisar und Narses eilten von Sieg zu Sieg, gewannen Afrika, Teile Spaniens und Italien. In Konstantinopel träumte Justinian von einer Rolle als christlicher Universalherrscher. Doch die Träume zerplatzten wie Seifenblasen. Die meisten Gebiete gingen bald wieder verloren. Den Anspruch, das alte Römische Reich zu vertreten, gab Byzanz aber bis zu jener Stunde nicht auf, als die Janitscharen die Stadt stürmten.

Langsamer Abstieg

Ab dem 7. Jh. ging es mit Byzanz ganz langsam, aber sicher bergab. Die Gründe waren vielfältig. In den kaiserlichen Familien herrschte selten Harmonie; Intrigen und Komplotte waren an der Tagesordnung. Zusätzlich herrschte in den Staatskassen chronische Ebbe, weil die Kosten für Verwaltung, Militär und eine alle Maße sprengende Baupolitik Unsummen verschlangen. Die größten Schwierigkeiten aber bereiteten außenpolitische Ereignisse. Im 7. Jh. begann der Eroberungszug der Araber. Byzanz verlor den gesamten Nahen Osten und das östliche Nordafrika, Gebiete, die nun unter islamischer Herrschaft standen. Etwas später drangen slawische Völkerschaften auf den Balkan vor. Wieder gingen viele Territorien verloren. Das Reich von Byzanz schrumpfte auf Kleinasien mit der Hauptstadt Konstantinopel zusammen. Zwar gab es in der Folgezeit immer wieder Phasen der Erholung, auch militärische Erfolge. Es bestand auch kein Mangel an fähigen Kaisern, die sich ernsthaft bemühten, die Probleme in den Griff

Die Hagia Sophia im heutigen Istanbul ist die bekannteste byzantinische Kirche. Sie wurde von 532 bis 537 erbaut. Zwischenzeitlich wurde sie – und wird sie seit 2020 wieder – als Moschee genutzt.

Kreuzritter auf dem Weg nach Konstantinopel. Buchminiatur um 1330

zu bekommen. Doch der Abstieg war, wie es sich zeigen sollte, unaufhaltsam.

Hinzu kam eine allmähliche Entfremdung zwischen Byzanz und dem Westen. Die Unterschiede machten sich in der Politik, der Sprache, der Kultur, vor allem aber in der Religion bemerkbar. Seit dem Ende des 4. Jh. war das Christentum im Römischen Reich Staatsreligion. Mit der Reichsteilung von 395 zerfiel das Imperium in einen katholischen Westen und einen orthodoxen Osten. Als Westrom verschwunden war, erhoben der Kaiser in Konstantinopel und sein oberster Kirchenführer, der Patriarch, den Anspruch auf die Führung in der gesamten Kirche. Die Päpste und Herrscher des Westens sahen das naturgemäß anders. Und so schwelte der Machtkampf lange vor sich hin, bis es 1054 zum Eklat kam. Da platzte eine vom Papst entsandte Delegation aus Rom mitten in den Gottesdienst in der Hauptkirche Hagia Sophia und schleuderte eine Bannbulle auf den Altar. Der Inhalt war brisant: Der Papst exkommunizierte seinen Amtskollegen, den Patriarchen. Dieser revanchierte sich umgehend, indem er seinerseits den Papst aus der Kirche ausschloss. Damit war das Tischtuch zwischen Westkirche und Ostkirche zerschnitten.

Der Vormarsch der Türken, der schließlich zum Sturz von Byzanz führte, begann bereits im 11. Jh. Die ersten, die ihre Visitenkarte abgaben, waren die Seldschuken. Diese Stammesgruppe kam aus den Steppen Asiens und nannte sich nach einem gewissen „Seldschuk“, der von ihnen als Ahnherr verehrt wurde. Als Vasallen persischer Fürsten nahmen sie den islamischen Glauben an, expandierten nach Westen und besiegten 1071 bei Manzikert in Ostanatolien eine Armee des byzantinischen Kaisers. Bald befand sich der gesamte Vordere Orient unter ihrer Kontrolle.

Die Kreuzritter kommen

Das bedrängte Byzanz rief den Papst und die weltlichen Fürsten des Westens zu Hilfe. Ergebnis waren die Kreuzzüge, die zur Gründung christlicher Kreuzfahrerstaaten im Nahen Osten führten. Fatal war für Byzanz der Vierte Kreuzzug, bei dem die reiche Handelsrepublik Venedig Regie führte. Statt ins Heilige Land dirigierten die Venezianer die Kreuzfahrer im Jahre 1204 nach Konstantinopel, wo sie mehrere Tage lang plünderten, mordeten, zerstörten. Fast sah es so aus, als sei bereits zu diesem Zeitpunkt das Ende des Reiches von Byzanz gekommen. Die kaiserliche Familie ging ins Exil, die Venezianer übernahmen die Macht in Konstantinopel und teilten die byzantinischen Besitzungen unter den Kreuzfahrern auf. 1261 aber gelang es byzantinischen Adligen aus der altehrwürdigen Familie der Palaiologen, die Fremdherrschaft zu beenden und wieder das Ruder zu übernehmen.

Krisen, Kriege, Katastrophen

Jetzt begann die letzte Phase der langen Geschichte des byzantinischen Reiches. Sie war von Krisen, Kriegen und Katastrophen geprägt. Um 1300 tauchten an den Grenzen die Osmanen auf. Wie zuvor die Seldschuken waren sie, als Teil der großen Familie der Turkvölker, ursprünglich aus dem Innern Asiens gekommen. Osman mit dem Beinamen „Gazi" („der Krieger") gründete die nach ihm benannte islamische Dynastie der Osmanen. Dieser ehrgeizige Sultan schickte seine kampferprobten Krieger in viele Schlachten. Seine Nachfolger behielten die offensive Linie bei. Um 1400 kontrollierten sie weite Gebiete in Kleinasien und auf dem Balkan.

Erstes Rom – zweites Rom – drittes Rom

„Neues Rom" – so nannte Konstantin der Große seine Residenz am Bosporus. Das alte Rom am Tiber blieb auch für den innovativen Kaiser Maß aller Dinge. Als Westrom von der politischen Bildfläche verschwand, trat Ostrom-Byzanz die Erbschaft des Römischen Reiches an und reklamierte für sich den Anspruch, das „Zweite Rom" zu sein. Nach dem Untergang von Byzanz war Moskau an der Reihe. Die Fürsten und Zaren – ein Herrschertitel, vom römischen „Caesar" abgeleitet – sahen sich als die Erben von Byzanz und verliehen ihrer Hauptstadt den Ehrentitel „Drittes Rom", dies natürlich in der festen Erwartung, dass es ein viertes Rom nicht mehr geben werde. Um diesen Anspruch zu unterstreichen, holten sie griechische Architekten ins Land, die Paläste und Kirchen in byzantinischem Stil bauten. Am Hof wurde das komplizierte Zeremoniell der byzantinischen Kaiser eingeführt. Geistiger Vater der Idee des „Dritten Roms" war der russische Mönch Filofej von Pskow. Gut 60 Jahre nach dem Fall von Konstantinopel verkündete er, der Herrscher in Moskau sei der einzige Zar über die Christen. Die Rom-Vorgänger seien der Ketzerei anheimgefallen. Zweimal sei Rom gefallen, das dritte aber stehe – unverbrüchlich und für immer. Dahinter stand die Vorstellung von Moskau als letztem Hort der wahren Christenheit.

Die im byzantinisch-romanischen Stil zwischen 1475 und 1479 erbaute Mariä-Entschlafens-Kathedrale in Moskau, Krönungskirche der russischen Zaren

Für Byzanz wurde die Lage zunehmend kritischer. Allen war klar, dass die Osmanen nicht auf die Eroberung von Konstantinopel verzichten würden. Vergeblich baten die Kaiser im Westen um Hilfe. Die dortigen Herrscher hatten sich längst mit den neuen Verhältnissen arrangiert, wünschten den Gesandten viel Glück und setzten ansonsten auf die Karte der Osmanen. Venedig, immer mit dem Ohr am Puls der Zeit, begann mit den Türken Geheimverhandlungen über die Verteilung der Märkte des Ostens nach dem erwarteten Fall von Konstantinopel.

Kaiser auf Betteltour

Byzanz gab nicht auf. Kaiser Manuel II. startete 1399 eine dreijährige Europareise, die ihn nach Italien, England und Frankreich führte. Unermüdlich warb er um Unterstützung im Abwehrkampf gegen die Türken. Doch auch seine Mission war nicht von Erfolg gekrönt. Die Ansprechpartner machten deutlich, dass sie keine großen Sympathien für Byzanz hegten. Man hatte nicht vergessen, wie stolz, ja überheblich sich die Sachwalter des alten Römischen Reiches immer aufgeführt hatten, als es ihnen noch gut ging. Auch die Kirchentrennung wirkte sich nicht gerade positiv auf die Hilfsbereitschaft des Westens aus. In ihrer Bedrängnis gingen die Kaiser so weit, dem Westen eine Union zwischen der römisch-katholischen und der griechisch-orthodoxen Kirche anzubieten. 1439 wurde in Florenz sogar eine entsprechende Vereinbarung unterzeichnet.

Dann aber überstürzten sich die Ereignisse. 1448 trat Konstantin XI. das Amt des Kaisers an, nicht ahnend, dass er als letzter Kaiser von Byzanz in die Geschichte eingehen würde. Drei Jahre später wurde

Die Festung von Konstantinopel mit der Kette vor dem Goldenen Horn. Zeichnung von Oya A. Sirinöz nach einem byzantinischen Original

der junge Mehmed II. Sultan der Osmanen. Die Stadt Konstantinopel war zu diesem Zeitpunkt nur noch eine Insel inmitten osmanischer Gebiete. Und Mehmed machte Ernst. Der Auftrag an seine Truppen lautete unmissverständlich: Eroberung von Konstantinopel! Ein letzter verzweifelter Hilferuf Konstantins in Richtung Westen verhallte ungehört.

Mehmed machte mobil, besetzte strategisch wichtige Punkte im Bosporus. Im April 1453 zogen die Türken den Belagerungsring enger. Der Sultan hatte 80 000 Mann zur Verfügung, deutlich mehr als die Verteidiger, deren Zahl sich gerade einmal auf 7000 waffenfähige Männer belief. Die Bewohner von Konstantinopel setzten ihre ganze Hoffnung auf die starken Befestigungsmauern, an der sich schon so viele Angreifer die Zähne ausgebissen hatten. Eine Schwachstelle in der Verteidigung war das Goldene Horn. Dieser Nebenarm des Bosporus führte direkt in die Stadt. Das wusste auch der Sultan, und so setzte er seine Flotte in Richtung Goldenes Horn in Marsch. Doch die Belagerten waren vorbereitet. Sie hatten eine eiserne Kette von Ufer zu Ufer gespannt und damit die Zufahrt ins Goldene Horn versperrt. Der Sultan, auf dem Wege, sich den Ehrennamen „Fatih“ („der Eroberer“) zu verdienen, wusste einen Ausweg: Er ließ die Schiffe kurzerhand über Land schleifen.

Wie der Sultan sein Heer anfeuerte

Aus der Ansprache des Sultans Mehmed II. an sein Heer vor der Eroberung von Konstantinopel:

„Wenn auch einige von euch umkommen, wie es im Krieg zu geschehen pflegt, und so, wie es für sie vom Schicksal bestimmt ist, wisst ihr doch wohl aus unserem Koran, was der Prophet sagt: dass einer, der in einem solchen Augenblick fällt, leiblich ins Paradies versetzt wird und mit Mohammed schmausen und trinken wird, und mit jungen Männern und schönen Frauen und Mädchen auf einem grünen, von Blumen duftenden Rasen ausruht und in herrlichen Bädern badet.“

Einzug der Türken

Am 29. Mai 1453 fiel Konstantinopel, nach einer Belagerung von 54 Tagen. Kaiser Konstantin XI., der denselben Namen trug wie der Gründer der Stadt, soll dabei ums Leben gekommen sein. Sein Leichnam wurde jedoch nie gefunden. Die Türken zogen als Sieger in die Stadt ein. Was nun folgte, war ein furchtbares Plündern und Morden – jedenfalls, wenn man den Berichten der byzantinischen Chronisten Glauben schenken will. Sie übertreffen sich in der Beschreibung von Gräueltaten, verübt von entfesselten, marodierenden Haufen. Kein Zweifel: Die Türken machten von dem Gebrauch, was sie für das Recht des Eroberers hielten. Die Berichterstatter wiederum zogen alle Register, um das Chaos und die Leiden möglichst schlimm erscheinen zu lassen – mit einem anklagenden Blick Richtung Westen, der jede Hilfe verweigert und dies alles zugelassen hatte.

Sultan Mehmed II. steuerte als Erstes die Hagia Sophia an. Dort angekommen, sei er am Tor vom Pferd gestiegen und habe seine Hand mit Sand gefüllt, die er über seinen Turban gestreut habe. So erwies er der Hauptkirche der christlichen Orthodoxie seine Reverenz. Kurz danach wurde die Hagia Sophia in eine Moschee umgewandelt. Aus Konstantinopel wurde die neue türkische Metropole Istanbul.

Omaijaden und Abbasiden

Im Namen Allahs

Nach dem Tod Mohammeds begann der Siegeszug des Islam. Die Muslime verließen die Arabische Halbinsel und eroberten innerhalb von wenigen Jahrzehnten ein Reich, das sich von Indien bis nach Spanien erstreckte. Nach heftigen Turbulenzen sorgten zwei Dynastien für Stabilität – aber auch für neue Probleme.

Datum: 24. Januar 661.
Tatort: Der Eingang der Großen Moschee von Kufa im heutigen Irak.
Täter: Abd ar-Rahman ibn Muldscham al-Muradi.
Tatwaffe: Ein Schwert.
Opfer: Ali Ibn Abi Talib.

Der Fall sorgte für großes Aufsehen. Das lag zum einen an den Umständen der Tat, zum anderen an der Prominenz des Opfers – denn es handelte sich um keinen Geringeren als um den amtierenden Kalifen. Aber Ali war nicht nur Oberhaupt der Araber und der Muslime. Er war auch der Schwiegersohn des hochverehrten Propheten Mohammed. Er hatte Fatima, die Tochter des Propheten, geheiratet. Sie war früh gestorben, im Jahre 632, kurz nach dem Tod des Vaters. Und nun fand Ali vor der Moschee in Kufa einen gewaltsamen Tod – genau wie sein Vorgänger Othman, der 656 in Medina getötet worden war, als er gerade im Koran las, dem heiligen Buch des Islam.

Der Mord an dem Schwiegersohn des Propheten war der Höhepunkt heftiger Auseinandersetzungen unter den Führern der Araber und ihrer Anhänger. Rivalitäten und Streitigkeiten gehörten schon zu ihrem Alltag, bevor sie nach dem Tod Mohammeds ihren großen Siegeszug antraten. Beduinen und Nomaden konkurrierten um die besten Weideplätze, die reichen Händler von Mekka und Medina stritten um die besten Märkte. Mohammed war es gelungen, die Gegensätze zu schlichten und unter dem Dach der neuen Religion des Islam die Umma, die Gemeinschaft aller Muslime, zu stiften.

Nachfolger gesucht!

Aber nach dem Tod des Propheten flammten die alten Streitigkeiten wieder auf. Viele Araber kehrten zu ihren alten Stammesreligionen zurück. Die Freunde und Verwandten Mohammeds bangten um sein Lebenswerk, fanden aber einen Ausweg: Es musste eine neue Autorität gefunden werden. Und die Energien der streitenden Araber mussten nach außen gelenkt werden. Die erste Erkenntnis führte zur Gründung des Kalifats. „Kalif" heißt im Arabischen sowohl „Stellvertreter" als auch „Nachfolger". Der Kalif sollte der oberste politische und religiöse Führer der Araber sein. Der Erste, der diesen neu geschaffenen Posten bekleidete, war Abu Bakr. Er war alles andere als ein unbeschriebenes Blatt: Seine Tochter Aischa war eine Ehefrau Mohammeds gewesen, und wie der Prophet stammte der Erste aller Kalifen aus dem einflussreichen Stamm der Quraisch.

Vom Indus bis zum Atlas

An die Macht gelangt, startete der Kalif sofort den zweiten Teil des Plans und blies zum Angriff auf die nichtarabische Welt. Zwar starb er bereits 634, doch seine Nachfolger Omar und Othman setzten das

Der Felsendom, eines der wichtigsten muslimischen Heiligtümer und einer der ältesten arabischen Bauten in Jerusalem, wurde zwischen 687 und 691 erbaut – bald nach der arabischen Eroberung Jerusalems.

kühne Eroberungswerk fort. Binnen kürzester Zeit nahmen die Gotteskrieger Asien bis zum Indus und das nördliche Afrika bis zum Atlasgebirge ein. Alle heiligen Stätten der Christen und der Juden, allen voran das 638 eroberte Jerusalem, standen nun unter arabischer Herrschaft. Die Christen, bisher Untertanen des Kaisers von Byzanz, waren gar nicht mal so unglücklich, dass sie jetzt Teil des islamischen Großreiches der Araber waren. Die neuen Herren verlangten nicht automatisch den Übertritt zum Islam. Jeder, der Christ bleiben wollte, durfte dies auch, er musste nur eine Sondersteuer zahlen. Viele aber wechselten freiwillig zur Religion der Araber über. Die neue Lehre mit Gott und seinem Propheten im Mittelpunkt erschien ihnen unkomplizierter zu sein als die schwer durchschaubaren Lehren christlicher Theologen, die sich regelmäßig über das Verhältnis zwischen Gott-Vater, Gott-Sohn und dem Heiligen Geist in die Haare gerieten und die sich fragten, ob Christus nur Gott oder Gott und Mensch gewesen war. So war die Zustimmungsrate zu den neuen Verhältnissen überraschend hoch. Und auch die Maßnahmen zur Sicherung der eroberten Gebiete hatten Hand und Fuß: Die Araber errichteten überall militärische Stützpunkte, setzten Statthalter ein und vergaben Ländereien an verdiente Kämpfer.

Die Omaijaden-Moschee in Damaskus, ursprünglich eine christliche Basilika, wurde von den ersten Kalifen zu einer prächtigen Moschee ausgebaut.

Streit um den Chefposten

Der Tod Alis, des Vierten in der Reihe der Kalifen, stürzte die nach außen hin so erfolgreichen Araber aber in eine tiefe Krise. Schon länger hatten hinter den Kulissen heftige Machtkämpfe zwischen den einzelnen Clans getobt. Auch war es bereits zu kriegerischen Auseinandersetzungen gekommen. Alis gewaltsames Ende brachte das Fass zum Überlaufen. Konkret ging es um die grundsätzliche Frage der Besetzung des Kalifats. Die einen meinten, der Chefposten stehe allen offen, die zum Mohammed-Stamm der Quraisch gehörten. Die anderen hielten dagegen: Nur wer zur engeren Familie Mohammeds gehöre, dürfe Kalif werden. Schließlich, so lautete das Argument, habe der Prophet selbst seinen Schwiegersohn Ali zum Nachfolger bestimmt. Eine Einigung kam nicht zustande, das Tischtuch war zerschnitten. Die Araber zerfielen in zwei große Gruppen, die sich unversöhnlich gegenüberstanden: die Sunniten, die für die erste, und die Schiiten, die für die zweite Lösung eintraten.

In dieser schwierigen Lage nahte ein Retter. Der Name des neuen starken Mannes lautete Muawija. Er gehörte zur Prominenz des Quraisch-Stammes und hatte sich bei den großen Eroberungszügen als tapferer Kämpfer und umsichtiger Organisator bewährt. Als Statthalter von Syrien bekleidete er einen der wichtigsten Posten in der Administration des Reiches. Und er war überaus ehrgeizig: Alis Wahl zum Kalifen verweigerte er auch deswegen die Zustimmung, weil er den Posten gerne selber haben wollte. Nach dessen Tod entledigte er sich weiterer Konkurrenten und ließ sich anschließend von den Obersten der Quraisch zum Kalifen wählen. Dass er von Alis Anhängern, den Schiiten, nicht akzeptiert wurde, hatte er erwartet und konnte es daher verschmerzen.

Von Medina nach Damaskus

Muawija war am Ziel seiner Wünsche und das Kalifat an einem Wendepunkt. Denn nun gab es keine ständig wechselnden Konstellationen bei der Besetzung der Spitzenposition mehr. Stattdessen setzte sich das dynastische Prinzip durch. Nach der Devise „Alles bleibt im engsten Familienkreis“ folgte auf einen Kalifen dessen Sohn. Die von Muawija gegründete Dynastie erhielt nach einem hochgeschätzten Ahnherrn der Familie namens Umaya die Bezeichnung Omaijaden. Eine der ersten Maßnahmen des Kalifen Muawija war der Umzug des Hofes von Medina nach Damaskus. Die Arabische Halbinsel war dem Herrscher zu eng geworden, es zog ihn in die lebendige syrische Metropole, die er zu einer prächtigen Residenzstadt ausbaute. Seine Nachfolger setzten die expansive Politik der ersten Kalifen fort. Den Höhepunkt ihrer Macht erreichten die Omaijaden unter Kalif Walid, der zwischen 705 und 715 regierte und seine Truppen bis an den Indus schickte.

Von Damaskus nach Bagdad

Wenn es nach den Omaijaden gegangen wäre, hätten sie ewig weitergeherrscht. Doch 750 wurden sie von einer anderen Dynastie, den Abbasiden, abgelöst. Ursache waren wieder einmal Machtkämpfe, die zu Bürgerkrieg und Gewaltexzessen geführt hatten. Namenspatron der neuen Kalifen-Generation war Abbas, ein Onkel

Mohammeds. Mit diesem Gütesiegel versehen, gingen die neuen Machthaber gleich an die Arbeit. Eine der ersten Taten war ein weiterer Umzug: Von Damaskus ging es nach Bagdad. Für die heutige Hauptstadt des Irak wurde 762 in einer beschaulichen Dattelpalmoase am Tigris der erste Spatenstich gesetzt. Madinat as-salam, „Stadt des Friedens", lautete der Name, den ihr die Abbasiden gaben. „An dieser Stelle", so soll der Gründer von Bagdad nach einem Bericht des arabischen Historikers At-Tabari ausgerufen haben, „werde ich die Stadt bauen. Auf dem Euphrat, dem Tigris und einem Netz von Kanälen kann alles hierher gebracht werden. Nur ein solcher Ort wird das Heer und die Bevölkerung ernähren können." Und an die Handwerker und Arbeiter gewandt, fügte er hinzu: „Baut, und Gott segne euch!" Der Appell des Kalifen zeigte Wirkung: Es dauerte nicht lange, und die neue Stadt war bezugsfertig.

Der Umzug von Damaskus nach Bagdad war kein Zufall, sondern Programm: Die Abbasiden blickten mehr nach Osten, nach Persien und Indien. Die arabischen Statthalter im Westen gingen zunehmend eigene Wege, in Spanien bildete sich in Cordoba ein eigenständiges Emirat. So konzentrierten sich die Kalifen auf die Völker und Kulturen des Orients. Auch sonst war bei den Abbasiden vieles anders als bei den Omaijaden. Der Machtapparat wurde einer gründlichen Revision unterzogen. Neuer Chef der Verwaltung war der Wesir. Dazu kamen Minister, Diwane genannt, die für verschiedene Ressorts zuständig waren. Überall im Reich waren perfekt getarnte Agenten unterwegs, mit dem Auftrag, Verschwörungen aufzudecken und unverzüglich zu melden. Der Kalif selbst hüllte sich in eine Aura der Unnahbarkeit. Zur Abschreckung möglicher Attentäter zeigte er sich in der Öffentlichkeit immer

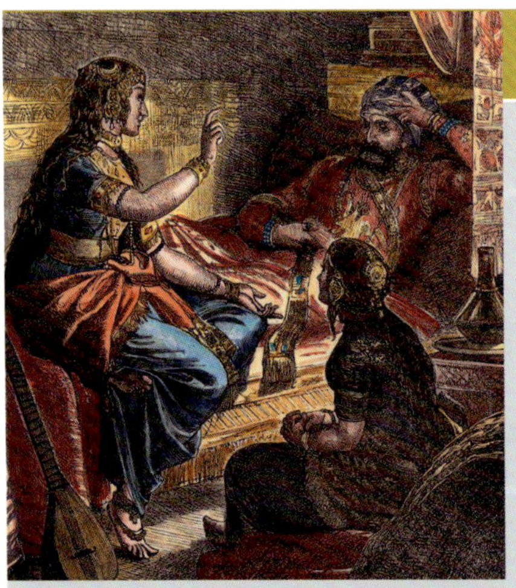

Scheherezade erzählt dem Sultan die erste Geschichte. Illustration der Gebrüder Dalziel, 19. Jh. Die Märchen aus 1001 Nacht gehören bis heute zu den Klassikern der Weltliteratur.

1001 Nacht

Der berühmteste Kalif der Abbasiden war Harun ar-Rachid, der von 786 bis 809 regierte. Seinen Ruf verdankt er weniger militärischen Erfolgen als seiner Rolle als großzügiger Förderer von Wissenschaften und Künsten. Nicht umsonst spielt er in den Märchen von 1001 Nacht eine wichtige Rolle. Der Titel bezieht sich auf die Rahmenhandlung, um die sich über 300 einzelne Geschichten gruppieren. Ein König aus Samarkand, der von seiner Gattin mit einem Sklaven betrogen worden war, will sich an den Frauen rächen. Jeden Abend heiratet er eine neue Frau, die er am nächsten Morgen tötet. Überlistet wird er von der klugen Scheherezade, der Tochter des Wesirs. 1001 Nächte erzählt sie ihm in Fortsetzungen so fesselnde Geschichten, dass er ihr am Ende das Leben schenkt.

in Begleitung eines Scharfrichters, der, wenn es der Kalif befahl, seine beruflichen Pflichten sofort und an Ort und Stelle erledigte.

Höhepunkt und Abstieg

Den Höhepunkt erlebte das Abbasiden-Reich unter Harun ar-Rachid, zwischen 786 und 809 prominenter Bewohner des Kalifenpalastes in Bagdad. Danach ging es langsam, aber sicher bergab. Es begann mit innerfamiliären Konflikten und setzte sich mit Aufständen und Bürgerkriegen fort. Die Kalifen demonstrierten Härte, verstärkten die Armee mit Sklaven und Söldnern.

Auch aus den Provinzen des Reiches kamen keine erfreulichen Nachrichten. Immer mehr Statthalter strebten nach Unabhängigkeit, fielen vom Kalifen ab und gründeten eigene Reiche. 868 ging das östliche Afrika verloren, nachdem der türkische Kommandeur Tulun Ägypten für autonom erklärt hatte. Später fiel Ägypten an die Fatimiden, eine Dynastie, die sich nach Fatima, der Tochter des Propheten, benannte. Auch Bagdad war nicht mehr sicher. 945 wurde die Perle am Tigris von den Buyiden eingenommen, einem islamischen Nomadenstamm aus dem Iran.

Gerne hätten die Abbasiden die Fremdherrschaft abgeschüttelt, doch dazu waren sie inzwischen zu schwach. Vielmehr waren es andere Fremde, die Bagdad von den Buyiden befreiten. Das Kommando übernahmen nun die aus Zentralasien stammenden türkischen Seldschuken. Sie hatten in Söldnerdiensten unter persischen Fürsten den Islam angenommen. Nominell behielt der Kalif die Oberhoheit über das arg geschrumpfte Reich. Doch die wahren Herrscher waren die Seldschuken, deren Führer den Titel „Sultan“ erhielten.

Es sollte noch bis 1258 dauern, ehe der Vorhang endgültig fiel. Bei seinem Sturm Richtung Westen eroberte das gefürchtete Steppenvolk der Mongolen Bagdad. Dort saß der bedauernswert machtlose Kalif Al-Mustasim verloren in seinem großen Palast. Er hatte einem mongolischen Gesandten eine Audienz gewähren müssen, der mit einem Pferd in den Thronsaal geritten kam. In den anschließenden Kämpfen kam der letzte Kalif ums Leben.

Eroberung Bagdads durch die Mongolen. Illustration aus einer persischen Handschrift aus dem 14. Jh.

DAS EMIRAT VON CORDOBA

Umkämpftes Spanien

Namensgeber für einen Felsen? Tariq ibn Ziyad wurde diese seltene Ehre zuteil, weil er die arabische Eroberung Spaniens einleitete. Von Andalusien aus herrschten die Mauren über große Teile der Iberischen Halbinsel.

Im Frühjahr 711 überquerten 7000 hochmotivierte Krieger die Meerenge zwischen Afrika und Europa. Sie starteten in Ceuta, heute spanisches Außengebiet in Marokko, und landeten nahe des Felsens Calpe. Angeführt wurden sie von Tariq ibn Ziyad, einem Berber. So nannten die Europäer die einheimische Bevölkerung im nordwestlichen Afrika. Besonders schmeichelhaft war der Name nicht. Abgeleitet war er von dem Wort „Barbar". So bezeichneten die antiken Griechen Menschen, die nicht ihre Sprache sprachen und die von ihnen daher als kulturell rückständig betrachtet wurden.

Tariq ibn Ziyad war es gleichgültig, mit welchen Bezeichnungen die Europäer ihn und seine Kämpfer versahen. Er musste den Auftrag erfüllen, den ihm Musa ibn Nusair erteilt hatte: Diesen arabischen Statthalter lockten die Reichtümer Spaniens. Außerdem witterte er eine gute Gelegenheit, sein ramponiertes Ansehen aufzupolieren. Musa ibn Nusair war beim Kalifen in Damaskus, dem Oberhaupt aller Araber, in Ungnade gefallen, und hatte nur dank der Fürsprache einflussreicher Freunde den Posten im „Mahgreb", wie die Araber den „äußersten Westen" ihres Reiches nannten, erhalten. Nun galt es, Erfolge zu verbuchen, um den Kalifen bei Laune zu halten.

Willkommene Einladung

Da fügte es sich bestens, dass von der europäischen Seite der Meerenge, die Afrika von der Iberischen Halbinsel trennte, ein Hilferuf eintraf. In Spanien herrschten seit dem Ende der Römerzeit die Westgoten. Zwischen König, Fürsten und Adel gab es häufig Streit. So auch im Jahre 711. Die unterlegene Partei wandte sich an den arabischen Statthalter mit der Bitte um Unterstützung. Musa ibn Nusair ließ sich nicht zweimal bitten, nahm die Einladung dankend an und schickte mit Tariq ibn Ziyad seinen besten Mann.

Die Berber waren zuverlässige Verbündete der Araber. Als die muslimischen Gotteskrieger im Zuge der großen arabischen Expansion auch das nordwestliche Afrika in Besitz genommen hatten, waren die einheimischen Berber zum Islam übergetreten. Und sie hatten den Arabern schon viele gute Dienste geleistet, insbesondere auf militärischem Gebiet. So schienen die Berber auch bestens geeignet zu sein, um in die westgotischen Machtkämpfe einzugreifen. Doch Musa dachte noch weiter: Hier bot sich den Arabern die einmalige Gelegenheit, auch auf europäischem Boden Fuß zu fassen. Das Unternehmen verlief erfolgreich. Die Berber nahmen den Felsen Calpe in Besitz und gaben ihm einen arabischen Namen: Djebel al-Tarik, „Berg des Tarik". Später übernahmen die Spanier diese Umbenennung, passten sie ihrer eigenen Sprache an, und aus Djebel al-Tarik wurde: Gibraltar. So erinnert der Name bis heute an die Zeit, als die Araber Spanien eroberten.

Der Felsen von Gibraltar verdankt seinen Namen dem berberischen Feldherrn Tariq ibn Ziyad.

Der Siegeszug der Mauren

Die Einnahme des Felsens war der Startpunkt umfangreicher Eroberungen in Spanien. Schon bald wurde den Westgoten klar, dass ihr Hilferuf keine besonders gute Idee gewesen war. Araber und Berber machten Politik auf eigene Rechnung. Im Juli 711 besiegte Tariq in der Schlacht am Rio Guadalete den letzten Westgotenkönig Roderich. Kurz darauf besetzten die Invasoren Cordoba. Bald beschränkten sich die militärischen Aktionen nicht mehr nur auf Andalusien. Mit dem Fall der westgotischen Residenzstadt Toledo gewannen sie auch die Kontrolle über die Mitte des Landes. Die Erfolgsmeldungen aus Spanien veranlassten den arabischen Auftraggeber Musa, sich persönlich an den Eroberungen zu beteiligen. Im Juni 712 zog er mit einer

Abd ar-Rahman

Er war der erfolgreichste Emir von Cordoba. Abd ar-Rahman beendete die Streitigkeiten der Araber in Spanien, brachte die Militärführer auf eine Linie und sorgte für einen kulturellen und wirtschaftlichen Aufschwung. 756 war er nach dem Sturz der Kalifen-Dynastie der Omaijaden in Damaskus nach Spanien gekommen. Auf seine Initiative geht auch der Bau der weltberühmten Mezquita, der zentralen Moschee von Cordoba, zurück. Nach der Rückeroberung Spaniens durch die Christen wurde in den islamischen Bau ein gotisches Kirchenschiff eingebaut.

Der Bau der berühmten Mezquita in Cordoba geht auf den Emir Abd ar-Rahman zurück.

Armee von 18 000 Mann nach Spanien und eroberte in den folgenden Jahren fast die gesamte Iberische Halbinsel. Nur im äußersten Norden hielten sich als Restposten der Westgotenherrschaft einige christliche Fürstentümer. Das andalusische Cordoba wurde politisches Zentrum der Mauren, wie die fremden Herrscher von der einheimischen Bevölkerung genannt wurden. Hier residierte der Emir als oberster politischer und militärischer Befehlshaber, unbehelligt von den Kalifen im fernen Orient, die mit sich selbst beschäftigt waren und keine Lust hatten, den unternehmungslustigen Statthalter in die Schranken zu weisen.

Auf gute Nachbarschaft!

Die Araber kamen als Eroberer, waren aber um ein gutes Verhältnis zu den Einheimischen bemüht. Um ein Zeichen zu setzen, heiratete ein Sohn Musas die Witwe des letzten Westgotenkönigs. Man verzichtete auf die Konfiszierung von Ländereien, hielt die Steuerlast in erträglichem Rahmen und verlangte von den Christen kein Bekenntnis zum Islam. Gegenüber den Juden ließen sie Toleranz walten, und es gab kein Alkoholverbot. Auch die sprachliche Trennung wurde im Laufe der Zeit überwunden. Aus dem Mix von Latein, Gotisch und Arabisch entwickelte sich die spanische Sprache. Kunst und Architektur verbanden christliche und islamische Stilelemente.

Als nach dem Tod des Kalifen Harun ar-Raschid im Jahre 809 im Orient erbitterte Machtkämpfe ausbrachen, flohen viele Araber nach Spanien. Die meisten von ihnen ließen sich in Andalusien nieder, wo sich der Einfluss der arabischen Kultur am stärksten bemerkbar machte. Die Araber brachten ihre Mode, ihre Dichtungen und nicht zuletzt den Flamenco mit und führten darüber hinaus fortschrittliche Methoden in der Agrartechnik ein.

Der Norden schlägt zurück

Doch schon im 8. Jh. begann die Reconquista, die Rückeroberung der von den Arabern besetzten Gebiete in Spanien. Motor waren die christlichen Königreiche im Norden, die sich zu Bollwerken gegen den Islam erklärten. In dem Bestreben, den Rest Europas darauf aufmerksam zu machen, dass die Könige von Asturien, Kastilien und Navarra die schwere Bürde der Verteidigung des christlichen Abendlandes auf sich zu nehmen bereit waren, gelang ihnen mit der Eröffnung des Jakobsweges ein besonderer Coup. Christliche Pilger sollten auf dem Weg zum Grab des Heiligen Jakobus in Santiago de Compostela ihre Solidarität mit den Verteidigern des Christentums bekunden. Und so marschierten nun, wie von den Regisseuren erwartet, Scharen von Pilgern nicht mehr nur nach Rom oder Jerusalem, sondern auch durch das christliche Nordspanien. Entsprechend groß war die Bestürzung in der christlichen Welt, als 997 die Nachricht kam, die Mauren hätten Santiago gestürmt. Zwar hatten sie die Reliquien des Jakobus nicht angetastet. Aber die Verletzung ihrer heiligen Stätte war für die Fürsten Anlass, ihre Bemühungen um die Vertreibung der Muslime zu forcieren.

Und so nahm die Reconquista in der Folgezeit deutlich an Fahrt auf. 1037 wurde Santiago zurückgewonnen. Im 11. Jh. waren es die Könige Sancho III. von Navarra sowie Ferdinand I. und Alfons VI.

von Kastilien, die sich an die Spitze des Unternehmens Reconquista setzten. Dazu gesellten sich die Fürsten von Leon und Aragon. Nach der Devise „gemeinsam sind wir stark“ schlossen sie sich zusammen und eilten gegen die zerstrittenen und geschwächten Araber von Sieg zu Sieg. 1212 errang die christliche Allianz einen triumphalen Erfolg bei Las Navas de Tolosa. Hier durfte man sich auch der Unterstützung Frankreichs erfreuen, das durch die Beteiligung an der christlichen Rückeroberung Spaniens seinen Anspruch als katholische Führungsmacht unterstreichen wollte.

Dennoch zog sich die Reconquista noch lange hin. Im 13. Jh. gewannen die vereinten Könige Sevilla, Valencia und Murcia, vor allem aber Cordoba, den ehemaligen Amtssitz des Emirs, zurück. Die Araber besaßen nur noch wenige Territorien im Süden des Landes. Aber es sollte noch bis zum Ende des 15. Jh. dauern, bis einer der längsten Untergänge der Geschichte Realität wurde. Im 14. und 15. Jh. war die Reconquista praktisch zum Stillstand gekommen. Andere Themen standen bei den Europäern auf der politischen Agenda weiter oben. Nach Einschätzung der europäischen Mächte stellten die Araber in ihren spanischen Rückzugsgebieten keine Gefahr mehr dar. Auch bei den christlichen Königen herrschte nicht immer Einigkeit über den besten Kurs. Nicht wenige Christen hielten eine vollständige Vertreibung der Araber für überflüssig. Die Unterworfenen, die im Land geblieben waren, zahlten brav ihre Steuern und brachten die Kassen zum Klingeln.

Die Alhambra in Granada, eines der Wahrzeichen Andalusiens

El Cid

Denkmal für El Cid in der spanischen Stadt Burgos

Er genießt in Spanien den Status eines Nationalhelden. El Cid war eine der schillerndsten Figuren in der Zeit der Reconquista. Geboren wurde er am 10. Juli 1099 in Valencia als Rodrigo Diaz de Vivar. Der Ehrenname El Cid, eine Mixtur aus Kastilisch und Arabisch, bedeutet „der Herr“. Seine ersten Sporen als Krieger verdiente er sich in Diensten von König Sancho II. von Kastilien und dessen Bruder Alfons VI. Nach einem Streit wechselte Rodrigo mit seiner schlagkräftigen Söldnertruppe auf die Seite der Mauren, um kurz darauf wieder in das Lager der Christen zurückzukehren. Unsterblichen Ruhm erntete er als Verteidiger der Stadt Valencia, als diese 1099 von den Muslimen angegriffen wurde. Die Stadt war gerettet, doch El Cid wurde von einem Pfeil getroffen und starb in den Armen seiner Frau. Sein Mythos aber lebt bis heute fort, und um seine Person ranken sich unzählige Legenden. Er brachte es sogar zum Hollywood-Filmstar: 1961 war es kein Geringerer als Superstar Charlton Heston, der in die Rolle des El Cid schlüpfte.

Traumhochzeit mit Folgen

Bewegung kam in die Reconquista erst wieder durch eine spektakuläre Hochzeit. 1469 heirateten Isabella von Kastilien und Ferdinand II. von Aragon. Damit waren die beiden mächtigsten christlichen Monarchien auf der Iberischen Halbinsel persönlich und politisch vereint.

1492 war es so weit. Mit Granada fiel die letzte Bastion der Araber in Spanien. In die Stadt im andalusischen Bergland mit der Burg Alhambra als Wahrzeichen hatten sich die Reste der arabischen Armee und die Einwohner der eroberten Städte zurückgezogen, und hier versuchte Boabdil, der letzte maurische Herrscher, tapfer die Stellung zu halten. Ein paar Jahre zuvor war er gegen hohe Auflagen aus spanischer Gefangenschaft freigekommen. Als er sich standhaft weigerte, die geforderten Tribute zu zahlen, begannen Isabellas und Ferdinands Truppen mit der Belagerung der Stadt. Gut 40000 Mann waren auf christlicher Seite im Einsatz. Die Araber leisteten verzweifelt Widerstand, jedoch vergeblich.

Am 2. Januar 1492 zogen Isabella und Ferdinand als Sieger in Granada ein. Auf dem Palast des arabischen Fürsten von Granada wurde die christliche Fahne gehisst. Der letzte arabische Emir Muhammad XII. räumte Stadt und Residenz. Damit war nach 781 Jahren die Herrschaft der Mauren endgültig beendet, und Spanien wurde ein christliches Königreich. Papst Alexander VI. erteilte seinen Segen und schmückte Isabella und Ferdinand, in Anerkennung ihrer Verdienste um die spanische Christenheit, 1496 mit dem Titel „Katholische Könige“.

Das Reich Karls des Grossen

Preisverdächtig?

Unter der fränkischen Dynastie der Karolinger entstand das erste europäische Großreich nach dem Untergang des Römischen Reiches. Sein Architekt war Karl der Große, der zu Weihnachten 800 die Spitze der Karriereleiter erklomm. Die Nachfolger aber sorgten dafür, dass das Reich keinen langen Bestand hatte.

Über sein genaues Geburtsdatum herrscht Unklarheit. Vermutlich kam Karl am 2. April 747 zur Welt. Sein Vater Pippin III. war der Sohn von Karl Martell, der es unter der fränkischen Dynastie der Merowinger zum „Majordomus" gebracht hatte, zum Hausmeier. Damit war er am Hof des Königs der oberste Verwaltungschef. Seinen Beinamen Martell (Hammer) verdankte der Großvater Karls des Großen einer kompromisslosen Politik. Dauerhaften Ruhm, der durch die fränkische Hofpropaganda noch über Gebühr gesteigert wurde, erntete er durch die Abwehr der Araber 732 bei Poitiers. Pippin III. nahm 751 den Königstitel an und ebnete damit der Familie der Karolinger den Weg zur Macht. Nach seinem Tod 768 übernahmen zunächst Karl und sein Bruder Karlmann gemeinsam die Herrschaft. Karlmann starb völlig überraschend drei Jahre später. Damals bewies Karl schon früh, dass er ein Freund schneller Entschlüsse war: Kurzerhand enterbte er Karlmanns Söhne und übernahm die Herrschaft allein.

Große Ziele, große Erfolge

Der neue König ließ von Anfang an keinen Zweifel daran, dass sein großes Ziel die Errichtung eines fränkischen Imperiums war. 773 zog er nach Norditalien, besiegte die dort regierenden Langobarden, setzte König Desiderius ab und nahm im Jahr darauf den Titel eines „Königs der Langobarden"

Karl der Große. Goldbüste aus der Aachener Domschatzkammer, 14. Jh.

an. Weniger erfolgreich verlief ein Feldzug in Spanien, wo ein Ableger der arabisch-islamischen Dynastie der Omaijaden das Emirat von Cordoba gegründet hatte. Das magere Ergebnis dieser Expedition war der Erwerb eines kleinen Streifens bis zum Ebro, den Karl als „Spanische Mark“ einrichtete.

Rasch aber kehrte Karl in die Erfolgsspur zurück, zwang die abtrünnigen Bayern mit ihrem Herzog Tassilo III. zur Rückkehr ins fränkische Reich, sicherte die Ostgrenze in Feldzügen gegen die Awaren in Ungarn und forcierte die fränkische Kontrolle über Böhmen. Große Schwierigkeiten bereiteten ihm die Sachsen. Karl benötigte mehr als 30 Jahre, um diese kriegerischen Stämme an der Nordostgrenze seines Reiches zu besiegen. Dabei trieb ihn auch das Ziel an, die heidnischen Sachsen unter das Dach der christlich-katholischen Kirche zu bringen, als deren weltliches Oberhaupt sich der ambitionierte Frankenherrscher betrachtete. Die teilweise äußerst blutigen Kämpfe begannen 772, und selbst nach der Taufe des Sachsenherzogs Widukind 785 gab es immer wieder Unruhen und Aufstände. Erst 804 wurden die christianisierten Sachsen Teil des fränkischen Reiches.

Kaiserkrönung Karls in der Peterskirche in Rom. Französische Buchmalerei, 14. Jh.

Krönung der Laufbahn

Zu diesem Zeitpunkt hatte Karl bereits einen wichtigen Karriereschritt vollzogen. Zu Weihnachten 800 krönte ihn Papst Leo III. in der Peterskirche in Rom zum Kaiser. Das war kein ganz uneigennütziger Schritt, denn der vom römischen Adel und Volk bedrängte und von seinen Gegnern vorübergehend sogar abgesetzte Papst erhoffte sich mit diesem Coup, den mächtigen Herrscher auf seine Seite zu lotsen.

Allerdings war mit der Krönung ein Konflikt mit dem Byzantinischen Reich vorprogrammiert, da Konstantinopel das alleinige Recht auf den Kaisertitel beanspruchte. Schließlich, so argumentierten die Verfassungs-Experten am Bosporus, habe ihr Herrscher nach dem Untergang des Römischen Reiches im Westen ganz allein die kaiserliche Fahne hochgehalten. Um eine Eskalation zu vermeiden, ließ Karl verkünden, er sei in die Pläne des Papstes nicht eingeweiht gewesen. Er habe nur einen Gottesdienst besuchen wollen und nicht ahnen können, dass er die Kirche als Kaiser verlassen würde. Byzanz stimmte dieser Deutung zu, verlangte aber einen Ausgleich. Karl durfte den Kaisertitel behalten, dafür überließ er Byzanz fränkische Besitzungen in Venetien, Istrien und Dalmatien.

Karl, den schon die Zeitgenossen als „den Großen" bewunderten, machte sich nicht nur als Eroberer, sondern auch als Organisator einen Namen. Von seiner Residenz in Aachen aus knüpfte er ein enges Netz von Pfalzen, durch die er das Reich kontrollierte. Das Bildungsniveau versuchte Karl, der persönlich einige Probleme mit dem Schreiben hatte, durch die Einrichtung von Schulen und Bibliotheken zu erhöhen. In seiner Residenz in Aachen versammelte er bedeutende Gelehrte wie das berühmte Universalgenie Alkuin. Von ihm ließ sich der wissbegierige Herrscher in die Geheimnisse der Astronomie, Rhetorik und Dialektik einweisen.

Karl der Große – ganz persönlich

Einhard, Karls enger Freund und Berater, schreibt in einer Biografie über den Kaiser:

„Karl war von breitem und kräftigem Körperbau ... Der obere Teil des Kopfes war rund, seine Augen blickten sehr groß und lebhaft ... Er hatte schöne weiße Haare und ein freundliches, heiteres Gesicht ... Er hatte einen festen Gang, eine durchaus männliche Haltung des Körpers und eine helle Stimme, die zu der ganzen Gestalt nicht so recht passen wollte. Er kleidete sich nach fränkischer Weise. Auf dem Leib trug er ein leinenes Hemd und leinene Unterhosen ... In Speis und Trank war er mäßig, aber mäßiger noch im Trinken. Denn Trunkenheit verabscheute er bei jedem Menschen auf das Äußerste ... Im Sommer nahm er nach dem Mittagessen etwas Obst zu sich und trank einmal. Dann legte er Kleider und Schuhe ab, wie er es bei Nacht tat, und ruhte zwei bis drei Stunden. Nachts unterbrach er den Schlaf vier- oder fünfmal, indem er nicht bloß aufwachte, sondern auch aufstand."

Begehrtes Grab

Karl der Große starb am 28. Januar 814 in Aachen, vermutlich an den Folgen einer Rippenfellentzündung. In der dortigen Pfalzkapelle fand er seine letzte Ruhestätte. Allerdings gab es im Laufe der Zeit immer mal wieder Ruhestörungen. Denn Karl war prominent, und spätere Herrscher wollten sich gerne im Glanz des Protagonisten aller mittelalterlichen Kaiser sonnen. Als Erster ließ Otto III. genau im Jahre 1000 das Grab öffnen, angeblich, wie es aus seinem Umfeld verlautete, weil er sich vergewissern wollte, dass in dem Grab, das man als Grab des Kaisers bezeichnete, auch wirklich Karl lag. Bis heute steht die Suche nach dem genauen Ort des Karlsgrabes ganz oben auf der Liste der Forscher. Seine Gebeine befinden sich heute separat in einem kostbaren Schrein in der Chorhalle des Aachener Doms. Für eine Umbettung sorgten 1165 der deutsche Kaiser Friedrich I. Barbarossa und 50 Jahre später dessen Enkel Friedrich II., die sich damit ebenfalls in die Gruppe der Freunde Karls des Großen einreihten.

Schwieriges Erbe

Karl war viermal verheiratet, sodass an Erben und Nachfolgern grundsätzlich kein Mangel herrschte. Da er auch viele außereheliche Beziehungen pflegte, durfte er sich an einer großen Kinderschar erfreuen. Für die Nachfolge aber kamen nur die

Der Aachener Dom besteht aus vielen Teilbauten unterschiedlicher Epochen. Kernstück ist das frühmittelalterliche Oktagon, die ehemalige Pfalzkapelle. Karl hatte die Kapelle selbst errichten lassen und hierfür keine Kosten gescheut: Marmor aus Carrara und antike Säulen aus Ravenna wurden eigens für den Bau nach Aachen transportiert.

Söhne aus den legitimen Ehen in Frage. Zwei von ihnen starben sehr früh, und so fiel die Herrschaft an seinen dritten Sohn Ludwig. Weil er nicht so bedeutend und so erfolgreich wie der Vater war, bekam er nicht das Prädikat „der Große“, sondern nur den Ehrentitel „der Fromme“. Mit Frömmigkeit allein aber war das Reich Karls des Großen nicht zu regieren. Die Fußstapfen des Vaters waren für ihn viel zu groß. Zudem machten ihm seine ehrgeizigen Söhne schwer zu schaffen. Es kam zu einem regelrechten Familienkrieg um Macht, Einfluss und Territorien, der nach dem Tod Ludwigs des Frommen 840 noch weiter eskalierte.

Am Ende stand die Teilung des Reiches, festgeschrieben in dem 843 geschlossenen Vertrag von Verdun. Was Karl mühsam erworben hatte, wurde am grünen Tisch wieder auseinandergenommen. Aus dem Reich Karls des Großen wurden drei eigenständige Teilreiche unter der Führung der Söhne Ludwigs des Frommen. Ludwig „der Deutsche“ erhielt den Osten. Dieses Ostfränkische Reich wurde zur Keimzelle des späteren Deutschlands. Den Westen bekam Karl, der Sohn Ludwigs aus zweiter Ehe. Bis zum Reichstag von Worms 829 war er leer ausgegangen, was ihm den Beinamen „der Kahle“ einbrachte. Dies bezog sich nicht auf fehlenden Haarschmuck, sondern darauf, dass er zunächst kein eigenes Herrschaftsgebiet erhalten hatte. Aus dem Westfränkischen Reich entstand später Frankreich. Lothar, der Dritte im Bunde, erhielt das Mittelreich zwischen dem Westfränkischen und dem Ostfränkischen Reich, das nach ihm „Lothringen“ genannt wurde.

Karl der Große: der erste Europäer?

Frankreich, Deutschland, Italien, Belgien, Niederlande, Luxemburg, Ungarn – diese heutigen Staaten gehörten zum mittelalterlichen Reich Karls des Großen. Halb Europa also, oder wenigstens das halbe West- und Mitteleuropa. Deswegen nennt man Karl, den Architekten dieses Reiches, gerne den „ersten Europäer". Natürlich gab es Europa schon vorher, und es gab auch vorher schon Menschen in Europa. Doch Karl der Große, so sagt man, habe als erster in europäischen Dimensionen gedacht. Unterstützung bekommen die Befürworter dieser These von einem mittelalterlichen Chronisten. Im Paderborn-Epos aus dem 8. Jh. wird Karl mit dem Titel „Pater Europae" (Vater Europas) dekoriert.

In dieser Tradition wurde er zum Namenspatron des Karlspreises. Dieser Preis wird seit 1950 alljährlich zu Christi Himmelfahrt in Aachen an Persönlichkeiten verliehen, die sich Verdienste um Europa erworben haben. Der Namensgeber Karl befindet sich da in bester Gesellschaft. Preisträger waren zum Beispiel der erste deutsche Bundeskanzler Konrad Adenauer, der britische Premier Winston Churchill und US-Präsident Bill Clinton. Sie alle haben große Verdienste um die Einheit und die Entwicklung Europas erworben. Aber Karl der Große? Es stimmt: Viele Bewohner West- und Mitteleuropas wurden durch ihn in einem einzigen Reich vereint. Aber das war unter den Römern nicht anders gewesen. Trotzdem käme niemand auf die Idee, einen Preis nach dem – allerdings auch berüchtigten – Kaiser Nero zu benennen. Es stimmt auch: 324 Jahre nach der Absetzung des weströmischen Kaisers hatte Europa erstmals wieder einen gemeinsamen Herrscher. Aber war Karls oberstes Ziel tatsächlich die europäische Einheit gewesen? Karl war ein mittelalterlicher Herrscher, und so dachte er nicht in modernen, sondern in mittelalterlichen Kategorien. Karl wollte herrschen, er wollte Macht, so viel Macht, wie nur möglich – für sich und für seine Dynastie. Im Konkurrenzkampf der mittelalterlichen Könige und Fürsten war er der erfolgreichste. Nie wird er daran gedacht haben, einmal als „erster Europäer" in die Geschichte einzugehen. Er gründete auch keine frühe Europäische Union. Im Reich Karls des Großen regierte keine Europäische Kommission und kein Europäisches Parlament, sondern allein Karl der Große. Richtig ist jedoch auch, dass Karl der Große zum kulturellen Gedächtnis jener Völker und Staaten gehört, über die er einst geherrscht hat. So verehren die Franzosen ihn bis heute als ihren „Charlemagne". Kaiser Napoleon erklärte ihn zu seinem Ahnherrn, um damit seine Ansprüche auf die Hegemonie in Europa zu unterstützen.

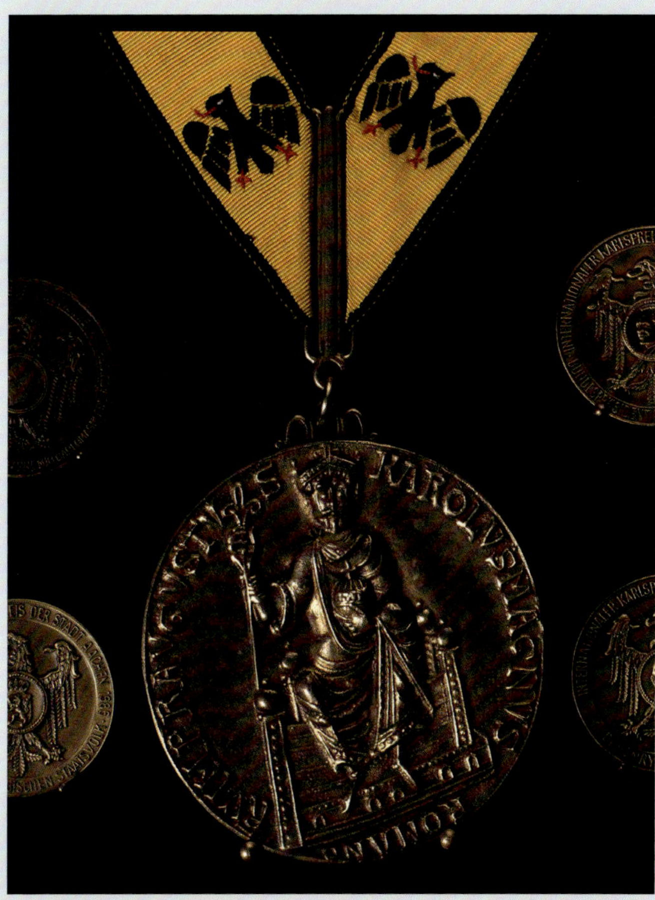

Die begehrte Karlspreis-Medaille zeigt auf der Vorderseite das Abbild Karls.

DAS REICH DER BULGAREN

Schauplatz Balkan

Ein Vorgang mit Signalwirkung: Die Bulgaren waren die Ersten, die auf dem Boden des kriselnden Reiches von Byzanz ein Königreich gründeten. Ihr Ende kam durch einen Kaiser mit furchterregendem Namen.

Sie nannten ihn „Schlächter", sogar „Bulgarenschlächter". Der Kaiser mochte diesen Namen. Er empfand ihn als Ehrentitel. Mögen mich die Menschen doch hassen, so lange sie mich nur fürchten. Nach diesem Motto antiker Tyrannen lebte Basileios II., seines Zeichens Kaiser des mächtigen Reiches von Byzanz. Er regierte von 976 bis 1025 und hatte demzufolge genug Zeit, sich markante Einträge im großen Buch der Geschichte zu sichern.

Schwächelndes Byzanz

Byzanz pflegte das Erbe des alten Römischen Reiches. Der Kaiser in Konstantinopel herrschte über die östliche Hälfte des einstigen Imperiums. Doch die alten Glanzzeiten waren vorbei. Im Laufe der Zeit schrumpften die von Byzanz beherrschten Territorien immer weiter zusammen. Erst kamen die Araber, dann die Slawen – und schließlich die Bulgaren. Sie kamen aus den Steppen Asiens und gehörten zu der großen Gruppe der Turkvölker. Schon im 5. Jh. hatten sich bulgarische Stämme in den Gebieten zwischen dem Schwarzen Meer, der südlichen Ukraine und dem Kaspischen Meer angesiedelt. Dort wurden sie nach der Mitte des 7. Jh. von den Chasaren vertrieben, einem ebenfalls turkstämmigen Nomadenvolk. Die Bulgaren zogen auf der Suche nach einer neuen Heimat mit Kind und Kegel immer weiter nach Westen.

Fündig wurden sie an der unteren Donau. Sie wunderten sich, dass sie niemand aufhielt. Denn natürlich war ihnen klar, dass sie sich auf dem Territorium des Reiches von Byzanz befanden. Doch keine Spur von Grenzposten, Grenzsoldaten, Grenzbefestigungen, von Armeen ganz zu schweigen. Byzanz musste sparen, die vielen Kriege hatten die öffentlichen Kassen überstrapaziert. So konnten sich die Bulgaren fast ungehindert ausbreiten – fast, weil auch slawische Völkerschaften gerne die unfreiwillige Einladung der Byzantiner angenommen hatten, sich auf Reichsboden anzusiedeln.

Doch ohne einen umsichtigen Organisator war ein solch anspruchsvolles Projekt nicht denkbar. Denn es galt nicht nur, dem Volk in der Fremde ein Dach über dem Kopf zu verschaffen und seinen Lebensunterhalt zu sichern. Die Bulgaren mussten sich darüber hinaus mit den Slawen einigen und mit den Thrakern, die als Urbevölkerung alte Rechte geltend machten. Und es gab auch viele Griechen, deren Vorfahren rings um das Schwarze Meer Städte und Kolonien gegründet hatten und die diese Region als ihre Heimat betrachteten.

Fähiger Organisator

Die Bulgaren hatten zum Glück einen fähigen Stammesführer. Er hieß Asparuch und kümmerte sich um alles: Mit Thrakern, Griechen und Slawen nahm er Tuchfühlung auf, um auszuloten, wie es um ihre Bereitschaft bestellt war, sich mit den Bulgaren zu arrangieren. Dabei machte er unmissverständlich klar, dass eine solche Lösung aus seiner Sicht nur unter den Bedingungen einer bulgarischen Vorherrschaft vorstellbar war. Die Angesprochenen sahen das militärische Potenzial der Bulgaren, registrierten die Entschlossenheit ihres Anführers und versicherten, keine Schwierigkeiten zu machen.

In Konstantinopel war man über die Entwicklungen auf dem Balkan alles andere als glücklich. Die Kaiser hatten ohnehin bereits viel an Respekt und Autorität verloren, nachdem ihnen die Araber ihre Territorien im Vorderen Orient und in Nordafrika entrissen hatten. An eine Militäroperation in großem Stil war jedoch nicht zu denken. Dazu fehlten Byzanz Materialien und Ressourcen. Andererseits musste der Kaiser wenigstens so tun, als sei er noch voll handlungsfähig.

Zu dieser Zeit regierte in Byzanz Kaiser Konstantin IV. Anfangs unternahm er den Versuch, den unerwünschten Besuchern mit einzelnen kriegerischen Aktionen beizukommen. Ein halbherziger Angriff scheiterte kläglich. Also versuchte es der

Denkmal für den Stammesführer Asparuch in Strelcha, Bulgarien

Monarch mit diplomatischen Mitteln. Darin hatte Byzanz Erfahrung. Hatte man nicht oft genug einwandernde Völker mit der Zuweisung von einem Stück Land ruhiggestellt? Doch rasch musste Konstantin feststellen: Der Bulgaren-Herrscher war von einem anderen Kaliber, er ließ sich nicht mit Almosen abspeisen. Asparuch stellte dem konsternierten Kaiser knallharte Bedingungen: Anerkennung als eigener Staat in klar definierten Grenzen. Dazu regelmäßige Tributzahlungen von Byzanz an die Bulgaren. Die Gegenleistung: Bulgarien würde Byzanz keinen weiteren Ärger bereiten.

Vom Khan zum Zaren

Seit diesem Jahr 681 war Bulgarien das erste autonome Königreich auf dem Boden von Byzanz. In der folgenden Zeit entwickelte es sich zu einem bedeutenden Machtfaktor. Jeder Khan – so nannten die Bulgaren ihren König – hatte den Ehrgeiz, den Vorgänger an Leistungen und Errungenschaften zu übertrumpfen. Die meisten Meriten konnte man im Krieg gewinnen. Daher war das bulgarische Reich auf ständigem Expansionskurs. Im 9. Jh. dehnte es sich weit nach Norden, bis zum heutigen Ungarn, aus. Im Westen hatten die Bulgaren zu dieser Zeit das Fränkische Reich Karls des Großen als Nachbarn. 864 nahmen sie unter Boris I. das Christentum als Staatsreligion an. Dessen Sohn Simeon stand kurz davor, Konstantinopel zu erobern. Er war auch der erste Bulgare, der den überlieferten Stammestitel „Khan“ durch die klangvollere Bezeichnung „Zar“ ersetzte. Durch diese bewusste Anknüpfung an den Titel der alten römischen Caesaren (man musste nur die erste Silbe

Khan Krum auf einem Bankett. Ein Diener reicht ihm Wein in der Schädelschale des besiegten byzantinischen Kaisers Nikephoros. Angeblich hatte Krum aus dessen Schädel einen versilberten Becher anfertigen lassen. Miniatur aus einer Chronik des 14. Jh.

Strenge Gesetze

Einer der bekanntesten, aber auch gefürchtetsten Herrscher der Bulgaren war Khan Krum, der von 803 bis 814 an der Spitze ihres Reiches stand. Er war der Überzeugung, man könne nur mit Härte erfolgreich regieren. Er ließ Weinberge zerstören, um den Alkoholismus zu bekämpfen, Denunzianten einem Foltertest unterziehen, um zu prüfen, ob sie die Wahrheit sagten, und Dieben zur Abschreckung die Beine brechen. Angeblich kam er auf diese Sanktionen, nachdem er awarische Kriegsgefangene gefragt hatte, was zum Untergang ihres Reiches geführt hatte. Anscheinend wussten die Awaren genau Bescheid. Die asiatischen Steppennomaden herrschten lange Zeit in Pannonien, bevor sie vor den Byzantinern die Waffen strecken mussten.

Rückkehr der geblendeten bulgarischen Kämpfer. Holzstich nach einem Gemälde von Emil Holarek, 1890

weglassen) sollte die Gleichrangigkeit mit dem „Basileus", dem Kaiser in Konstantinopel, demonstriert werden. Eine gute Idee, fanden später auch die russischen Herrscher und nannten sich ebenfalls, nach bulgarischem Vorbild, „Zaren".

Der Schlächter schlägt zu

Bis zum Anfang des 11. Jh. sonnte sich das Zarenreich von Bulgarien im Glanz seines Ruhmes. Zum Verhängnis wurde ihm eine Renaissance der Macht von Byzanz, das in der Zwischenzeit seine lange Schwächeperiode überwunden hatte. Die Finanzen stimmten, die Verwaltung funktionierte, das Heer war einsatzbereit. Grund genug für Kaiser Basileios, zum Angriff auf Bulgarien zu blasen. Die Aktivitäten der Bulgaren waren ihm schon längst ein Dorn im Auge. Die Entscheidung fiel am 29. Juli 1014 in der Schlacht bei Kleidion, einer Stadt im Südwesten Bulgariens. Mit einer neuen Taktik und gut bezahlten, daher hochmotivierten Söldnern bereitete der Kaiser den Bulgaren unter Zar Samuil eine vernichtende Niederlage. Wie der Geschichtsschreiber Johannes Skylitzes berichtete, gerieten 15 000 Bulgaren in Gefangenschaft. Sie alle wurden auf Befehl des Basileios geblendet – bis auf einige wenige, denen er ein Auge ließ, um die blinden Soldaten nach Hause zu führen. Viele andere hatten zuvor bereits den Tod gefunden. Der „Bulgarenschlächter" hatte zugeschlagen – und dies mit Langzeitwirkung. Denn nach einer weiteren Niederlage wurde das erste Großreich der Bulgaren 1018 wieder Teil des Reiches von Byzanz.

DIE STAATEN DER KREUZFAHRER

Im Namen Gottes

Auf ihren Fahnen stand: Befreiung des Heiligen Landes von den Ungläubigen! Die Kreuzzüge führten zur Gründung christlicher Reiche in Syrien und Palästina durch europäische Kreuzfahrer.

Der Papst hielt die Rede seines Lebens. Er zog alle rhetorischen Register. Das Publikum starrte staunend und wie gebannt auf den heftig gestikulierenden Kirchenfürsten dort oben auf dem Podium. Es waren so viele Menschen gekommen, dass der Platz in der Kathedrale nicht ausgereicht hatte. Daher war die Versammlung auf ein freies Feld vor den Toren der Stadt verlegt worden. Urban II. war in Hochform. Wie ein Flammenwerfer schleuderte er seine Worte der Masse entgegen. Manchem schwirrte der Kopf von all dem, was da gesagt wurde. Aber eines verstanden alle: Der Papst rief zur Befreiung Jerusalems auf. Und zwar, wenn nötig, mit Gewalt. Wer Zweifel hegte, dass Christen, die doch eigentlich zur Nächstenliebe verpflichtet waren, zu den Waffen greifen durften, den beruhigte Urban mit den letzten Worten seiner leidenschaftlichen Rede: „Gott will es!“ Dagegen war nichts zu sagen. Unter tosendem Beifall verließ der Papst die Rednertribüne. Keiner seiner Vorgänger war jemals so gefeiert worden. Schauplatz des denkwürdigen Geschehens war die Stadt Clermont. Der Papst war in die Stadt im Herzen Frankreichs gekommen, um an einer Synode der Bischöfe teilzunehmen. Ein Zug in das Heilige Land stand eigentlich gar nicht auf der Tagesordnung. In den Einladungsschreiben an die Bischöfe war von kirchenpolitischen Fragen die Rede gewesen. Und dann der Paukenschlag am Ende des Konzils. Es war der 27. November des Jahres 1095. Wie sich zeigen sollte, der Startschuss zu einer der abenteuerlichsten Unternehmungen der Geschichte.

Aufruf zum richtigen Zeitpunkt

Es war kein Zufall, dass der Papst ausgerechnet zu diesem Zeitpunkt zu einem Kreuzzug aufrief. Die Christen hatten es nie verwunden, dass das Heilige Land mit seinen heiligen Stätten im 7. Jh. unter die Herrschaft des Islam gekommen war. Zwar durften Christen noch ihre Pilgerreisen zur Geburtskirche in Bethlehem und zur Grabeskirche in Jerusalem antreten. Doch gab es immer wieder Hindernisse und Schwierigkeiten. Vollends veränderten sich die Verhältnisse, als im 11. Jh. die türkischen Seldschuken die Macht im Vorderen Orient übernahmen.

Die Pilgerwege nach Palästina waren nun praktisch blockiert. Nur Seereisen waren weiter möglich. Aber sie waren teuer, und nur betuchte Leute konnten sich diesen Luxus leisten. Da traf es sich gut, dass im Westen kurz vor der Synode von Clermont ein Hilferuf aus dem Osten eintraf. Absender war kein Geringerer als Alexios, Kaiser von Byzanz. Er fühlte sich in seiner Hauptstadt Konstantinopel nicht mehr sicher. Die muslimischen Seldschuken hatten große Teile Anatoliens in Besitz genommen und machten nun Anstalten, die christliche Metropole am Bosporus ins Visier zu nehmen. Der beunruhigte Kaiser bat die Machthaber des Westens um militärische Unterstützung. Für den Papst eine einmalige Gelegenheit, seinen Führungsanspruch über alle Christen – auch die des Ostens – zu demonstrieren. Rom und Konstantinopel befanden sich in dieser Frage in einer Dauerfehde. Nur ein paar Jahre zuvor hatten sich der Papst und der Patriarch der oströmischen Kirche gegen-

Der Krak des Chevaliers im heutigen Syrien, eine mächtige Burg der Kreuzritter

Hier spricht der Papst – aus der Rede Urbans II. in Clermont

Aufgezeichnet von Wilhelm von Tyrus:

„Bewaffnet euch mit dem Eifer Gottes, liebe Brüder, gürtet eure Schwerter an eure Seiten, rüstet euch und seid Söhne des Gewaltigen! Besser ist es, im Kampf zu sterben, als unser Volk und die Heiligen leiden zu sehen. Wer einen Eifer hat für das Gesetz Gottes, der schließe sich uns an. Wir wollen unseren Brüdern helfen. Ziehet aus, und der Herr wird mit euch sein. Wendet die Waffen, mit denen ihr in sträflicher Weise Bruderblut vergießt, gegen die Feinde des christlichen Namens und Glaubens. Die Diebe, Räuber, Brandstifter und Mörder werden das Reich Gottes nicht besitzen."

seitig mit dem Kirchenbann belegt. Nun malte sich der Papst aus, wie gut er dastehen würde, wenn auf seinen Appell hin Tausende von westlichen Christen sich auf den Weg machen würden, um die östliche Christenheit von den, wie man sagte, „Ungläubigen" zu befreien.

Hilfeleistung für Enterbte

Noch ein weiteres Kalkül hatte den schlauen Papst veranlasst, zum Kreuzzug aufzurufen. In Frankreich gab es große Probleme mit einem neuen Erbrecht. Bis dahin hatten alle Söhne gleichen Anteil an der väterlichen Hinterlassenschaft. Dies führte zu der fatalen Entwicklung, dass die Güter immer kleiner wurden und immer weniger Ertrag abwarfen. Daher schritt man zu einer Reform: Der älteste Sohn erbte nun alles, die anderen gingen leer aus und mussten zusehen, wie sie zurechtkamen. Viele sahen keinen anderen Ausweg, als sich mit Raub und Plünderung über Wasser zu halten. Papst Urban sah, in Absprache mit dem Adel, in den Kreuzzügen eine willkommene Gelegenheit, die Energien der jungen Männer in, wie er fand, sinnvollere Bahnen zu lenken, das heilige Land zu retten und Frankreich vom Räuberunwesen zu befreien.

Auf ins Heilige Land!

Der Aufruf des Papstes verbreitete sich in Windeseile in ganz Westeuropa. Werber und Herolde eilten von Stadt zu Stadt und von Dorf zu Dorf, um möglichst viele Kämpfer zu mobilisieren. Der Erfolg überstieg alle Erwartungen. Statt ein paar Hundert Rittern folgten Tausende dem Aufruf, auch arme Bauern, Abenteurer und Glücksritter. Alle nähten sich Kreuze aus Stoff auf die Kleidung, bereit, sich mit der Waffe in der Hand in den Kampf gegen die Ungläubigen zu stürzen.

Formell stand der Kreuzzug unter dem Kommando des Papstes. Urban selbst nahm allerdings nicht teil. Zum Feldherrn war der oberste Gottesmann nicht geboren. Er übertrug die Leitung des Unternehmens lieber seinem Legaten Adhemar de Monteil. Überhaupt fehlten auf der Liste der Teilnehmer die ganz großen Namen. Keine Kaiser, keine Könige, dafür Adlige aus der zweiten Reihe wie die Franzosen Raimund von Toulouse und Gottfried von Bouillon oder der Normanne Tankred de Hauteville.

Dem Zug der Ritter ging der Zug der armen Leute voraus, die einem obskuren Prediger namens Peter „dem Eremiten" folgten. Sie glaubten, ihre Feinde allein mit Heugabeln, Prügeln und Gottes Segen schlagen zu können. Dieser Volkskreuzzug traf als Erster auf die seldschukischen Heere und wurde vernichtend geschlagen. Die Seldschuken mussten in der Folge allerdings die Erfahrung machen, dass nicht alle Christen so blauäugig und schlecht bewaffnet waren.

Nach vielen Monaten kam der Zug der Ritter im Orient an. Über Konstantinopel marschierten die Krieger des Papstes durch Anatolien und erreichten im Oktober 1097 Antiochia. Nach einer mehrmonatigen Belagerung fiel die alte syrische Handelsmetropole in die Hände der Kreuzritter. Herzstück und Ziel des Kreuzzuges aber war Jerusalem. Hier trafen die Kreuzritter im Juni 1099 ein. Am 15. Juli wurde die Stadt eingenommen. Unter der Zivilbevölkerung richteten die Eroberer ein grausames Blutbad an. Tagelang wurde geplündert und geraubt. Schließlich meldeten die Anführer Vollzug: Die heilige Stadt Jerusalem war wieder eine christliche Stadt.

Betrogener Kaiser

Nach den Abmachungen, die mit Kaiser Alexios getroffen worden waren, hätten die Kreuzritter nun wieder abziehen müssen. Der Kaiser hatte den Kriegern aus dem Westen den Lehenseid und zugleich das Versprechen abgenommen, ihm alle Gebiete zurückzugeben, die vor den Eroberungen der Araber und der Türken zu Byzanz gehört hatten. Doch

Kreuzrittermarken – frühe „Graffiti" von Kreuzrittern an der Grabeskirche in Jerusalem

Falsch gepolt – der Vierte Kreuzzug

Auf den ersten Blick könnte man meinen, die Teilnehmer des Vierten Kreuzzuges hätten die Hinweisschilder nicht beachtet. Doch es war alles andere als ein Versehen, dass dieser Kreuzzug nicht im Heiligen Land, sondern 1204 in Konstantinopel, der Metropole der orthodoxen Christenheit, endete. Eigentlich sollte der Kreuzzug wieder nach Jerusalem führen.

Die Venezianer hatten zu diesem Zweck Schiffe zum Transport gestellt. Das Kreuzfahrerheer war aber viel kleiner als erwartet und konnte darum die von Venedig geforderte Summe für die Überfahrt nicht aufbringen. Als Entschädigung leiteten sie die Kreuzritter um und steuerten Konstantinopel an. Ungeheure Reichtümer wurden damals durch einen Kunstraub gigantischen Ausmaßes in die Lagunenstadt verschleppt. Auch die berühmte Bronzequadriga von San Marco, ein Wahrzeichen der Stadt, gehörte zur venezianischen Beute. Geleitet wurde das Unternehmen von dem greisen venezianischen Dogen Enrico Dandolo. Er starb 1205 in Konstantinopel – im stolzen Alter von 98 Jahren.

die Kreuzfahrer pochten auf das Recht des Siegers und wollten von den Abmachungen nichts mehr wissen. Papst Urban fiel als Vermittler aus, er starb kurz nach der Einnahme von Jerusalem.

Reiche Beute

Und so gingen die Anführer der Kreuzfahrer an die Verteilung der Gebiete, die sie den Seldschuken abgenommen hatten. Reibungslos verlief die Prozedur nicht. Schon unterwegs hatte es sich gezeigt, dass die adligen Herren alles andere als ein Herz und eine Seele waren. Und als jetzt die Beute erlegt war, wollte sich jeder den besten Teil sichern. In der Folge entstanden einzelne, voneinander unabhängige Kreuzfahrerstaaten. Balduin I. hatte schon zuvor die Grafschaft Edessa errichtet. Der Normanne Bohemund sicherte sich Antiochia, das er zu seinem Fürstentum erklärte. Raimund von Toulouse wurde zum Herrscher der südlich von Antiochia gelegenen Grafschaft Tripolis.

Vom Prestige her war der Besitz der heiligen Stadt Jerusalem am wichtigsten. Um sie herum gründete Gottfried von Bouillon, bisher Herzog von Niederlothringen, das christliche Reich von Jerusalem. Der fromme Mann lehnte es ab, den Königstitel anzunehmen. Dieser gebühre in Jerusalem allein Jesus Christus. Und daher nannte er sich ganz bescheiden „Beschützer des Heiligen Grabes“. Nur ein Jahr später starb der Grabhüter. Nachfolger wurde 1100 sein Bruder Balduin, der keine Skrupel hatte, sich König zu nennen. Das war die Geburtsstunde des christlichen Königreiches Jerusalem.

In der Defensive

Hier, wie auch in den anderen Kreuzfahrerstaaten, herrschte nun eine kleine Kriegerelite aus Europa über eine bunt gemischte Bevölkerung aus Arabern, Juden, Türken, Syrern, Armeniern und Griechen. Die „Franken“, wie die fremden Herrscher von den Bewohnern genannt wurden, waren nicht besonders beliebt. Sie regierten nach dem europäischen Feudalsystem und versuchten sich mit dem einheimischen Adel zu arrangieren. Die Gefahr aber kam nicht von innen. Die Araber waren nicht bereit, die Herrschaft der Kreuzfahrer hinzunehmen. Der Erfolg der christlichen Heere war überhaupt nur möglich gewesen, weil die Muslime der Region untereinander völlig zerstritten waren. Zur Verteidigung gegen mögliche muslimische Angriffe wurden in den Kreuzfahrerstaaten gewaltige Burganlagen errichtet, wie der berühmte Krak des Chevalliers im heutigen Syrien. Doch konnten die Kreuzfahrerburgen die Entwicklung letztendlich nicht aufhalten. 1187 besiegte der Kurdenführer Saladin die Kreuzfahrer in der Schlacht von Hattin und eroberte Jerusalem.

Weitere Kreuzzüge folgten, teils, um den Kreuzfahrerstaaten zu helfen, teils aus Abenteuer- und Ruhmsucht. Besonders prominent war der Dritte Kreuzzug besetzt (1189–1192). Der deutsche Kaiser Friedrich I. Barbarossa, der französische König Philippe Auguste und der englische Herrscher Richard Löwenherz machten sich auf den Weg in das Heilige Land. Das Unternehmen stand unter keinem guten Stern: Barbarossa ertrank in einem Fluss in Anatolien, die beiden anderen trennten sich im Streit.

Fall und Untergang

Damals hatten auch die übrigen Kreuzfahrerstaaten ihre beste Zeit bereits hinter sich. Es wurde für sie zunehmend schwieriger, sich in der ihnen fremden Umwelt zu behaupten. Im Grunde waren die Herren aus dem Westen immer Fremdkörper geblieben. Auch die militärischen Kräfte schwanden. Eine Bastion nach der anderen ging verloren. Am 28. Mai 1291 fiel mit Akkon im Norden Israels die letzte verbliebene Festung der Kreuzfahrer an die muslimischen Mamelukken. Die Staaten der Kreuzfahrer waren Geschichte.

Gottfried von Bouillon in den Kämpfen des Ersten Kreuzzugs. Glasfenster der Kathedrale St. Gudula in Brüssel

DIE WIKINGER

Raue Nordmänner auf großer Fahrt

Einen gemeinsamen Staat hatten sie nicht. Dafür waren die Wikinger viel unterwegs und gründeten fern der Heimat starke Reiche. Ob in Frankreich, England, Italien oder Russland – die rührigen Skandinavier mischten überall mit.

Zum ersten Mal wurde das christliche Europa am Ende des 8. Jh. auf die Wikinger aufmerksam. Es war im Jahre 787, als die forschen Männer aus Skandinavien mit ihren wendigen Schiffen vor der Südküste Englands auftauchten. Sechs Jahre später erschienen sie im hohen Norden der Britischen Inseln. Die Wikinger kamen nicht zu einem Höflichkeitsbesuch. Im Gegenteil: Sie hinterließen eine Schneise der Verwüstung. Nicht einmal vor heiligen Gebäuden schreckten sie zurück. Das Kloster Lindisfarne, malerisch auf der gleichnamigen Insel gelegen, wurde von den nordischen Piraten geplündert, ausgeraubt und zerstört. Dabei gingen sie auch mit den frommen Bewohnern alles andere als zimperlich um. In einer zeitgenössischen Chronik heißt es: „Sie töteten einige der Brüder, schleppten einige in Fesseln mit sich, viele vertrieben sie, nackt und mit Beschimpfungen überhäuft, andere ertränkten sie im Meer."

Die Kunde vom Lindisfarne-Massaker vom 8. Juni 793 machte rasch in ganz Europa die Runde. In Aachen, am Hofe Karls des Großen, war der berühmte Wissenschaftler Alkuin der Verzweiflung nahe. „Noch nie hat sich in Britannien solcher Terror ereignet, wie wir ihn jetzt von einem heidnischen Volk erlitten haben", verkündete er. Der gelehrte Mann wusste, wovon er sprach, denn er hatte selbst angelsächsische Wurzeln. Und er vergaß nicht, darauf hinzuweisen, dass die Wikinger keine Christen waren. So was konnten, wollte er sagen, doch nur Heiden tun. Tatsächlich glaubten die Wikinger zu dieser Zeit noch an ihre altvertrauten nordischen Gottheiten. Christianisiert wurden sie erst im 9. und 10. Jh., als europäische Missionare den hohen Norden als einen lukrativen Markt für religiöse Aufklärung im christlichen Sinn entdeckten.

Gefürchtete Piraten

Seit Lindisfarne verbreitete der Name „Wikinger" überall Angst und Schrecken. An den Küsten Englands und Frankreichs schauten die Menschen mit bangen Blicken auf das Meer, in ständiger Furcht vor dem plötzlichen Erscheinen der schnellen

Wikingerschiffe. Und häufig genug waren die Befürchtungen nur zu berechtigt: So blitzartig, wie die Schiffe kamen, so schnell verschwanden sie auch wieder, vom Bug bis zum Heck mit Beutestücken bepackt.

Kein Wunder, dass die Wikinger in Europa einen denkbar schlechten Ruf hatten. Sie seien gewissenlose Räuber und Plünderer, barbarisch, ohne jede Kultur und Zivilisation, hieß es. Sie selbst sahen die Dinge anders. Natürlich gab es unter ihnen auch Gestalten mit finsteren Absichten. Für die meisten aber waren die Züge über das Meer lebensnotwendig. In ihrer skandinavischen Heimat herrschte Armut. Fruchtbares Ackerland war rar gesät, das Erbrecht benachteiligte zudem die jüngeren Söhne, da alles an den Ältesten fiel. Viele sahen in den Kaper- und Beutefahrten über das Meer den einzigen Ausweg, ihre Existenz zu sichern.

Auf zu neuen Ufern

Je erfolgreicher die Wikinger waren, desto größer wurde der Radius ihrer Aktionen. Sie verließen die vertrauten Gewässer des Nordens und steuerten ihre Wunderschiffe in unbekannte Gestade bis nach Nordafrika und an das Kaspische Meer. Manche tauschten das unstete Leben des Seefahrers gegen die produktive Existenz eines sesshaften Bauern ein. Zu diesem Zweck nahmen sie bei ihren Touren ganze Landstriche an den Küsten in Besitz. Doch die meisten ließ das Meer nicht los. Sie erkannten, dass man auch ohne Raub erfolgreich sein kann. So wandelten sich viele Wikinger von Piraten zu ehrbaren Kaufleuten. Und in dieser Eigenschaft bewiesen sie einen ausgesprochenen Spürsinn für gute Geschäfte. Zugute kam ihnen ein Netzwerk von Handelsstützpunkten von der Ostsee über die Nordsee und das Schwarze Meer bis zum Mittelmeer.

Zur erstaunlichen Geschichte der Wikinger gehört, dass sie nicht nur von Seeräubern zu respektablen Geschäftsleuten wurden, sondern auch als Gründer von Staaten und Reichen in Erscheinung traten. Nur hießen sie hier nicht mehr Wikinger, sondern Waräger und Normannen. Als Waräger wurden Wikinger bezeichnet, deren Heimat in Schweden lag und die vor

Replik eines Wikingerschiffes im Fjord von Oslo

allem im Gebiet des heutigen Russlands aktiv waren. Die Normannen waren die „Nordmänner“, eine Eigenbezeichnung, die von den Europäern übernommen wurde, als die Normannen zu Beginn des 10. Jh. die nach ihnen benannte Normandie in Nordfrankreich bezogen.

Wiege der Russen

Die Waräger sind maßgeblich dafür verantwortlich, dass es einen Staat Russland gibt. Gewollt hatten sie dies eigentlich nicht, aber diese Pioniertat ergab sich aus ihren handelspolitischen Aktivitäten. Über die Ostsee und das Schwarze Meer suchten sie den Anschluss an die von Byzanz kontrollierten osteuropäisch-asiatischen Märkte. Zu diesem Zweck gründeten sie eine Reihe von Handelsniederlassungen an den großen Flüssen Wolga, Don und Dnjepr. Zur Optimierung des Handels entwickelten sie gemeinsam mit slawischen Siedlern erste staatliche und administrative Strukturen. Ein Land musste einen Namen haben. Man entschied sich für „Rus“. So nannten die Slawen ihre Partner aus dem hohen Norden. Aus Slawen und Warägern wurden Russen.

Erster Herrscher über das Land der Russen war der Waräger Rurik. Als seine Hauptstadt wählte er das lebendige Handelszentrum Nowgorod. Rurik starb um 879. Emsig strickten seine Nachfolger daran, die Geschichte von Rus zu einer Erfolgsgeschichte zu machen. Großen Anteil am Gelingen dieses ehrgeizigen Zieles hatte Fürst Oleg, der 882 an die Macht kam. Er vergrößerte das Reich nach Süden und

Darstellung des Warägerfürsten Rurik (links mit Schild und Schwert) auf dem Denkmal „1000 Jahre Russland“ in Nowgorod, 1862

Die Entdeckung Amerikas

Wer ist der Entdecker Amerikas? Was für eine Frage – natürlich Christoph Kolumbus, der 1492 die amerikanische Küste erreichte. Irrtum! Der Lorbeerkranz gebührt den Wikingern. Ein wagemutiger Nordmann namens Leif Eriksson steuerte gut 500 Jahre vor Kolumbus von Skandinavien aus Neufundland an. Das Entdecken lag ihm im Blut: Sein Vater Erik der Rote hatte als Erster die Route nach Grönland gefunden. Doch kein Grund, die Geschichtsbücher umzuschreiben: Die Wikinger waren zwar als erste Europäer in Amerika, aber sie schauten nur kurz vorbei. Nachhaltigkeit schuf erst Kolumbus: Im Sog seiner legendären Entdeckungsfahrten setzte nun eine intensive Reisetätigkeit von der Alten in die Neue Welt ein, und den Seefahrern folgten die Händler, die Siedler und die Abenteurer.

Denkmal des Leif Eriksson vor der Hallgrímskirkja in Reykjavik

machte Kiew zu seiner Residenz. In der Folgezeit strahlte von hier aus der Glanz des Reiches von Kiew, des ersten Großreiches in der russischen Geschichte.

Norden trifft Süden

Die nordischen Geburtshelfer Russlands verschwanden nicht von der Bühne, sie wurden Teil des neuen Reiches. Ähnlich verhielt es sich mit den Normannen. Sie gründeten starke Reiche, denen sie ein stabiles Fundament gaben. Ein Teil der Normannen verlegte den Wirkungsbereich von der Normandie nach Süditalien und Sizilien. Mitte des 11. Jh. beendeten sie durch die tatkräftige und energische Politik der brüderlichen Lichtgestalten Robert und Roger Guiscard die Herrschaft der Byzantiner und der Langobarden und gründeten einen eigenen Normannenstaat. Dort entwickelten sie ein erfolgreiches Herrschaftsrezept: Sie passten sich in Sprache, Kultur und Verwaltung den vorhandenen Verhältnissen an und sammelten auf diese Weise bei der Bevölkerung viele Sympathiepunkte. Per Erbschaft ging ihr Reich in Süditalien 1194 geräuschlos an die Staufer über. So lebten die Normannen in dem schwäbischen Imperium weiter.

Auf den Britischen Inseln, die von ihren Wikinger-Vorfahren in Angst und Schrecken versetzt worden waren, gründete Wilhelm der Eroberer nach der legendären Schlacht von Hastings 1066 das britannische Königreich der Normannen. Auch hier gab es keinen Untergang zu beklagen: Alle nachfolgenden Herrscherdynastien bauten ihren Staatsapparat auf den Grundlagen auf, die die einst so gefürchteten Nordmänner geschaffen hatten.

DIE STAUFER

Schwäbische Strategen

Gut geheiratet ist halb gewonnen, sagte sich eine schwäbische Dynastie, schloss Ehen internationalen Formates und machte sich daran, zur Weltmarke zu werden. Der prominenteste Spross der Familie brachte die Welt zum Staunen.

Einen Masterplan gab es nicht. Selbst ein so vorausschauender König wie Friedrich Barbarossa konnte nicht ahnen, dass diese Verbindung ein ganz großer Coup war. Doch er setzte große Hoffnungen in die Eheschließung seines Sohnes Heinrich mit Konstanze. Die feierliche Verlobung fand am 29. Oktober 1184 in Augsburg statt. Aber passten die beiden überhaupt zusammen? Nicht alle waren davon überzeugt. Die Braut war 30, der Bräutigam gerade einmal 19 Jahre alt. Er hatte nichts von der Dynamik des Vaters, war klein, zart, träumerisch veranlagt. Und sie machte nicht gerade den Eindruck, als liebe sie das Leben. Doch darauf kam es nicht an. Für Friedrich Barbarossa, den Konstrukteur dieser Beziehung, war Konstanze einfach eine gute Partie.

Internationaler Durchbruch

Konstanze war die Tochter Rogers II., des Königs der Normannen. Ihre Kindheit und Jugend hatte sie auf Sizilien verbracht. Die Insel gehörte zusammen mit Süditalien zum Besitz der verwegenen Männer aus der Normandie, nachdem sie sich dort gegen die Byzantiner und die Langobarden durchgesetzt hatten. Friedrich Barbarossa trug seit 1155 den Titel eines deutschen Kaisers. Papst Hadrian IV. persönlich hatte ihn in Rom gekrönt. Drei Jahre zuvor war er deutscher König geworden. Für die schwäbische Dynastie war dies der Durchbruch auf der Bühne der großen Politik. Die Staufer, wie man sie nach ihrem schwäbischen Stammsitz Hohenstaufen nannte, gehörten nun zur ersten Riege des europäischen Hochadels.

Die deutschen Kaiser sahen sich seit Karl dem Großen in der Tradition des Römischen Reiches der Antike. Deswegen waren sie bestrebt, Italien, das Stammland der alten Römer, in ihren Herrschaftsbereich zu integrieren. Darüber waren nicht alle begeistert. Widerstand leisteten die reichen Städte in der Lombardei, aber auch die Päpste in Rom, die um ihre Unabhängigkeit bangten. Sie krönten deutsche Könige zu Kaisern, wie es die Tradition verlangte, arbeiteten aber emsig daran, sie nicht zu groß werden zu lassen.

Gemeinsam stark

Die Verbindung zu den Normannen war für Friedrich Barbarossa ein Geschenk des Himmels. Denn so konnten beide eine politische Interessengemeinschaft schmieden. Die Staufer hielten den Normannen und die Normannen den Staufern den Rücken frei. Friedrich konnte sich auf den Norden und die Mitte Italiens konzentrieren, die Normannen hatten freie Bahn in Süditalien und auf Sizilien. Besiegelt wurde das Bündnis nach der Verlobung durch eine glänzende Hochzeitsfeier, die am 27. Januar 1186 in Mailand stattfand. Heinrich war von seinem Vater von Anfang an als Kronprinz aufgebaut worden. Im zarten Alter von drei Jahren wurde er als Heinrich VI. Juniorpartner im Reich. Gleich nach der Heirat mit Konstanze überreichte er dem Sohn ein Hochzeitsgeschenk der besonderen Art und beförderte ihn zu seinem Mitregenten in Italien.

Todesfälle und Turbulenzen

Friedrich Barbarossa sah viel, aber nicht alles voraus. Vor allem nicht unerwartete Todesfälle. In diese Kategorie gehört sein eigener überraschender Tod. Im Juni 1190 ertrank er während des Dritten Kreuzzuges, dem er sich aus reinen Prestigegründen angeschlossen hatte, im Fluss Saleph in Anatolien. Nicht vorhersehbar war auch der Tod Wilhelms II. von Sizilien kurz zuvor, im November 1189. Er regierte das Reich der Normannen in Italien in der Nachfolge seines Vaters Wilhelm I., der wiederum seinen Vater Roger beerbt hatte. Konstanze, die Gattin Heinrichs, war als Tochter Rogers seine Tante. Der Tod Wilhelms II. schuf für die Normannen eine heikle Situation, denn er war gestorben, ohne einen Nachkommen zu hinterlassen.

Die Erbfolge ging daher an Konstanze und ihren Ehemann Heinrich VI. Das war jedenfalls die Interpretation der Staufer. Teile der normannischen Verwandtschaft auf Sizilien sahen den Fall anders. Sie zauberten einen Halbbruder des verstorbenen Königs namens Tankred aus dem Hut, den der Erzbischof von Palermo im Januar 1190 zum König krönte – mit dem Segen des dankbaren Papstes, dem

Heinrich VI. und Konstanze von Sizilien. Buchmalerei aus dem Jahr 1196

die Vorstellung, zwischen einer Koalition aus Staufern und Normannen zerrieben zu werden, zunehmend Bauchschmerzen bereitete.

Heinrich und Konstanze aber waren nicht gewillt, ihre Ansprüche auf die normannische Erbschaft aufzugeben. Im Gegenteil: Heinrich zeigte eine ungewohnte, fast an seinen stürmischen Vater erinnernde Tatkraft, entschlossen, den Konflikt zur Not kriegerisch zu lösen. Doch wurden seine Aktivitäten zunächst durch eine namhafte Opposition im eigenen Land ausgebremst. Wieder einmal sahen sich die Staufer den inzwischen schon traditionellen Grabenkämpfen ausgesetzt. An der Spitze der Opponenten stand das Adelsgeschlecht der Welfen in Gestalt Heinrichs

Rätselhaftes Bauwerk: Castel del Monte

Was wollte der Kaiser mit diesem Bau aussagen? Darüber streiten die Gelehrten schon lange. Das Castel del Monte in Apulien ist eine mächtige, weithin sichtbare Burg mit acht Ecken und acht massiven Türmen. Von arabischen Vorbildern bis hin zu Außerirdischen – es gibt nichts, was nicht behauptet wurde, um dem Geheimnis des wuchtigen Baus auf die Spur zu kommen. Eine Lösung wird sich wohl nie finden lassen, denn das Gebäude wurde zu Lebzeiten des Kaisers nicht vollendet, und eine Gebrauchsanweisung, die als Interpretationshilfe dienen könnte, hat Friedrich II. nicht hinterlassen. Wahrscheinlich liegen dem Bau orientalische Vorbilder zugrunde, denn Friedrich gab ihn nach seiner Rückkehr aus dem Heiligen Land in Auftrag.

Das Castel del Monte in Apulien

des Löwen. Es dauerte eine Weile, bis Heinrich VI. wieder Zeit und Gelegenheit hatte, sich um Italien und Sizilien zu kümmern. Am 20. November 1194 zog er im Triumph in Palermo ein und wurde einige Wochen später, am 25. Dezember, zum König von Sizilien gekrönt. Um das königliche Glück perfekt zu machen, brachte Konstanze einen Tag später einen Sohn zur Welt. Die Schwangerschaft war nicht ohne Risiko gewesen. Die Mutter war bereits 40 Jahre alt, und als nach der Hochzeit der erwartete Kindersegen ausblieb, rechnete eigentlich niemand mehr mit einem leiblichen Thronfolger.

Weitere Todesfälle

Umso glücklicher war der stolze Vater. Einst würde der kleine Friedrich in seine Fußstapfen treten und alles erben. Dieser Tag trat viel früher ein als erwartet, und wieder einmal war es ein überraschender Todesfall, der den Dingen eine neue Wendung gab. Am 28. September 1197 verlor Konstanze den Ehemann, Friedrich den Vater, Deutschland und Sizilien den König und Italien den Kaiser. Heinrich VI. starb im Alter von nur 32 Jahren, gerade als er im Begriff war, nach dem Vorbild seines Vaters Barbarossa einen Kreuzzug ins Heilige Land zu unternehmen. Friedrich, nicht einmal drei Jahre alt, konnte naturgemäß noch nicht viel ausrichten. Daher nahm Konstanze mit weit größerer Entschlossenheit das Heft des Handelns in die Hand, als man es ihr zugetraut hatte. Sie sorgte dafür, dass der kleine Sohn im Mai 1198 zum König von Sizilien gekrönt wurde. In Deutschland nutzten die Fürsten den Herrscherwechsel, um die mächtigen Staufer in die Schranken zu weisen, und verweigerten die Anerkennung Friedrichs als König. Zu allem Überfluss gab es bald darauf einen weiteren Todesfall. Konstanze starb am 27. November 1198, im Alter von 44 Jahren. Ihre letzte Ruhestätte fand sie im Dom von Palermo an der Seite ihres Ehemannes.

Mit knapp vier Jahren war Friedrich II. immer noch nicht in der Lage, Wesentliches zur Gestaltung der Zukunft beizutragen. Die Mutter hatte Papst Innozenz III. als Vormund eingesetzt. Dank päpstlicher Fürsorge, die sich der Vatikan mit weitgehenden territorialen Zugeständnissen in Italien entlohnen ließ, überstanden die Staufer diese schwierige Phase. Am 23. Juli 1215 wurde Friedrich in der alten Kaiserstadt Aachen zum König gekrönt. Und nach der Kaiserkrönung in Rom, am 22. November 1220, konnte Friedrich zufrieden bilanzieren, dass die Staufer nach einer kritischen Periode ihre alte Machtposition wiederhergestellt hatten.

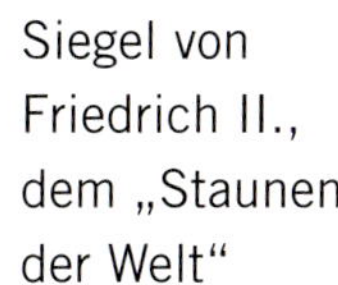

Siegel von Friedrich II., dem „Staunen der Welt“

Staunen der Welt

Zum Glück für die Staufer lebte Friedrich II. länger als sein Vater. Er starb 1250 im Alter von knapp 56 Jahren. In ihm erlebten die Zeitgenossen eine schillernde Persönlichkeit, von der eine Faszination ausging, der sich nicht einmal seine vielen Kritiker entziehen konnten. Der deutsche König, so wurde gelästert, sei überall zu finden, nicht aber in Deutschland.

Tatsächlich ließ sich Friedrich nur selten in heimischen Gefilden blicken. Viel lieber hielt er sich in Italien und auf Sizilien auf. Die mediterrane Kultur lag ihm mehr als die Enge Deutschlands mit seinen eifersüchtigen Fürsten. Auch die Päpste zählten nicht unbedingt zu seinem Freundeskreis. Gregor IX. sprach gar den Bannspruch aus, weil sich der eigenwillige Monarch weigerte, einen Kreuzzug ins Heilige Land zu unternehmen. Erst 1229 erschien er in Jerusalem und krönte sich dort selbst zum König.

Friedrich II. war der Paradiesvogel unter den mittelalterlichen Herrschern. „Stupor mundi", „Staunen der Welt", nannten ihn die Zeitgenossen. Er umgab sich mit einer arabischen Leibwache und lebte an seinem Hof in Palermo wie ein orientalischer Potentat. Auf seinen Reisen ließ er sich von einer Menagerie exotischer Tiere begleiten. Doch nicht nur Bären, Affen, Panther und Löwen hatten es ihm angetan. Er war auch ein ausgewiesener Experte für die Jagd mit Falken und schrieb darüber ein vielgelesenes Buch.

Doch nur mit Exzentrik, das wusste auch Friedrich, lässt sich auf Dauer ein Reich nicht zusammenhalten. Während er mit der deutschen Heimat fremdelte, errichtete er in Süditalien und auf Sizilien ein hochmodernes Staatswesen mit einer hocheffizienten Verwaltung. Zahlreiche neue Gesetze beseitigten die bis dahin übliche Willkür bei der Rechtsprechung. Bei Friedrich, so exotisch er sich gab, fühlten sich die Menschen sicher.

König Barbarossa. Detail des monumentalen Kyffhäuser-Denkmals, 1896 als Ehrendenkmal für Kaiser Wilhelm I. fertiggestellt

Friedrich II. – wie denn nun?

So schildert ihn der Kirchenmann Salimbene von Parma (1221–1288):

„Friedrich war ein Verderben bringender und verdammter Mensch, … der den ganzen Erdkreis verdarb und in den Städten Italiens den Samen der Uneinigkeit und Zwietracht säte … Er war ein verschlagener Mensch, hinterlistig, habgierig, ausschweifend, boshaft, jähzornig."

… und so der Staufer-Anhänger Nikolaus von Jamsilla (13. Jh.):

„Er war ein hochgemuter Mann, mäßigte aber seinen hohen Mut durch die große Weisheit, die in ihm wohnte … Die Gerechtigkeit liebte und pflegte er so, dass es niemandem verboten war, mit dem Kaiser selbst um sein Recht zu streiten."

Ende in Neapel

Nach seinem Tod begann der Niedergang der Staufer. Es rächte sich nun, dass der Kaiser sich wenig um die Heimat gekümmert hatte. Und auch in Italien änderten sich die Rahmenbedingungen. Friedrichs Sohn Konrad IV. hatte keine Gelegenheit, sich als „Staunen der Welt" zu profilieren. Im Deutschen Reich wurde ihm ein Gegenkönig vorgesetzt, der Papst bestrafte ihn mit der Exkommunikation.

Das Ende der einst so stolzen Schwabendynastie kam 1268, als Konrads Enkel Konradin auf Betreiben der französischen Anjou-Familie in Neapel öffentlich hingerichtet wurde. Die Dynastie verschwand, der Ruhm blieb, jedenfalls im Volksglauben: Demnach wartet Friedrich Barbarossa im Kyffhäuser, einem deutschen Mittelgebirge, auf seine Rückkehr in die Welt der Lebenden, um dort für Sicherheit und Ordnung zu sorgen.

DAS REICH DER MONGOLEN

Vom Gelben Meer bis zur Ostsee

Der „ozeangleiche Herrscher" formte die Mongolen zu einer Supermacht. Von den Steppen Zentralasiens aus starteten sie einen scheinbar unaufhaltsamen Siegeszug. Doch nicht einmal ihnen gelang es, ein Reich für die Ewigkeit zu schaffen.

Liegnitz heißt heute Legnica und ist eine Stadt in Polen. 1241 fand hier eine denkwürdige Schlacht statt. Am 9. April 1241 kämpften deutsche und polnische Truppen gegen die Tartaren. In Europa waren sie besser bekannt unter dem Namen Mongolen. Doch sie selbst nannten sich Tartaren, nach einem der Stämme der großen mongolischen Völkerfamilie.

Den Europäern schauderte, wenn sie diesen Namen hörten. Was den Westen an Nachrichten aus dem Osten erreichte, war auch nicht gerade ermutigend. Die Mongolen, so hieß es, seien ein grausames Steppenvolk, kannten kein Erbarmen mit ihren Gegnern, raubten, plünderten, mordeten. Und „Tartaren" – hörte sich das nicht wie „Tartarus" an? So hieß in der Mythologie der antiken Griechen die Unterwelt. Die Tartaren waren daher, so die westliche Schlussfolgerung, die Abgesandten des Teufels.

Hartes Training

Die Geschichte der Mongolen ist eine der erstaunlichsten Erfolgsgeschichten aller Zeiten. Auf dem Gipfel ihrer Macht beherrschten sie ein Reich, in dem die USA zweimal Platz gehabt hätten. Es erstreckte sich vom Gelben Meer bis zur Ostsee, von China bis nach Polen. Dass sie einmal über eines der größten Imperien aller Zeiten herrschen würden, war den Mongolen jedoch nicht in die Wiege gelegt worden. Im Gegenteil: Sie waren ein Volk unter vielen anderen, die in den weiten Steppen Zentral- und Ostasiens als Nomaden ein karges Dasein fristeten. Dieses Leben war nicht einfach: Ständig musste man sich im Konkurrenzkampf um die besten Weideplätze behaupten. Eine Lehre, die den Mongolen in Fleisch und Blut überging, lautete: Wer sich nicht durchsetzt, geht unter. Wie sich zeigen sollte, war diese Maxime für die Mongolen ein Härtetest für spätere Großtaten.

Schmied mit Ambitionen

Den Aufstieg von einer unbedeutenden Stammesgruppe zur Weltmacht verdankten die Mongolen einer außergewöhnlichen Persönlichkeit. Der Name dieses Mannes: Dschingis Khan. So hieß er aber nicht von Haus aus. Sein richtiger Name war Temüdschin. Der „Schmied“, wie der Name übersetzt heißt, hatte großen Ehrgeiz und ebenso große Pläne. Sein Vater war Chef eines Mongolen-Clans. Als er bei Auseinandersetzungen mit rivalisierenden Familien getötet wurde, übernahm Temüdschin die Führung des Stammes. Doch das war ihm nicht genug. Er wollte Herrscher aller Mongolen sein. Gegen teils erbitterte Widerstände anderer Clanführer gelang es ihm, die verfeindeten Stämme unter seinem Befehl zu vereinen. Gern gesehen waren auch fremde Völker, die bereit waren, sich der neuen Gemeinschaft anzuschließen und

Mongolische Krieger. Persische Buchminiatur aus dem 15. Jh.

Denkmal für Dschingis Khan in der mongolischen Hauptstadt Ulan Bator

Rätsel um das Grab des Dschingis Khan

Dschingis Khan, der Gründer des mongolischen Großreiches, starb am 18. August 1227 während eines Feldzuges gegen das chinesische Volk der Tanguten. Anschließend wurde er prunkvoll bestattet. Trotz intensiver Nachforschungen weiß bis heute niemand, wo sich sein Grab befindet. Nicht einmal die Mongolen kannten den genauen Ort. Angeblich wurden 1000 mongolische Reiter abgestellt. Ihre Pferde mussten das Grab mit den Hufen einebnen. Danach sollen alle Reiter umgebracht worden sein – damit sie nicht verraten konnten, wo sich die letzte Ruhestätte des legendären Mongolen befindet. Nur ganz wenige Eingeweihte gab es, die das Geheimnis aber nicht preisgaben. Es sollte anscheinend unter allen Umständen vermieden werden, dass Räuber das reich ausgestattete Grab plünderten. Immerhin gibt es eine Gedenkstätte in Ordos, im Innern der heutigen Mongolei. Sie ist das Ziel von Scharen von Pilgern, die hier die Erinnerung an den „ozeangleichen Herrscher" pflegen.

für ihre Ziele zu kämpfen. Und diese Ziele waren offensiv: Es galt, so verkündete der Schmied, alle anderen Völker zu unterwerfen. Die Mongolen wollten die Weltherrschaft. Erste Erfolge feierten sie gegen benachbarte Turkstämme. 1206 erhoben die mongolischen Stammesfürsten Temüdschin zum „Dschingis Khan" – zum „ozeangleichen Herrscher".

Die ehrenvolle Beförderung war der Startschuss zu dem groß angelegten Eroberungsprogramm. Dahinter stand ein klares Konzept: Die Völker, die sich den Mongolen anschlossen, waren nur dann bei der Stange zu halten, wenn Kriege gewonnen wurden. Man versprach ihnen Beute, Reichtümer, Landgewinn. Und Dschingis Khan lieferte das Gewünschte. Als Erstes schickte er seine Armeen Richtung Osten, gegen China, das damals von der Sung-Dynastie regiert wurde. Nach dem Fall Pekings 1215 war ein großer Teil des stolzen Reiches der Mitte unterworfen. Den Chinesen hatte es auch nicht geholfen, dass sie als Bollwerk gegen die Mongolen eine lange Mauer – den Vorläufer der späteren Chinesischen Mauer – errichtet hatten.

Hatten chinesische Chroniken die Mongolen zuvor als primitive Menschen beschrieben, die sich in Tierfelle kleideten und von der Jagd und ihren Herden lebten, mussten ihre Gegner nun neidvoll anerkennen, dass Dschingis Khan eine hoch disziplinierte Truppe mit enormer Schlagkraft zusammengestellt hatte. Ein europäischer Reisender notierte beeindruckt: „Gegen die

Front der Feinde schicken sie zuerst eine Abteilung von Gefangenen und anderen Völkerschaften, die ihnen Kriegsdienst leisten müssen. Andere auserlesene Kerntruppen schicken sie auf weiten Umwegen, damit sie von ihren Gegnern nicht gesehen werden, gegen die beiden feindlichen Flanken rechts und links. Dann umzingeln sie das feindliche Heer und nehmen es in ihre Mitte." Dschingis Khan selbst beschrieb seine Taktik mit den Worten: „Es ist besser, hinter dem Heer beim Unterworfenen überhaupt keine Lebenden zurückzulassen. Denn immer wieder wird der Besiegte daran denken, das Joch abzuwerfen. Deshalb tötet sie alle."

Treue Vasallen

Doch waren die Mongolen nicht nur jene blutrünstigen Monster, als die sie von ihren Gegnern bezeichnet wurden. Dschingis Khan wusste auch, wie man klug und dauerhaft regiert. An der Spitze des mongolischen Reiches stand unangefochten der Khan. Eine Stufe tiefer rangierte der Adel, der sich aus den Verwandten des Khan und seinen Gefolgsleuten rekrutierte. Die gesellschaftliche Ordnung entsprach der feudalen Herrschaft im Westen. Die Vasallen leisteten dem König einen Treueschwur und erwarben damit den Anspruch, nach Beutezügen bei der Gewinnausschüttung dabei zu sein. Die Masse der Männer, eingeteilt in Freie und Sklaven, bildete den Kern der Armeen.

Nach den Eroberungen in China setzten die Mongolen ihren unaufhaltsamen Vormarsch ohne große Verzögerungen fort. 1220 wurden Buchara und Samarkand im heutigen Usbekistan eingenommen und zerstört. Die Liste der unterworfenen Völker und Gebiete wurde länger und länger. Selbst der plötzliche Tod des Dschingis Khan – ihn traf 1227 bei Gefechten in Nordtibet ein Pfeil in die Brust – bedeutete nicht das Ende der mongolischen Expansion. Seine Söhne und seine Enkel, alle ausgestattet mit dem Dschingis-Khan-Gen, setzten seine Eroberungspolitik konsequent fort.

Eroberung Chinas durch die Mongolen. Persische Buchillustration aus dem 14. Jh.

Eroberung am Nikolaustag

Der aktivste Mongole in der Ära nach Dschingis Khan war sein Enkel Batu Khan, auch Batu der Prächtige genannt. Er formte bis zu seinem Tod 1255 die „Goldene Horde", einen Herrschaftsbereich, der sich von Sibirien bis nach Osteuropa erstreckte. Unter Batu lautete die Devise: Auf in den Westen! 1236 bewegte sich die Karawane der Mongolen mit einem riesigen Heer von 120 000 Mann nach Russland. Erst fiel Moskau, dann, im Jahre 1240, Kiew, die Hauptstadt der ersten großen Fürstendynastie Russlands. „Am 6. Dezember, am Nikolaustag, wurde die Stadt von den Gottlosen genommen", notierte ein russischer Chronist.

Gottlos waren die Mongolen allerdings nicht, sie waren erklärte Anhänger Buddhas. Nun war auch Russland mongolisch geworden. Doch eine direkte Herrschaft übten die Mongolen hier nicht aus, dafür war das Land zu groß und zu weit. Schließlich waren auch die Reserven der Mongolen nicht unerschöpflich. Daher setzte man auf das Prinzip, andere für sich herrschen zu lassen. Die unterworfenen

Die Schlacht bei Liegnitz 1241. Illustration aus dem 19. Jh.

Fürsten hatten Tribute an die Staatskasse in Karakorum, der Hauptstadt der Mongolen, zu zahlen. Dafür durften sie in ihren jeweiligen Teilreichen autonom regieren. Das Verhältnis zwischen Russen und Mongolen als harmonisch zu bezeichnen, wäre jedoch eine arge Übertreibung. Ganz im Gegenteil kam es immer wieder zu Konflikten. In einem zeitgenössischen Bericht aus Nowgorod heißt es: „In diesem Winter kamen die Rohfresser, die verfluchten Tataren mit ihren Frauen und eine Menge anderer, und es war Aufruhr in Nowgorod."

Internationales Flair

1253 besuchte der Dominikaner Wilhelm von Rubruk die mongolische Hauptstadt Karakorum. Seine Notizen zeugen auch von der religiösen Toleranz der Mongolen:

„Es gibt da zwei Stadtviertel, das der Sarazenen, wo der Wochenmarkt stattfindet und viele Kaufleute zusammenströmen wegen des Hofes, der sich immer dort in der Nähe aufhält, und wegen der vielen Gesandten. Das andere ist das Stadtviertel der Nordchinesen, die durch die Bank Handwerker sind. Außerhalb dieser Bezirke befinden sich die großen Paläste, die den bei Hof angestellten Sekretären gehören. Ferner sind da zwölf Götzentempel der verschiedenen Nationen und zwei Moscheen, in denen die Religion Mohammeds ausgerufen wird, sowie am äußersten Ende der Stadt eine christliche Kirche."

Überraschende Wende

Batus Machthunger war immer noch nicht gestillt. Auf seine Initiative ging der Westfeldzug zurück, der die Mongolen bis nach Schlesien führte. Bei Liegnitz kam es zur Schlacht gegen den polnischen Herzog Heinrich II., der sich todesmutig ins Gefecht stürzte und diesen Wagemut mit seinem Leben büßte. Überhaupt feierten die Mongolen in Polen einen triumphalen Sieg. Der ganze Westen zitterte. Würde Batu jetzt weitermarschieren? Doch der Khan hatte andere Pläne. Er zog sich nach Ungarn zurück und schlug in der Ebene von Donau und Theiss ein neues Hauptquartier auf. Dann aber riefen ihn Streitigkeiten unter den mongolischen Größen in die Heimat zurück. In Europa sprach man von einem Wunder und atmete tief durch.

Spätblüte und Ende

Tatsächlich hatten die Mongolen nun den Zenit ihrer Macht erreicht. Die von Dschingis Khan geschaffene Einheitsfront begann bedenklich zu bröckeln. Die internen Rivalitäten nahmen zu. So bildeten sich vier Teilreiche heraus, mit jeweils eigenen Herrschern und eigener Politik. Und auch diese hatten große Schwierigkeiten, ihre Position gegenüber mutiger gewordenen Nachbarvölkern zu behaupten.

Eine Spätblüte erlebten die Mongolen unter Timur Leng („der Lahme"), einem muslimischen Mongolen, der sich Respekt verschaffte, indem er sich als ein Nachkomme des Dschingis Khan ausgab. Tatsächlich startete er ab 1379 einen Siegeszug, der an die Triumphe in den goldenen Zeiten des „ozeangleichen Herrschers" und Batus erinnerte. Die Chronisten notierten 35 Feldzüge, die Timurs Mongolen nach Persien, Aserbeidschan, Georgien, Armenien und im Osten bis an die Grenzen Indiens führten. Sein Tod im Jahre 1404 aber bereitete den Ambitionen der Mongolen auf eine Neuauflage des Projektes Weltreich ein jähes Ende.

DIE REPUBLIK VENEDIG

Gigant des Handels

Lagunen, Pfähle, Brücken, Kanäle: Venedig ist eine Stadt mit ganz besonderem Flair. Von hier aus starteten clevere Geschäftsleute in die weite Welt und machten die Serenissima zu einer großen Nummer im Wettbewerb der Global Player. Am Niedergang waren andere schuld.

Sie waren auf der Flucht. Auf der Flucht vor den Langobarden. Die Angreifer waren im Begriff, in Oberitalien die Macht an sich zu reißen. Die Bevölkerung war in großer Sorge, denn den Neuankömmlingen eilte kein guter Ruf voraus. Sicher ist sicher, dachten sich daher die Bewohner, verließen die Städte und Dörfer und machten sich auf die Suche nach geschützten Plätzen. Das große Los zog eine Gruppe von Flüchtlingen, die ihr Glück an der Küste der Adria suchte, dort, wo das alte Volk der Veneter lebte.

Optimales Rückzugsgebiet

Die Landschaft war wie geschaffen für ein Rückzugsgebiet. Eine Lagune mit vielen kleinen Inseln und Landzungen bot optimalen Schutz vor Angreifern. Die neuen

Siedler krempelten die Ärmel hoch, legten Kanäle an, bauten Brücken und errichteten Pfahlbauten. So ließ es sich auf und in dem Wasser auch bei Hochwasser gut leben.

Auf diese Weise begann nach 568, als die Langobarden nach Italien kamen, die Geschichte der berühmten Handelsrepublik Venedig. Anfangs standen die Bewohner noch unter der Oberherrschaft von Byzanz. Im nahen Ravenna residierte ein Statthalter, der mit der Aufgabe, die Interessen Konstantinopels in Italien zu vertreten, aber zunehmend überfordert war. Da auch die Langobarden keine Anstalten machten, die Bewohner der Lagunenstadt in ihrem Refugium zu behelligen, konnten sich die frühen Venezianer ungestört neuen Aufgaben zuwenden.

Konkurrenz belebt das Geschäft

Über die Ausrichtung ihrer Zukunft mussten sie sich keine tiefschürfenden Gedanken machen: Wegen der exponierten Position an der Küste der Adria lag die Siedlung natürlich auf dem Meer. Schifffahrt und Handel wurden von Anfang an ganz groß geschrieben. Und es dauerte nicht lange, bis die Seefahrer aus Venedig häufig und gern gesehene Gäste an den Küsten des Mittelmeeres waren. Umgekehrt entwickelte sich der Hafen von Venedig zu einem beliebten Anlaufpunkt für fremde Händler, zunächst aus dem Mittelmeerraum, später aus aller Welt. Angespornt wurde der Eifer der venezianischen Kaufleute durch die wachsende Konkurrenz, die ihnen in

Die heutige Weltstadt Venedig nahm ihren Anfang als eine Siedlung von Pfahlbauten, die im 6. Jh. von Flüchtlingen errichtet wurden.

Rialto

Jeder Venedig-Besucher kennt die Rialto-Brücke, die über den Canal Grande führt. Unter den meistfotografierten Motiven der Welt hat sie einen unangefochtenen Spitzenplatz. Der Name stammt von einem alten Stadtteil der Serenissima, lateinisch „rivus altus“, italienisch „rivo alto“, „hohes Ufer“ genannt. Hier befand sich das früheste Handelszentrum Venedigs. Insofern war Rialto die Keimzelle des späteren Wirtschaftsimperiums der Venezianer.

Die berühmte Rialto-Brücke in Venedig wurde zwischen 1588 und 1591 errichtet.

Italien erwuchs. Pisa, Genua und Florenz waren die prominentesten Mitstreiter im Kampf um die besten Absatzmärkte.

Die Venezianer hatten dabei meist die Nase vorn, nicht nur wegen der einmaligen Lage. Sie profitierten auch von ihrer Begabung, ein politisches und gesellschaftliches System zu entwickeln, das ganz auf Leistung und Erfolg ausgerichtet war. Von anderen Supermächten der Geschichte unterschied sich Venedig dadurch, dass es zu keinem Zeitpunkt ein geschlossenes Herrschaftsgebiet gab. Die Venezianer kamen auf die geniale Idee, ihre wirtschaftliche Macht global auszuspielen und sich nicht mit Problemen zu belasten, die eine direkte Herrschaft über feste Territorien mit sich brachte. Wenn sie aus der weiten Welt wieder nach Hause kamen, konnten sie sich über dynamische politische Strukturen freuen. In Venedig herrschte kein König, sondern eine Elite, gebildet aus den erfolgreichsten Kaufleuten. Erfolg und Leistung wurden mit politischen Spitzenpositionen belohnt. So herrschte ein permanenter Wettstreit, der auch dem Ganzen zugutekam.

Lieber alt als jung

Venedig war eine Republik, eine Adelsrepublik, und die Venezianer waren stolz auf diese Republik. An der Spitze des Staates stand der Doge. Bei der Wahl dieses Titels standen die alten Römer Pate. Bei ihnen hieß der oberste Militärführer „Dux“. Weil der Doge prinzipiell viel Macht hatte, legten die Adligen großen Wert auf ein sorgfältiges Auswahlverfahren. Gekürt wurde der Doge nicht vom Volk, sondern vom Adel und vom Klerus. Gerne wählte man ältere Kandidaten aus, denn wer Doge wurde, bekleidete dieses Amt auf Lebenszeit. Das Risiko, einen jungen, aber ungeeigneten Dogen über Jahrzehnte hinweg als oberste politische und militärische Instanz schalten und walten zu lassen, erschien ihnen doch zu groß. Was, wenn jemand sein Amt zum Aufbau einer persönliche Machtbasis missbrauchte? Also nahm man lieber betagtere Dogen, die schon alles erreicht und zudem viel Erfahrung im politischen Geschäft hatten.

Allergisch reagierte der Adel, als im 11. Jh. die Familie Orseolo die Möglichkeiten auslotete, die Erblichkeit des Dogen-

Amtes einzuführen. Es war offensichtlich, dass die Orseolos dabei nicht an das Wohl des Staates dachten, sondern ihrer Familie ein Dauerabonnement auf das höchste Amt im Staat reservieren wollten. Die Pläne verschwanden schnell wieder in der Schublade. Auch wurden Vorkehrungen getroffen, Amtsmissbrauch zu verhindern. Nach dem Tod eines Dogen begutachteten fünf Kontrolleure (Correctori) seine Amtsführung. Konnten ihm Verfehlungen nachgewiesen werden, wurden die Angehörigen mit empfindlichen Strafen belegt. Sie waren politisch und gesellschaftlich erledigt.

Streit um den Evangelisten

Der 31. Januar 828 war für Venedig ein besonderer Tag. In der Lagunenstadt trafen die Gebeine des Heiligen Markus, des berühmten Evangelisten, ein. Ursprünglicher Aufbewahrungsort seiner sterblichen Überreste war die Stadt Alexandria in Ägypten gewesen. Von dort aus wurden sie von zwei Spezialagenten des Dogen per Schiff nach Venedig gebracht. „Er wurde gestohlen", sagten die Alexandriner und beriefen sich auf eine Tradition, wonach Markus einst ihre christliche Gemeinde gegründet habe und in ihrer Stadt als Märtyrer gestorben sei. „Er wurde den rechtmäßigen Besitzern zugeführt", sagten die Venezianer und zauberten ein – zweifelhaftes – Gutachten aus dem Ärmel, wonach der fromme Mann auf einer Missionsreise in die Lagune gekommen sei und ihm ein Engel geweissagt habe, dass dereinst hier seine Gebeine ruhen sollten.

Als Zweifel an dieser Version laut wurden, änderte Venedig seine Taktik und gab zu Protokoll, es habe sich um eine Rettungsaktion gehandelt. Der arabische Kalif habe an der Stelle des Markus-Grabes in Alexandria einen Palast bauen wollen. Jedenfalls gaben die Venezianer ihren Markus nicht wieder heraus. Er wurde zum Schutzpatron der Stadt und sein Symbol, der Löwe, zum Wappentier von Venedig. Bis heute ist Markus in Venedig allgegenwärtig. Markusplatz und Markusdom gehören zum Pflichtprogramm aller Venedig-Besucher.

„Die Einschiffung des Leichnams des Heiligen Markus nach Venedig". Gemälde von Domenico Tintoretto (1560–1635). In Wirklichkeit ging die Entwendung der Gebeine wohl etwas brachialer vonstatten.

Aufstieg zur Weltmacht

Gegen Ende des 11. Jh. begann der Aufstieg Venedigs von einer lokalen Handelsmacht zu einer globalen Supermacht. Die in dieser Zeit einsetzenden Kreuzzüge eröffneten dem Handel des Westens mit dem Osten ganz neue Möglichkeiten. Ausgestattet mit einem phänomenalen Geschäftssinn, lieferten die venezianischen Kaufleute alles, was gefragt war. Zugleich sicherten sie sich durch Verträge die lukrativsten Märkte in der Adria und im östlichen Mittelmeer. Bald gab es keine Insel und keine Küste mehr, wo die Venezianer nicht über ein Büro oder eine Niederlassung verfügten. Viel Geld machte Venedig mit dem Sklavenhandel. Die Dogen schlossen Verträge mit den muslimischen Herrschern in Ägypten, Syrien und Sizilien und versorgten sie mit billigen Arbeitskräften aus dem slawischen Raum. Ein wichtiger Handelspartner war das Reich von Byzanz. Auch hier pflegten die Geschäftsleute aus der Lagunenstadt enge Kontakte. So unterstützte Venedig den Kaiser im Kampf gegen die Normannen in Süditalien materiell und militärisch. Als Gegenleistung handelten die Geschäftsleute aus der Lagunenstadt Privilegien und die Befreiung von Steuern und

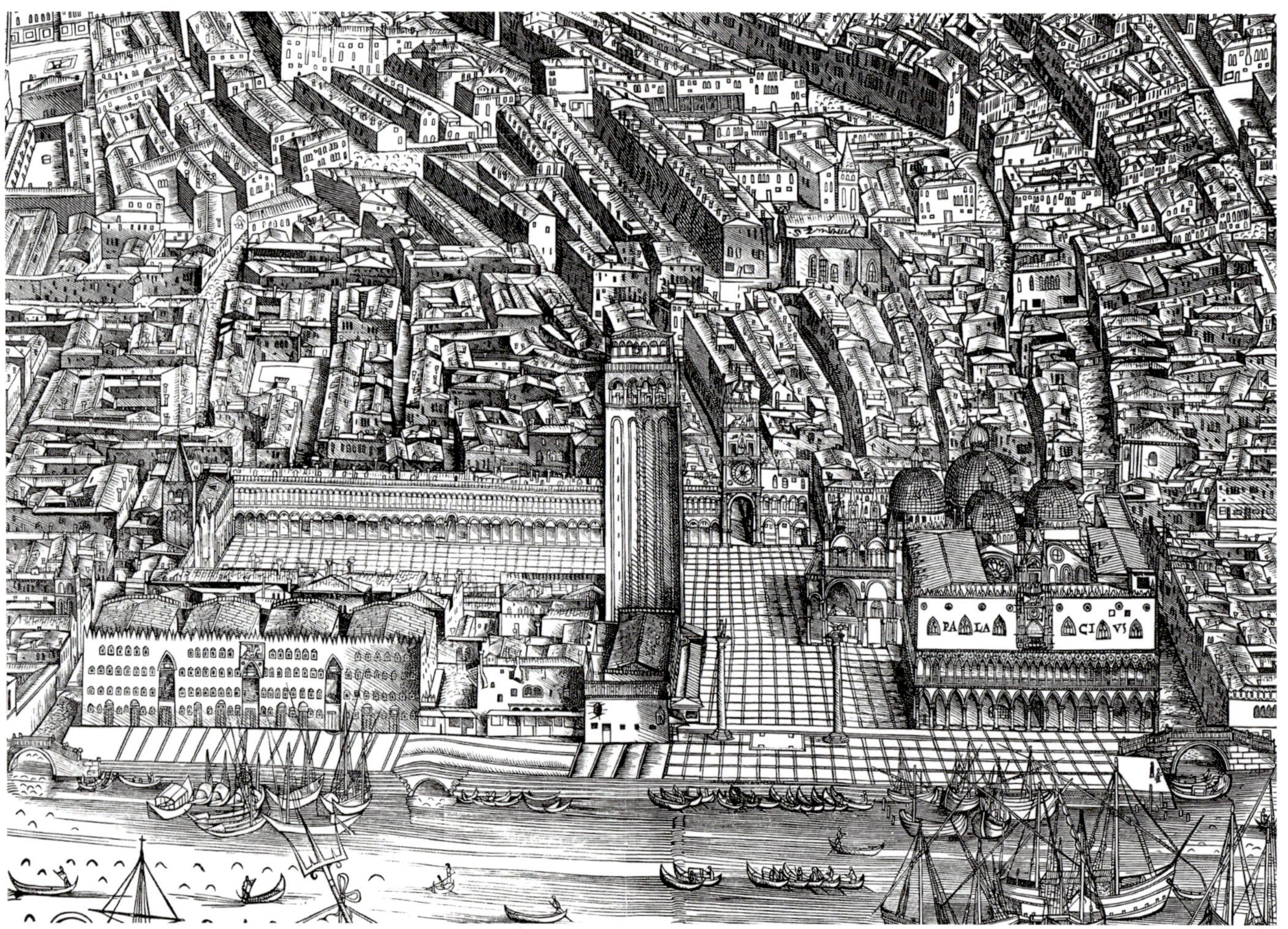

Karte von Venedig aus dem 16. Jh.

Zöllen aus. Über die Kontore in Konstantinopel wickelten sie lukrative Geschäfte mit dem Fernen Osten ab. Venedig etablierte sich in Europa als Hauptlieferant orientalischer Luxuswaren. Die guten Beziehungen zu Byzanz kühlten allerdings deutlich ab, als der greise Doge Enrico Dandolo den Vierten Kreuzzug (1202–1204) in die Hauptstadt am Bosporus lenkte und die Venezianer zusammen mit ihren europäischen Verbündeten schlimme Verwüstungen und Plünderungen anrichteten.

Schiffsbau wie am Fließband

Die Eroberung von Konstantinopel war ein Coup, der sich auch wirtschaftlich auszahlte. Nun hatte Venedig direkten Zugang zu den Handelsplätzen des Ostens. Im Arsenal, der großen Werft von Venedig, liefen die schnellen Galeeren im Akkord vom Stapel. Möglich war dies durch ein neues Verfahren im Schiffsbau, das im Laufe der Zeit immer mehr perfektioniert wurde. Die Idee war ebenso einfach wie revolutionär: Es war nicht eine Mannschaft aus Handwerkern mit dem Bau jeweils eines Schiffes beschäftigt, sondern jedes Team war für einen speziellen Bauteil des Schiffes zuständig. Damit entwickelten die innovativen Venezianer das erste Fließbandsystem der Geschichte.

Im Abseits

Und so wurde die Serenissima („die Durchlauchtigste"), wie man Venedig respektvoll nannte, immer reicher. Die Kaufleute dokumentierten ihren Wohlstand durch den Bau prächtiger Paläste entlang des Canal Grande, die noch heute mit ihrem morbiden Charme Touristen aus aller Welt anlocken. Lange Zeit mischte Venedig in der Riege der großen Handelsmächte in führender Position mit. Der Niedergang setzte im 15. Jh. ein. Daran trugen die Venezianer selbst nicht die Schuld. Die Welt veränderte sich, und mit ihr die Welt des Handels. Im Osten führte der Aufstieg der Türken zum Verlust wichtiger Märkte. Der Portugiese Vasco da Gama entdeckte den Seeweg nach Indien um die Südspitze Afrikas. Damit gerieten die Venezianer, die bis dahin auf dem Landweg den Gewürzhandel mit dem Fernen Osten kontrolliert hatten, weiter ins Abseits. Mit der Entdeckung Amerikas durch Christoph Kolumbus 1492 verlagerte sich der globale Handel vom Mittelmeer in den Atlantik. Den venezianischen Geschäftsleuten blieb nichts anderes übrig, als in den Filialen ihre Schreibtische zu räumen, sich in die Lagune zurückzuziehen und wehmütig an die guten alten Zeiten zu denken.

1571: Die Seeschlacht von Lepanto

Am 7. Oktober 1571 besiegte eine bunt gemischte Koalition aus Papst, Spaniern und Venezianern die Flotte der türkischen Osmanen. Ort des Geschehens war die Bucht vor der griechischen Stadt Naupaktos, damals besser bekannt unter ihrem italienischen Namen Lepanto. Der Sieg der „Heiligen Liga" kam völlig überraschend. Die Türken waren zahlenmäßig überlegen und hatten das Wort Niederlage ohnehin längst aus ihrem Vokabular gestrichen. Für Venedig war die Schlacht von Lepanto einer der letzten großen Auftritte auf der Bühne der Machtpolitik. Der Sieg konnte den Niedergang aber nicht bremsen, während die Türken sich bald wieder erholten. Historisch bedeutsam ist die Seeschlacht von Lepanto auch deswegen, weil hier zum letzten Mal auf geruderten Galeeren gekämpft wurde.

Albanien und sein Volksheld

Bollwerk Balkan

Kleines Albanien? Irrtum! Nicht immer stand das Land der Skipetaren im Schatten der großen Geschichte. Dafür sorgte ein Kriegsherr, der bei den Albanern auch heute noch unter Denkmalschutz steht.

Im 15. Jh. war der Balkan fest in den Händen der Osmanen. Auch Albanien wurde vom mächtigen Sultan regiert. Die Skipetaren waren ein stolzes Volk. Sie waren aber auch ein zerstrittenes Volk. Ständig gab es in dem Land zwischen den Küsten der Adria und den wilden Bergen des Balkans Rivalitäten und Konkurrenzkämpfe. Diese Konflikte hatten es den Türken leicht gemacht, das Land zu erobern.

Kluges Rezept

Beliebt waren die Türken bei den freiheitsliebenden Albanern nicht. Doch die Besatzer verfolgten eine kluge Strategie. Sie holten die Söhne albanischer Adliger an ihre Höfe, bekehrten sie zum Islam und boten ihnen die Chance, in der türkischen Armee Karriere zu machen. Wer die Eliten gewinnt, zähmt das ganze Volk – ein Herrschaftsrezept, das sich auch in den anderen Teilen des osmanischen Imperiums bewährt hatte. Auch Gjergj Kastrioti gehörte zu den jungen Männern, die von den Türken ausgewählt worden waren, um ihnen das Herrschen in Albanien angenehmer zu gestalten. 1405 als Sohn des Fürsten von Emathia geboren, kam er als 18-Jähriger an den Hof des Sultans in Edirne. Ganz nach türkischem Plan trat er zum Islam über, ging zum Militär und machte dort Karriere. Er legte den Namen Gjergj ab und nannte sich Iskander – die türkisch-persische Form von Alexander. Eine klare Ansage: Er wollte Alexander dem Großen, dem makedonischen König und Eroberer, nacheifern. Der zufriedene Sultan verlieh ihm obendrein den Ehrentitel „Beg", „Herr". Damit war aus Gjergj Kastrioti der Skanderbeg geworden, der „Herr Alexander". Eine Zeitlang leistete er den Türken treue Dienste und wurde für seinen Einsatz mit dem einflussreichen Posten eines Provinzgouverneurs belohnt.

Letzte Worte

Der albanische Dichter Mitrush Kuteli (1907–1967) über den Tod Skanderbegs:

„Man brachte ihm seinen Sohn ..., und er nahm ihn in die Arme. ‚Blume meines wunden Herzens, du hast während der Unruhen des Krieges für mich geblüht. Wenn ich sterbe, werden meine Gefährten den Krieg fortführen ... Wenn du siehst, dass du in Schwierigkeiten gerätst, nimm deine Mutter und drei von unseren besten Schiffen und stich in See. Wenn du erwachsen bist, kehr in dein Land zurück und führe den Kampf fort. Ich sage dir diese Dinge nicht, damit du dem Tod entfliehst, sondern damit du die Sippe vor Schande bewahrst. Denn Schande ist schlimmer als der Tod.'"

Denkmal des Volkshelden Skanderbeg in Tirana, Albanien

Folgenschwerer Seitenwechsel

Die weitere Karriere Skanderbegs verlief jedoch anders, als es sich die Türken vorgestellt hatten. Als die Osmanen 1443 eine schwere Niederlage gegen die Ungarn einstecken mussten, kehrte Skanderbeg in die Heimat zurück, nahm wieder den christlichen Glauben an und organisierte eine breite Widerstandsfront gegen seine bisherigen Arbeitgeber. Die Aussicht auf Freiheit veranlasste die stolzen Clanchefs, sich hinter Skanderbeg zu scharen. 1444 schmiedete er bei einem Treffen in Alessio eine Allianz gegen die Türken. Erstmals in ihrer Geschichte bildeten die Albaner eine Einheit.

Mit Skanderbeg an der Spitze nahmen die Albaner den Kampf gegen die Türken auf. Von den Kräfteverhältnissen her eigentlich ein Kampf David gegen Goliath, machten die Albaner die materiellen Vorteile der Türken mit unbändigem Siegeswillen wett. Albanien, das bisher im Schatten der großen Geschichte stand, sorgte plötzlich in ganz Europa für Aufsehen. Der Papst und Venedig leisteten finanzielle Hilfe, andere waren weniger spendabel und schickten nur warme Worte der Anerkennung.

Verhängnisvoller Gegenschlag

Doch dann holten die Türken zum Gegenschlag aus. Sie mobilisierten eine Armee von 150 000 Mann, plünderten und verwüsteten das Land und eroberten 1466 die umkämpfte Stadt Kruje zurück. Die Albaner wurden zur Kapitulation gezwungen. Skanderbeg starb zwei Jahre später an einer schweren Malaria-Erkrankung. Doch bis heute verbinden die Albaner mit ihm die Erinnerung an eine kurze Phase ihrer Geschichte, in der sie der türkischen Supermacht das Fürchten gelehrt hatten.

JULY
IV

Neuzeit

Ära der Weltreiche

Ein Familienunternehmen in Augsburg kontrollierte die Weltmärkte und hatte Päpste, Kaiser und Könige auf der Lohnliste. Portugiesen und Spanier entdeckten Süd- und Mittelamerika als Quellen sagenhafter Reichtümer und Märkte für den Absatz eigener Waren und zerstörten dabei einheimische Hochkulturen. Die Briten machten sich auf, so viel wie möglich von der Welt zu erobern, und sicherten sich gegenüber namhafter europäischer Konkurrenz den Löwenanteil an den umkämpften Märkten Asiens.

Alles kein Zufall: In der Neuzeit spielten bei den großen Reichsbildungen viel mehr als in den vorhergehenden Zeiten wirtschaftliche Motive eine Rolle. Wie man den Zug der Zeit verpassen kann, zeigten die Türken. Unter der Dynastie der Osmanen katapultierten sie sich in die Spitzengruppe der internationalen Mächte. Lange Zeit waren sie ganz oben. Doch dann erfolgte der langsame, schleichende Abstieg, weil man sich an überholte, verkrustete Strukturen klammerte.

Aus dem gleichen Grund ging das Reich der Zaren in Russland unter. Solche Sorgen hatte Ruthenien nicht. Das Land in den Karpaten ist einsamer Rekordhalter, was die Lebensdauer von Reichen angeht: Es existierte gerade einmal einen einzigen Tag.

Die Fugger

Dynastie der Hochfinanz

Geld regiert die Welt? Heute sicher – aber auch früher? Die Augsburger Kaufmanns- und Bankier-Dynastie der Fugger finanzierte Kaiser, Könige und Päpste. Ihr Name steht für eine historische Zäsur: In Sachen Wirtschaft sprach das städtische Bürgertum nun ein gehöriges Wort mit.

Der Brief aus Augsburg war höflich und mit allem gebührenden Respekt formuliert, ließ an Deutlichkeit aber nichts zu wünschen übrig. Was ihm der Bankier mitteilte, war Karl nicht neu. Er wusste selbst, dass er ohne Fuggers Unterstützung niemals Kaiser geworden wäre. Genau 543 585 Gulden hatte der Finanzier investiert, viel mehr als seine Rivalen, die Welser. Die Gelder waren an die Kurfürsten geflossen, die sich dann 1519 für den jungen Habsburger und gegen den anderen Kandidaten Franz I. von Frankreich entschieden. Seitdem war Karl V. Kaiser im Heiligen Römischen Reich und aufgrund seines spanischen Erbes Herrscher über ein Imperium, in dem, wie er selbst sagte, „die Sonne nicht untergeht".

Klare Bedingungen

Die Fugger waren keine Wohltäter, jedenfalls nicht in Finanzfragen. Sie verlangten für ihr Geld Gegenleistungen. Das wusste auch der Kaiser. Die Fugger interessierten die lukrativen Märkte in Südamerika und Ostasien. Sie spekulierten auf Privilegien, Konzessionen, Befreiung von Zöllen und Abgaben. Sie erwarteten, dass der Kaiser ihnen all dies garantierte. Das war auch schon vor der Wahl durch die Kurfürsten so abgesprochen worden. Die Ergebnisse der Verhandlungen waren schriftlich fixiert. Darauf legten die Fugger großen Wert.

Daran erinnerte Jakob Fugger, der Chef des noblen Bankhauses, in dem Schreiben, das er im Frühjahr 1523, am 24. April, vier Jahre nach der Wahl, dem säumigen Monarchen zukommen ließ. Er erinnerte auch daran, dass der mächtigste Mann der Welt seine Schulden nicht bezahlt hatte. Ein Fugger hatte nichts zu verschenken – auch ein Kaiser hatte ein Darlehen mit Zins und Zinseszins zurückzuzahlen. Karl hatte zwar die Kupfer-, Salz- und Goldbergwerke in Spanien gepfändet und sie 1521 auf dem Wormser Reichstag – während der dorthin geladene Reformator

Martin Luther an seiner Verteidigungsrede feilte – dem Unternehmen Fugger zur Nutzung übereignet. Damit tilgte er eine Schuld von 415 000 Gulden. Doch es blieb noch eine ansehnliche Restschuld, die Jakob Fugger mit seinem Mahnbrief nun endlich eintreiben wollte.

Mit wohlgesetzten Worten wies der Finanzier darauf hin, dass sich schon Karls Vorgänger Maximilian der freundlichen Unterstützung des Bankhauses Fugger habe erfreuen dürfen. Und man habe alles getan, „um Eurer königlichen Majestät die Römische Krone zu verschaffen", und habe dabei „auch eine bedenkliche Summe Geldes vorgestreckt." Dann sprach er Klartext: „Es ist auch bekannt und liegt am Tage, dass Eure Kaiserliche Majestät die Römische Krone ohne meine Hilfe nicht hätte erlangen können." Der Kaiser sei nicht der einzige potenzielle Kunde gewesen: „Denn wenn ich hätte vom Hause Habsburg abstehen und Frankreich fördern wollen, so hätte ich viel Geld und Gut verlangt, wie mir denn solches auch angeboten worden ist." Und dann wäre Karl jetzt nicht Kaiser des Heiligen Römischen Reiches. Immerhin war Jakob Fugger diskret genug,

Anton Fugger, der Neffe Jakob Fuggers, wirft bei einem Besuch Karls V. in Augsburg einen seiner Schuldscheine ins Feuer. Illustration aus dem 19. Jh.

Das berühmte Fuggerhaus in der mittelalterlichen Silberstadt Schwaz in Tirol

nicht direkt anzusprechen, wozu Karl so viel Geld gebraucht hatte. Die Kurfürsten wollten für ihre Wahlentscheidung zugunsten des Habsburgers angemessen honoriert werden. Das war auch allgemein bekannt. Kritiker sprachen von Bestechung, die Kurfürsten von Pragmatismus. Karl verstand den Wink mit dem Zaunpfahl. Gehorchte der Kaiser nicht, würde ihm der Bankier den Geldhahn zudrehen und künftig bei der politischen Konkurrenz als Sponsor wirken. Der Kaiser fügte sich und zahlte.

Kaiser Karl V. war der prominenteste Kunde der Fugger. Auch andere gekrönte Häupter und sogar Päpste standen auf ihrer Lohnliste. Die engsten Beziehungen aber bestanden zur Dynastie der Habsburger. Der erste bedeutende Klient war Erzherzog Sigmund, Graf von Tirol. Die Fugger gewährten ihm Kredite und sicherten sich im Gegenzug das Recht auf die Ausbeutung der Kupfer- und Silberbergwerke in Tirol. Außerdem wurden sie in den Adelsstand erhoben und durften sich fortan Reichsgrafen nennen.

Bescheidene Anfänge

Die Fugger hatten klein angefangen. Niemand ahnte, dass sie einmal ein globales Finanzimperium besitzen würden. Am Anfang der Erfolgsgeschichte stand ein Weber namens Hans Fugger, der sich 1367 in Augsburg niederließ. Schon dieser Ahnherr besaß den für die Fugger so typischen Geschäftssinn. Er beließ es nicht bei der Herstellung von Textilien, sondern kümmerte sich auch um den Vertrieb und gelangte auf diese Weise zu Wohlstand.

Unter seinen Nachfolgern und Erben nahm der Betrieb an Fahrt auf. Die Fugger handelten nicht mehr nur mit Waren, sondern betätigten sich auch als Banker und Investoren. Sie waren nicht die Einzigen in dieser zukunftsträchtigen Branche, aber sie waren die Erfolgreichsten. Das ganz große Geld machten Jakob und Anton Fugger. Jakob, 1459 in Augsburg zur Welt gekommen, schmückte der treffende Beiname „der Reiche“. Unter seiner Regie erwarb die Familie die Rechte auf das europäische Kupfermonopol. Zum Fugger-Konzern gehörten Minen in Tirol, Kärnten, Ungarn und Spanien. Ein einträgliches Geschäft, wie sich zeigte. Es floss viel Geld in die Kassen, das zu einem beträchtlichen Teil in die Politik investiert wurde. Dafür, dass Jakob Fugger in seiner Zeit zu den reichsten Männern der Welt gehörte, sorgten auch Investitionen im Fernen Osten. Gewürze aus Indien und China waren bei den Europäern begehrt, die Fugger kümmerten sich zuverlässig darum, dass die enorme Nachfrage gestillt wurde.

Profit statt Demut

Die Kirche lehrte offiziell Demut und Bescheidenheit. In der Realität aber lebten viele Kirchenfürsten, allen voran die Päpste in Rom, in Saus und Braus. Der üppige Lebensstil kostete viel Geld. Zudem waren sie in diverse Finanzgeschäfte involviert. Eine bewährte Methode, die Kassen zu füllen, war der Ablasshandel. Man bot den Gläubigen ein Geschäft an: Sie zahlten, dafür stellte die Kirche einen Nachlass bei den Sünden und insbesondere eine Verkürzung der Aufenthaltsdauer im gefürchteten Fegefeuer in Aussicht.

Goldgrube Bergbau

Basis der sagenhaften Reichtümer der Fugger war der Besitz von Kupfer- und Silberminen. Neue Bergbautechniken und Arbeitsmethoden steigerten die Produktivität in bis dahin nicht gekanntem Maße. Der Bergbau war in dieser Zeit eine Branche mit hohem Zukunftspotenzial. Kaiser Karl V. nannte ihn die „größte Gabe Gottes“. In Deutschland erwirtschafteten 100 000 im Bergbau Beschäftigte einen jährlichen Produktionswert von zwei Millionen Gulden. Zwischen 1493 und 1560 stieg die jährliche Silberproduktion in Deutschland von 31 500 auf 53 200 Kilogramm. Sie lag damit deutlich höher als im übrigen Europa. Ganze Landstriche, wie im Harz oder in Tirol, waren komplett vom Bergbau abhängig. Der Bergbau-Boom führte jedoch dazu, dass die meisten Ressourcen bald erschöpft waren. Die Fugger und andere Unternehmerfamilien wie die Welser zogen sich wieder aus dem Geschäft zurück. Für viele Bergleute eine Katastrophe, sie gerieten in Not und Armut. Dagegen blühte das montane Geschäft damals in anderen Teilen der Welt. Deutsche Investoren engagierten sich auf Kuba, in Schweden und in England.

Soziales Gewissen

Noch heute existiert in Augsburg die Fuggerei. 1521 wurde sie von Jakob Fugger für bedürftige und mittellose Augsburger Bürger gestiftet. Die älteste noch bestehende Sozialsiedlung der Welt besteht aus 67 Häusern und 142 Wohnungen. Die Kaltmiete beträgt 88 Cent im Jahr. Dreimal am Tag muss gebetet werden. 1944 im Bombenhagel des Zweiten Weltkriegs zur Hälfte zerstört, wurde die Fuggerei nach dem Krieg wieder aufgebaut. Die Fugger machten sich auch um die Förderung von Kunst und Kultur verdient. Viele Kirchen, Bibliotheken und Kunstsammlungen nicht nur in Augsburg verdanken ihre üppige Ausstattung Fuggerscher Spendierlaune.

Die Fuggerei in Augsburg

Genau diese Praxis war es gewesen, an der sich der Zorn des Reformators Martin Luther entzündet hatte. „Tut wahre Buße“, rief der streitbare Mönch der Christenheit zu. Die Vergebung der Sünden funktioniere nicht mit Geld, sondern nur mit wahrer, von innen kommender Buße. Jakob Fugger, Großinvestor und frommer Katholik in einer Person, dachte anders. Erst das Geschäft, dann die Religion, lautete sein Credo. Noch besser, wenn man beides miteinander verbinden konnte.

Die Affäre Albrecht

Kein Wunder daher, dass der „Bankier der Päpste“ auch in den lukrativen Ablasshandel verwickelt war. Aktuell sorgte zu dieser Zeit der Fall des Albrecht von Brandenburg für Aufsehen. Der junge Mann aus dem Haus Hohenzollern hatte sich gegen die Zahlung einer erklecklichen Summe an die Kurie in Rom die Kontrolle über die Bistümer Halberstadt und Mainz erkauft. Ämterkauf, Simonie genannt, war damals in kirchlichen Kreisen eine verbreitete Praxis.

Geld brauchte er auch für die Titel Erzbischof von Mainz und Erzbischof von Magdeburg. Mit Billigung der Kurie startete er in seinen Territorien einen schwunghaften Handel mit den begehrten Ablasspapieren, gegen die Zusicherung, mit dem Geld zur Hälfte den Neubau der Peterskirche finanzieren zu helfen. Die andere Hälfte war für die Tilgung des Fugger-Darlehens gedacht. Diese dunklen Geschäfte waren für Martin Luther der unmittelbare Anlass für seine berühmten 95 Thesen und damit für den Startschuss zur Reformation.

Protagonisten des Kapitalismus

Jakob Fugger starb 1525. Ihm folgte sein Neffe Anton (geboren 1493) auf den Chefsessel des Hauses Fugger. Bis zu seinem Tod 1560 lenkte er die Geschicke des Unternehmens und bewies dabei zur Genüge, dass auch er das typische Fugger-Gespür für gute Geschäfte hatte. Wie sein Onkel verstand er es, mit der Vergabe von Krediten und Darlehen die Mächtigen von sich abhängig zu machen. Er investierte und expandierte, Bankhaus und globale Handelsaktivitäten blühten. Die Fugger waren die geborenen Frühkapitalisten. Natürlich kannten sie diesen Begriff noch nicht, aber in der Sache waren sie in vorindustrieller Zeit Wegbereiter des modernen, profitorientierten Wirtschaftens.

Anton Fugger, nach Jakob Fugger der zweite große Firmenpatriarch, starb 1560. Zu dieser Zeit waren die Fugger immer noch eine große Nummer in der Welt der internationalen Finanzen. Immerhin hinterließ Anton ein beträchtliches Barvermögen in Höhe von sechs Millionen Gulden. Dafür hätte man die Wahl von mindestens zehn Kaisern bezahlen können, wenn man den bei Karl V. gültigen Tarif zugrunde legt. Doch die äußeren Bedingungen waren nicht mehr so rosig wie noch zu Jakobs Zeiten. Auch funktionierte das Politiker-Sponsoring weniger reibungslos. Schwer zu schaffen machte den Fuggern der Staatsbankrott in Spanien. Die Krone war nicht mehr in der Lage, ihre Darlehen zurückzuzahlen. So verordnete Anton den Fuggern eine strategische Neuausrichtung: Ausstieg aus den internationalen Handelsgeschäften und den riskanten Finanzierungsaktionen. Stattdessen waren Investitionen in Ländereien und Grundbesitz angesagt. Auch wenn ihre ganz große Zeit nun vorbei war: Konkurs mussten die emsigen Fugger nie anmelden.

König Ludwig I. von Bayern ließ 1857 das Jakob-Fugger-Denkmal auf dem Augsburger Fuggerplatz errichten.

DAS REICH DER OSMANEN

Anschluss verpasst

Zermürbende Kriege, zerstrittene Familien, zerrüttete Finanzen – der Niedergang des mächtigen Türkenreiches hatte viele Gründe. Am schlimmsten aber war der chronische Realitätsverlust. Zu lange hielten die Sultane an einem einst bewährten Herrschaftsmodell fest.

Ein kalter Wintertag in Istanbul. Es ist der 28. Januar des Jahres 1595. Am Tag zuvor hat der neue Sultan sein Amt angetreten. Mehmed III. hat eine große Schar von Brüdern – gehabt. Nun liegen sie alle in den 19 Särgen, die vor der großen Moschee, der Hagia Sophia, aufgebahrt sind. Nach muslimischem Gesetz müssen sie innerhalb eines Tages bestattet werden. Dieses Gesetz wird genau eingehalten, auch von dem neuen Sultan. Schon kurze Zeit später findet die Beerdigung statt.

Porträt von Sultan Mehmed III. von Cristofano dell'Altissimo, italienischer Maler und Kopist der Renaissance. Das Gemälde ist die Kopie eines älteren Porträts.

Salomon Schweigger kennt die Metropole am Bosporus gut. Der Geistliche aus Württemberg ist einige Jahre zuvor mit einer Gesandtschaft nach Istanbul gekommen. Er bleibt längere Zeit, studiert die Sitten und Gebräuche und veröffentlicht nach seiner Rückkehr nach Deutschland einen viel gelesenen Reisebericht. Darin steht – im damals gebräuchlichen Deutsch – ein Satz, der viele Leser erstaunt: „Ein jeder türckischer Kaiser, so er an das Reich kommt, muß lassen seine Brüder erwürgen."

Muss lassen seine Brüder erwürgen? Tatsächlich gab es bei den osmanischen Herrschern ein Gesetz, das den Sultan zum

Brudermord berechtigte. Es stammt aus der Zeit Mehmeds II., der 1453 Konstantinopel eroberte und damit zu einem der wichtigsten Architekten der osmanischen Großmachtstellung avancierte. Ein neuer Sultan war, wenn er die Herrschaft antrat, dazu berechtigt, seine Brüder und andere mögliche Thronerben umzubringen. Keine guten Aussichten für Prinzen, die in der Thronfolge nicht so weit oben standen. Meistens war es der älteste Sohn des Sultans, der die Nachfolge antrat. Aber in Stein gemeißelt war dieses Verfahren nicht.

Mit harten Bandagen

Die Brudermord-Regelung klingt brutal, hatte aber aus der Sicht der Herrscher den Vorteil, dass, wenn ein Sultan erst einmal auf dem Thron saß, Machtkämpfen und Streitigkeiten um die Erbschaft ein Riegel vorgeschoben wurde. Doch vorher wurde mit harten Bandagen gekämpft, hinter den Kulissen tobten heftige Grabenkämpfe. Verständlicherweise waren dabei besonders jene Prinzen aktiv, für die es ums pure Überleben ging. Wer verlor, sah einer kurzen und tristen Zukunft entgegen. Es war auch nicht wirklich ein Trost, dass das Gesetz besagte, Blut dürfe bei der Beseitigung der nächsten adligen Verwandten nicht fließen. Stattdessen solle man den Tod durch Erwürgen oder durch Erdrosseln mit der Sehne eines Bogens herbeiführen. Mehmed III. jedenfalls kannte keine Gnade. Nicht nur, dass er seine 19 Brüder töten ließ. Er gab auch noch den Befehl, alle Frauen seines Vaters zu töten, die gerade schwanger waren. Auf diese Weise schaltete er potenzielle Rivalen aus, die noch gar nicht zur Welt gekommen waren.

Der „Prinzenkäfig“ im Topkapi-Palast. Hier lebten zahllose Sultanssöhne, oft lebenslang, im goldenen Käfig.

Erst gegen Ende der Osmanenherrschaft wurde das Gesetz aus dem 15. Jh. gelockert. Den Prinzen blieb nun die Todesstrafe in der Regel erspart. Stattdessen wurden sie im Kafes kaserniert. Dieser „Käfig“ befand sich im Topkapi-Palast in Istanbul, der Hauptresidenz der Sultane. Sie lebten dort isoliert vom öffentlichen Leben gemeinsam mit Konkubinen und Eunuchen.

Auf dem Vormarsch

Als Mehmed III. seine 19 Brüder umbringen ließ, waren die Osmanen schon längst eine Großmacht. Begonnen hatten sie als Vasallen der Seldschuken, die im 11. Jh. als erste Dynastie aus der weit verzweigten Familie der Turkvölker im Vorderen Orient und in Anatolien die Herrschaft übernommen hatten. Um 1300 war es ein Stammesführer namens Osman, der die nach ihm benannte Dynastie der Osmanen gründete. Wie die Seldschuken, so hatten auch die Osmanen früh den islamischen Glauben angenommen. Mit ihren schlagkräftigen Armeen eroberten sie in den folgenden Jahren und Jahrzehnten mehr als die Gebiete, die auch die Seldschuken bereits unterworfen hatten. Im 14. Jh. marschierten sie bis zum Balkan vor. Das einst so mächtige Reich von Byzanz schrumpfte territorial immer weiter zusammen, bis Sultan Mehmed II. 1453 mit der Einnahme von Konstantinopel den Schlusspunkt setzte.

Der Hunger der Osmanen auf weitere Eroberungen aber war noch längst nicht gestillt. Zu Beginn des 16. Jh. war der Vordere Orient an der Reihe. Sultan Selim I. gewann Syrien, Palästina und Ägypten. Als auch noch der größte Teil Nordafrikas von den türkischen Truppen besiegt wurde, war das osmanische Großreich perfekt.

Sultan Selim I. im Krieg. Miniatur aus dem 16. Jh.

Herrschaft mit System

Natürlich stellten die neuen Verhältnisse die Herrschenden auch vor neue Aufgaben und Herausforderungen. Zum Erfolgsrezept der Osmanen gehörte es, ein ausgefeiltes System zu entwickeln, mit dem sie in der Lage waren, ein Reich, das sich von Persien bis nach Tunesien erstreckte, zu kontrollieren. Die Struktur der osmanischen Herrschaft war streng zentralistisch. Alle Fäden liefen beim Sultan zusammen. Doch er regierte nicht allein. Zur Seite standen ihm ein Reichsrat, Kanzleien und Behörden, dazu eine ganze Riege politischer Spitzenfunktionäre wie der Wesir, der Diwan, der Pascha und der Kadi.

Die eroberten Gebiete wurden von Gouverneuren und der Armee verwaltet. Die unterworfenen Völker waren von der Fremdherrschaft nicht begeistert. Doch erkannten sie an, dass bei den Osmanen Rechtspflege und Sozialfürsorge großgeschrieben wurden. Auch befolgten sie das seit den antiken Persern und Römern bewährte hegemoniale Konzept, nur so weit in die Lebensverhältnisse der Menschen einzugreifen, wie es für die Sicherung der Herrschaft notwendig war. Zwar mussten alle Steuern an die Hohe Pforte in Istanbul zahlen (so benannt nach einem Eingangstor zum Sultanspalast). Doch arm wurde durch die Zahlungen an den Staat keiner. Die Osmanen wussten: Die Bauern, Handwerker und Gewerbetreibenden waren das wirtschaftliche Rückgrat des Staates, und es galt, sie nicht über Gebühr zu schröpfen. In religiöser Hinsicht waren die Muslime privilegiert. Christen, Juden oder Angehörige anderer Religionsgemeinschaften mussten Extrasteuern zahlen, genossen ansonsten aber Freiheit in der Ausübung ihres Glaubens.

Zu den Stärken der Osmanen gehörte es, die Eliten der unterworfenen Völker an sich zu binden. Nicht nur Türken konnten bei ihnen Karriere machen. So wurden Anreize geschaffen, sich mit den Fremdherrschern zu arrangieren. Ein Beispiel für die Wirksamkeit dieses Verfahrens war die sogenannte Knabenlese, von den Osmanen original „devsirme“ genannt. Aus der christlichen, meist bäuerlichen Bevölkerung vorzugsweise der Balkangebiete wurden Kinder rekrutiert, zwangsweise islamisiert, gut ausgebildet und anschließend in die Armee integriert. Die Janitscharen – die Elitetruppen des Sultans – bestanden zu einem großen Teil aus jungen Männern, die aufgrund der Knabenlese für die Osmanen angeworben worden waren.

Auf dem Gipfel der Macht

Den Gipfel der Macht erklommen die Osmanen unter Suleyman dem Prächtigen. Den schmückenden Beinamen hatte er sich verdient. Er regierte von 1520 bis 1566 – für einen Sultan, der zwar viel Macht, aber auch viele Gegner hatte, eine ungewöhnlich lange Zeit. Sein Vater war Selim I., der die Länder des Vorderen Orients unterworfen und sich dabei den Ruf eines Kriegshelden erworben hatte – für Suleyman eine Verpflichtung, ihm in dieser Hinsicht nachzueifern. Er konnte auch gleich an die Arbeit gehen. Die Brudermorde standen bei der Besteigung des Thrones nicht auf dem Programm. Der Vater selbst hatte drei Jahre zuvor durch die Ermordung der drei Brüder und Rivalen Suleymans dessen Startbedingungen deutlich verbessert.

Als Suleyman nach 46 Jahren an den Schalthebeln der Macht starb, war aus der osmanischen Großmacht eine Supermacht

Die Türken bei der Belagerung von Wien 1529. Illustration aus dem 19. Jh.

geworden. So gehörte jetzt auch das historisch und kulturell bedeutsame Land zwischen Euphrat und Tigris – der heutige Irak – zum Besitz der Hohen Pforte. Intensiv kümmerte sich der Sultan um den Ausbau der Flotte. Unter seiner Regie kreuzten die türkischen Galeeren durch das Mittelmeer und das Rote Meer.

Die Türken vor Wien

Der Schwerpunkt der außenpolitischen Unternehmungen aber lag im Westen. 1521 wurde Belgrad erobert, 1526 kam der größte Teil Ungarns an die Reihe. Für Alarmstimmung sorgte in Europa der Vorstoß der türkischen Armee Richtung Wien. Am 27. September 1529 begann die Belagerung. Der Schrecken in der Kaiserstadt der Habsburger war groß. Und auch in den anderen europäischen Metropolen begann bei den gekrönten Häuptern das große Zittern. „Die Türken vor Wien", hieß es – und was würde passieren, sollte Suleyman die Stadt erobern? Diese Frage musste nicht beantwortet werden. Es gelang den Türken nicht, Wien einzunehmen. Immer wieder versuchten sie, Breschen in die Mauern zu schlagen. Die Janitscharen taten ihr Bestes. Doch vergebens. Am 14. Oktober zogen die Türken ab, und Suleyman hatte seinen Ruf eingebüßt, alles zu bekommen, was er wollte. Genau 154 Jahre später, im Jahr 1683, kam es zu einer Neuauflage der Belagerung von Wien. Doch Sultan Mehmed IV. hatte wie Suleyman kein Glück. Ein zweites Mal widerstand die Donaumetropole dem Druck der türkischen Armee. Immerhin ließen

Guten Appetit!

Über die feierliche Einweihung einer öffentlichen Küche (Imaret) im Moscheekomplex von Edirne durch Sultan Beyazid II. (23. Mai 1484) schreibt der Sekretär Oruc:

„Dann nahm Sultan Beyazid Han – lange währe seine Herrschaft! – in Edirne Aufenthalt. Nachdem er etliche Monate verweilt hatte, brach er im mittleren Drittel des Monats Sa'ban aus Edirne auf und verfügte sich nach Konstantinopel, wo er das Große Bayram (Ende Ramadan) Fest beging. Dann fand am Samstag, dem 10. Zilka'de, das Gastmahl im neuen Imaret und Krankenhaus zu Edirne statt, zu dem die Rechtsgelehrten und die Derwische, die Reichen und die Armen, die Wohlhabenden und die Bedürftigen geladen waren. Der Sultan des Islams und der Muslime, Sultan Beyazid Han – Allah der Allerhabene mehre seine Macht und Herrlichkeit! – verfügte sich zum Gastmahl seines Imarets, und der Verwalter des Imarets, der glücksgesegnete Rüstem Celebi, dieser Stolz der Vornehmen und Ruhm der Länder, dieser Kenner der ganzen Welt, dieser Geometer seiner Zeit und Meister seiner Epoche, lud all die Hochgeehrten ein und bewirtete sie, die sich da zum Mahle des Padischahs einstellten, mit Hochachtung und Ehrerbietung. Die Beamten des Imarets und des Krankenhauses und der Hohen Schule und des Freigasthauses wurden eingesetzt, und von jenem Tag an nahm das Imaret den Betrieb auf und war fertiggestellt und eingerichtet."

Die alte Moschee von Edirne stammt aus dem 15. Jh.

Der kranke Mann am Bosporus

Das Copyright auf diesen Spruch hat der russische Zar Nikolaus I. Er sprach 1852 als Erster vom „kranken Mann“ und meinte damit den türkischen Sultan Abdülmecid I. Um das Bild zu komplettieren, fügte man die geografische Bezeichnung „am Bosporus“ hinzu. Die anderen Großmächte betrachteten den bedenklich wankenden Koloss mit einer Mischung aus Sorge und Schadenfreude. Manche waren froh, dass die einst so stolzen Herren der Welt nun im dauerhaften Krisenmodus waren. Andere fürchteten, der malade Dauerpatient würde, fiele er ins finale Koma, durch sein Fehlen auf dem Parkett der internationalen Politik das Gleichgewicht der Mächte durcheinanderbringen.

die Angreifer als Visitenkarte ihren Kaffee zurück, mit Rezeptur und allen dafür notwendigen Utensilien – die historische Geburtsstunde der berühmten Wiener Kaffeehauskultur. Denn die Wiener nahmen dieses unfreiwillige Gastgeschenk gerne an.

Auch wenn das Wiener Unternehmen scheiterte, standen die Osmanen unter Sultan Suleyman dem Prächtigen auf dem Zenit ihrer Macht. Er starb, als er sich auf seinem insgesamt 13. Feldzug befand. Das Herrschaftsgebiet der Erfolgsdynastie erstreckte sich über drei Kontinente. Große Teile Asiens, Nordafrikas und Europas gehorchten dem Sultan am Bosporus. Das Streben nach Ruhm, Macht, Einfluss und Geld hatte die Osmanen nach ganz oben katapultiert. Lange Zeit wussten sie ihr Imperium zu halten und zu führen. Doch bald nach dem Höhepunkt unter Suleyman dem Prächtigen begann der Abstieg. Er gestaltete sich langsam, mit Tiefen, gelegentlich aber auch wieder mit Höhen. Doch tendenziell zeigte das Barometer deutlich nach unten. Der schleppende Niedergang begann im 16. Jh. und endete im 20. Jh.

Der Abstieg

Die Gründe waren vielfältig. Die zahlreichen Kriege hatten das Budget stark strapaziert. In den Staatskassen herrschte chronische Ebbe. Auch aus Wirtschaft und Handel kamen nicht mehr so viele Impulse wie in den guten Zeiten. Fatal wirkte sich die Entdeckung Amerikas durch Christoph Kolumbus 1492 aus. Nun verlagerten sich die wichtigsten Handelswege vom Mittelmeer in den Atlantik. Die Europäer wickelten ihre Asien-Geschäfte jetzt nicht mehr über die von den Osmanen kontrollierten Landrouten ab. Je schlechter es politisch und wirtschaftlich lief, desto wilder wurden am Hof des Sultans die Streitigkeiten, Konflikte und Intrigen. Dadurch wurde auch das Sultanat als Institution geschwächt.

Was aber am schlimmsten war: Die Sultane waren nicht in der Lage, die Zeichen der Zeit zu erkennen. Sie regierten im 19. Jh. mit denselben Mitteln wie im 16. Jh. Der Sultan und sein Hof wirkten im Konzert der modernen Großmächte bald wie Relikte aus einer längst vergangenen Zeit. Modernisierung und Anpassung waren Wörter, die im osmanischen Vokabular nicht vorkamen. Zudem verschlechterten sich die außenpolitischen Rahmenbedingungen. Im 19. Jh. erwuchs den Türken in Russland ein schier übermächtiger Gegner. Im Krimkrieg, der von 1853 bis 1856 tobte, mussten die Osmanen den Offenbarungseid der Zahlungsunfähigkeit leisten. Reformerische Bewegungen wie die „Jungtürken“ nahmen sich den europäischen Nationalstaat zum Vorbild und plädierten für die Ausbreitung der türkischen Kultur in allen Gebieten des Osmanischen Reiches. Daraufhin sanken ihre Popularitätswerte auf ein kaum noch wahrnehmbares Minimum. Die Griechen setzten sich an die Spitze einer antitürkischen Freiheitsbewegung.

Das Ende

Das Ende der Osmanen kam im Ersten Weltkrieg. International weitgehend isoliert – nur das Deutsche Kaiserreich stand dem Sultan noch zur Seite –, verlor die einstige Weltmacht die noch verbliebenen Besitzungen im Nahen Osten. Es blieb der Türkei praktisch nur noch das Kerngebiet in Kleinasien. Und es hätte nicht viel gefehlt, dann wäre der türkische Staat vollständig von der politischen Landkarte verschwunden. Entsprechende Pläne befanden sich griffbereit in den Schubläden der Siegermächte. Dass es dazu nicht kam, war dem Armeeführer und Politiker Mustafa Kemal Pascha zu verdanken, den die Türken bis heute als „Ata Türk“, „Vater der Türken“, verehren. 1922 schaffte er das Sultanat ab, ein Jahr später rief er die Republik aus.

Kemal Atatürk, der Begründer der Republik Türkei, ist heute noch in der Türkei allgegenwärtig. Hier ein Denkmal in Izmir

MAYA, AZTEKEN UND INKA

Hochkulturen in Süd- und Mittelamerika

Sie waren blühende Zivilisationen. Ihre Namen stehen für hoch entwickelte Kulturen, deren Bedeutung man heute noch an imposanten Bauten ablesen kann. Das Ende geht nicht allein auf das Konto europäischer Kolonialmächte.

Ein Amphitheater in Peru? Waren die Römer etwa auch in Südamerika? Die Römer konnten vieles, aber nicht alles. Sie hielten sich zwar für die Herren der Welt, doch der amerikanische Kontinent war ihnen unbekannt. Wären sie aber in die Stadt Caral gekommen, hätten sie sich sehr gewundert. Da hätten sie zwischen einigen pyramidenähnlichen Erhebungen eine Stätte entdeckt, ganz ähnlich denen, in denen sie ihre berühmt-berüchtigten Gladiatorenspiele veranstalteten. Derlei Spektakel gab es in Caral nicht. Die ovalen Bauten dienten wahrscheinlich als Kulisse für kultische, von musikalischen Darbietungen begleitete Handlungen. Darauf deuten Funde von aus Tierknochen geschnitzten Flöten und Hörnern hin. Caral gehört zu den ältesten Kulturen auf dem südamerikanischen Kontinent. Seine Glanzzeit begann um 2500 v. Chr. Da gab es von den Römern in Europa noch keine Spur. Zu dieser Zeit gaben die alten Ägypter und die Mesopotamier in der Alten Welt den Ton an. Caral beweist: Die frühen Peruaner brauchen den Vergleich mit den bei den Europäern bekannten Größen im Orient nicht zu scheuen. Die 3000 Menschen, die in dieser Stadt lebten, genossen alle Annehmlichkeiten einer fortschrittlichen Zivilisation.

Die Pyramide von Caral

Geoglyphe der Nazca in Form eines Affen

Geheimnisvolle Zeichen

Um einiges jünger als Caral war Nazca. Die Blütezeit dieser wie Caral in Peru beheimateten Kultur lag zwischen 200 v. Chr. und 600 n. Chr. Nazca machte weltweit Schlagzeilen, als Piloten 1926 in der Wüste im Süden Perus Hunderte von sogenannten Geoglyphen – großflächig in den Boden gezeichnete Linien – entdeckten. Seitdem zerbrechen sich die Forscher den Kopf, was es mit diesen seltsamen Zeichnungen auf sich haben mag. Favorisiert wird inzwischen die Interpretation, dass es sich um Prozessionswege handelte, auf denen die Bewohner von Nazca die Götter um segensreichen Regen baten.

Die Beispiele Caral und Nazca zeigen, dass Südamerika schon einiges zu bieten hatte, bevor die berühmten Kulturen der Maya, Inka und Azteken die große Bühne der Geschichte betraten. Das Volk der Maya entwickelte eine faszinierende Kultur. Es hatte einen breiten Aktionsradius. Die Hochburgen der Maya befanden sich in Mexiko, Guatemala und Honduras. Über 600 Jahre, zwischen 300 und 900, waren sie eine bedeutende Zivilisation, mit allen Zutaten, die notwendig sind, um sich ein solches Prädikat zu verdienen. So verfügten sie über eine mit den ägyptischen Hieroglyphen vergleichbare eigene Schrift. Und da sie sehr schreibfreudig waren und auf Inschriftentafeln Chroniken anbrachten, wissen wir viel über ihr Leben, ihre Gesellschaft, ihren Alltag.

Ein einheitliches Reich aller Maya gab es hingegen nicht. Vielmehr bestand ihre Kultur politisch aus einer Vielzahl von Stadtstaaten, die von Königen oder deren Statthaltern regiert wurden. Das Fundament eines jeden Staates bildeten die Bauern, die überwiegend Produkte wie Bohnen, Mais und Baumwolle anbauten. Die Agrartechnik war hoch entwickelt, künstliche Bewässerung gehörte überall zum Standard.

Guter Draht zu den Göttern

Die Könige verstanden es, ihre Macht und Bedeutung wirkungsvoll zu inszenieren. So ließen sie sich von ihren Architekten und Ingenieuren bis zu 60 Meter hohe Stufenpyramiden erbauen. Sie dienten zur Verehrung der Götter, hatten aber auch die Funktion, den König und seine Familie bei kultischen Veranstaltungen zu feiern. Die Religion spielte bei den Maya überhaupt eine herausragende Rolle.

Sie hatten eine reiche Götterwelt, mit Itzamna, dem Himmelsgott, an der Spitze. Andere Götter waren für Naturerscheinungen wie Regen oder Feuer zuständig. Die Maya hatten verschiedene Methoden, um mit ihnen in Kontakt zu treten oder ihren Willen zu erkunden. Eine wichtige Funktion hatten dabei Kalender und Orakel. Priester mit gutem Draht zu den Göttern versuchten zu erfahren, welches Schicksal die höheren Wesen dem einzelnen Menschen zugedacht hatten. Zu diesem Zweck beobachteten sie intensiv die Bewegung der Gestirne. So avancierten die Maya zu Experten auf dem Gebiet der Astronomie.

Zu ihren Eigenheiten gehörte auch der Gebrauch von Drogen. Großer Beliebtheit erfreute sich ein Getränk namens Blache, ein Mix aus Rinde, Honig und Wasser. Als Gastgeber stellten sich die Teilnehmer der Gelage den Genussgott Akan vor. Die Maya glaubten, nur in diesem Zustand eine Verbindung zu den Göttern und zu ihren Vorfahren herstellen zu können. Für manchen mag dieser Glaube ein willkommenes Alibi gewesen sein, sich einmal ganz und gar dem Vergnügen hinzugeben. Gelegentlich kam es auch zu Auswüchsen. So notierte im 16. Jh. der Missionar Diego de Landa: „Die Indios waren beim Trinken und beim Rausch äußerst hemmungslos. Hieraus erwuchsen viele Übel, wie etwa, dass sie sich gegenseitig umbrachten ... Die Frauen waren sehr besorgt, wenn ihre Männer betrunken heimkamen."

Trunkenheit und Drogenkonsum gehörten jedoch nicht zu den Gründen, die für den allmählichen Niedergang der Maya verantwortlich waren. Schon lange, bevor im 16. Jh. die spanischen Konquistadoren kamen und die einheimischen Völker Süd- und Mittelamerikas unterwarfen, waren die Maya durch hausgemachte Probleme geschwächt. Sie verzettelten sich in zu vielen Kriegen, die sie untereinander führten. Das Königtum erlitt dadurch einen Verlust an Autorität. Negativ machte sich auch der jahrhundertelange Raubbau an der Natur bemerkbar. So arbeiteten die Maya-Bauern regelmäßig mit dem Instrument der Brandrodung. Dürreperioden taten ein Übriges, um die lange Zeit florierende Wirtschaft lahmzulegen.

Montezumas Rache

Montezuma II., einer der letzten Könige der Azteken, sprach einen Fluch aus. Die spanischen Eroberer hatten aus Europa Krankheitserreger mitgebracht, die viele Menschen, auch den Herrscher, dahinrafften. Dafür sollten die Europäer für alle Zeiten büßen. Von der dauerhaften Wirksamkeit des Fluches können viele Mexiko-Reisende, die von Magen- und Darmbeschwerden geplagt werden, ein Lied singen.

Azteken-Hauptstadt im See

Die Azteken waren ein kriegerisches Volk. Dank ihrer militärischen Erfolge kontrollierten sie das gesamte Hochland von Mexiko. Im Laufe der Zeit erstreckte sich ihr Einflussbereich vom Atlantik bis nach Guatemala. Die Könige beherrschten das gesamte Repertoire der Außenpolitik. Krieg gehörte dazu, aber auch auf der Klaviatur der Diplomatie verstanden die Aztekenführer, wenn es darauf ankam, virtuos zu spielen. Doch gegen Hernán Cortés und seine überlegenen Kolonialtruppen aus Spanien halfen alle Künste des Krieges und der Diplomatie nichts. Zwar leisteten die Azteken den Konquistadoren erbitterten Widerstand, mussten aber schließlich, im Jahre 1521, die Waffen strecken.

Entscheidend für den Sieg von Cortés war die Einnahme der Hauptstadt Tenochtitlán, die sich dort befand, wo sich heute die Millionenstadt Mexico City ausbreitet. Als sie 1325 gegründet wurde, war sie buchstäblich auf Wasser gebaut. Genauer: Sie wurde von den aztekischen Stadtplanern mitten in einen See gesetzt. Der Texcocosee ist heute unter der modernen Stadt verschwunden. Der See, damals mit einer Ausbreitung von 30 Kilometern, hatte viele Inseln. Eine von ihnen wählten die Aztekenkönige als Hauptstadt und Residenz aus. Die Azteken besaßen einen reichen Schatz an fantasievollen Geschichten und Mythen. Über die Gründung von Tenochtitlán hieß es, sie sei ihnen von dem Gott Huitzilopochtli per Orakelspruch aufgetragen worden. Man solle dort eine Siedlung anlegen, wo man einen Adler antrifft, der gegen eine Schlange kämpft. Zum Glück entdeckten sie einen solchen Adler und machten sich eifrig an den Bau.

Zeichnerische Rekonstruktion der Stadt Tenochtitlán. Holzstich von 1893

Die Wirklichkeit sah etwas anders aus, auch wenn es nichts schadete zu behaupten, ein veritabler Gott habe seine Hände im Spiel gehabt. Die aztekischen Scouts waren nach dem Kriterium der günstigen strategischen Lage vorgegangen. Die Insel bot beste Bedingungen, um sich gegen Angreifer zu verteidigen. Die Verbindung zum Festland wurde durch Dämme gewährleistet, die man ohne Probleme bewachen konnte. Die Stadt entwickelte sich zu einem Erfolgsmodell: Bald lebten hier nicht weniger als 100 000 Azteken.

Mit der Eroberung durch die Spanier verschwand nicht nur ein mächtiges Reich. Die Azteken hatten sich darüber hinaus würdig in die große Gruppe früher süd- und mittelamerikanischer Kulturen eingereiht, die auf dem Gebiet von Wissenschaft und Kunst Erstaunliches geleistet hatten. Zwar kannten sie noch nicht das Rad und den Gebrauch von Eisen. Dafür hatten sie eine Bilderschrift, einen Kalender, hochwertige Kunstgegenstände – und die typischen Pyramidentempel.

Atemberaubende Stadt der Inka

Die großen drei der altamerikanischen Hochkulturen werden durch die Inka komplettiert. Ihre Heimat waren die peruanischen Anden, wo der Kondor majestätisch über die prachtvoll ausgestatteten Städte

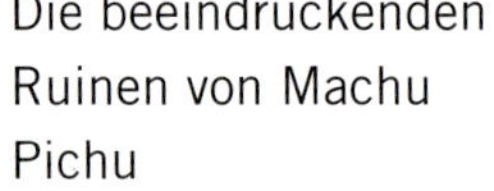

Die beeindruckenden Ruinen von Machu Pichu

und Bauten der Inka hinwegsegelte. Wie die Azteken, so schufen auch die Inka ein Großreich. Sie teilten es in vier große Herrschaftsbezirke auf. Für die normalen Inka nicht angenehm, aber gut für die Staatskasse war die Einteilung der Bevölkerung in zwölf Altersstufen und ein damit gekoppeltes System zur Pflege und Bestellung des Ackerbodens, der sich in staatlichem Besitz befand.

Viele Herrscher trugen sich bei den Inka in die Liste der Eroberer ein: Pachakutec Inca Yupanqui, erster Architekt der Inka-Blüte, sein Sohn Topa Inca Yupanqui, der die Grenzen des Inka-Reiches erheblich erweiterte, und wiederum dessen Sohn Huayna Capac, unter dem das Inka-Imperium seine größte Ausdehnung erreichte. Der schönste Ort im Reich der Inka war Machu Pichu im südlichen Zentral-Peru. Er wurde 1911 wiederentdeckt und ist seitdem die vielbewunderte architektonische Visitenkarte der alten Inka. Entstanden ist der in atemberaubender Landschaft terrassenförmig angelegte Komplex um 1450, als das Inka-Reich eine Großmacht war. Bis heute sind die Ruinen von Machu Pichu ein absolutes Muss für jeden Peru-Besucher.

Auch bei den Inka war die Religion ein prägender Faktor des öffentlichen und privaten Lebens. Sie selbst behaupteten, sie seien Abkömmlinge des Sonnengottes Inti. Die Könige und der Adel sahen sich als seine legitimen Erben. Dieser göttliche Anspruch stand bei manchen eigentümlichen Gewohnheiten Pate. Ein adliger Inka ließ sich in der Öffentlichkeit immer in einer Sänfte tragen. Und er wechselte täglich seine Kleidung, weil er meinte, jeden Tag eine andere Person zu sein – ein für Normalsterbliche kaum zu stemmender Aufwand.

Porträt des letzten Inka-Königs Atahualpa, 16. Jh.

Rätselhaftes Goldland

1533 marschierte der spanische Eroberer Francisco Pizarro ein. Er nahm den Inka-König Atahualpa gefangen, verlangte und erhielt ein astronomisch hohes Lösegeld und ließ den König trotzdem hinrichten. Die spanische Vorherrschaft über das Inka-Reich sicherte er, indem er einen gefügigen Inka-Adligen als Vasall auf den Thron hievte. In Pizarros Sog kamen immer mehr Europäer in die Anden, auch Abenteurer und Glücksritter, angelockt von Erzählungen über das sagenhafte Goldland Eldorado. Diese Gerüchte bekamen neue Nahrung, als man von dem Lösegeld-Gold des Atahualpa hörte. Mit der Ruhe der Inka in der Abgeschiedenheit der Anden war es endgültig vorbei – viele gerieten in die Sklaverei, wurden getötet oder starben an Krankheiten, die die Europäer eingeschleppt hatten.

Kolonialreich der Portugiesen

Neue Horizonte

Laut Vertrag gehörte Portugal die halbe Welt – jedenfalls für kurze Zeit. Beim Wettrennen der europäischen Kolonialmächte um die besten Märkte hatte das Land im äußersten Westen Europas zunächst die Nase vorn. Doch die Konkurrenz schlief nicht.

Alle Südamerikaner sprechen heutzutage Spanisch – mit Ausnahme der Brasilianer. Sie sprechen Portugiesisch. Schuld daran ist Alexander VI. So nannte sich Rodrigo de Borja, nachdem er 1492 durch massiven Stimmenkauf Papst geworden war. Als Abkömmling der berühmt-berüchtigten Borgia-Dynastie war Alexander ein machtbewusster Mann. Papst zu sein, bedeutete für ihn, sich kräftig in die Politik einzumischen. Und so schaltete er sich auch ein, als es um folgende Frage ging: Wem gehört die Welt? Portugal oder Spanien? Denn das waren die beiden Kandidaten, die gerade im Begriff waren, mit ihren Schiffen die sieben Meere zu erobern. Im Fokus des Interesses lag Indien, das Traum- und Wunderland in Asien, mit seinen exotischen Gewürzen und den in Europa so begehrten Luxuswaren. Um diesen lukrativen Markt hatte ein Wettrennen zwischen Portugiesen und Spaniern begonnen.

Tor zur Welt

Keine Frage: Der Seefahrt gehörte die Zukunft. Die Technik beim Schiffsbau hatte rasante Fortschritte gemacht, auch die nautischen Kenntnisse waren immer besser geworden. Die Kugelgestalt der Erde war allgemein akzeptiert und ermöglichte kühne Träume von Weltumsegelungen. Die traditionellen Landwege von Europa nach Asien waren nach der Eroberung von Konstantinopel 1453 durch die Türken blockiert. Die Portugiesen machten als Erste mobil. Ursprünglich eine zu den spanischen Fürstentümern Kastilien und Leon gehörige Grafschaft, errang Portugal 1385 die Unabhängigkeit. Unter dem ehrgeizigen König Johann I. begann bald danach die überseeische Expansion. Von Lissabon aus, dem „Tor zur Welt", starteten die Schiffe mit wagemutigen Kapitänen auf der Kommandobrücke zu verwegenen Abenteuern. Johanns Sohn Heinrich, den man „den

Seefahrer“ nannte, finanzierte Entdeckungsfahrten an der Westküste Afrikas. 1488 erreichte der portugiesische Kapitän Bartholomeu Diaz die Südspitze Afrikas. Nun war der Seeweg nach Indien um das Kap der Guten Hoffnung, wie die Portugiesen das südliche Ende des afrikanischen Kontinents tauften, keine Utopie mehr.

Da schockte die Portugiesen 1492 die Nachricht, dass Christoph Kolumbus im Auftrag des spanischen Herrscherpaares Isabella und Ferdinand den Seeweg nach Indien in umgekehrter, nämlich westlicher Richtung entdeckt habe. Dass der Kapitän aus Genua in Wirklichkeit auf den amerikanischen Kontinent gestoßen war, ahnte zu dieser Zeit noch niemand. Pikanterweise hatte es der portugiesische König zuvor abgelehnt, die Reise des Kolumbus zu finanzieren. Wir kontrollieren Afrika und von dort die Seeverbindung nach Indien – so lautete die fatale Einschätzung am portugiesischen Hof. Nach dem Coup des Kolumbus, der 1493 triumphierend nach Europa zurückgekehrt war, schwante dem König und seinen Beratern Übles. Sie steckten die Köpfe zusammen und malten sich die Konsequenzen aus. Das Ergebnis war ernüchternd und alarmierend. Wenn die Spanier eine Westroute nach Indien entdeckt hatten, waren sie mehr als bloß ein Rivale im Kampf um die einträglichen Märkte Ostasiens. Es bestand die Gefahr, dass sie Portugal als führende Handelsmacht der westlichen Welt ausstechen würden.

Das „Denkmal der Entdeckungen“ in Lissabon wurde 1960 zum 500. Todestag von Heinrich dem Seefahrer errichtet und erinnert mit der Darstellung von 33 historischen Persönlichkeiten an das portugiesische Zeitalter der Entdeckungen.

Heinrich der Seefahrer

Heinrich (1394–1460), der Sohn König Johanns I., war der Architekt der portugiesischen Seemacht. Er gründete Schulen für Astronomie, Kartografie und Navigation und schickte die nach modernsten Standards ausgestatteten Schiffe vom Typ Karavelle in die große weite Welt hinaus. Eines aber war Heinrich der Seefahrer nicht: ein Seefahrer. Auf einem Schiff war der Pionier der portugiesischen Handelsflotte selbst nie unterwegs.

Denkmal für Heinrich den Seefahrer in Sagres, Portugal

Hilfreicher Papst

König Johann II., seit 1481 König der Portugiesen, sah sich daher zum Handeln gezwungen. Er pochte auf eine alte Abmachung mit den Spaniern, wonach seinem Land im Wettlauf um die Verteilung der Welt alle Gebiete südlich der Kanarischen Inseln zufallen sollten. Kein ungeschickter Schachzug: Unter diese Regelung fielen auch Hispaniola und Kuba im, wie man damals dachte, Osten Indiens. In Spanien wollte man von einer solchen Regelung nichts wissen.

An dieser Stelle kam der Papst ins Spiel. Die „katholischen Könige" Isabella und Ferdinand wandten sich vertrauensvoll an ihren Landsmann Alexander. Er sollte ihnen bei der Verteilung der Welt helfen. Der Papst enttäuschte sie nicht und verkündete 1493 seine Entscheidung. Der Oberhirte bediente sich dabei der Form einer Bulle, einer Urkunde, hinter der die geballte Autorität der Kirche stand. Die Grenze zwischen den portugiesischen und den spanischen Besitzungen sollte umgerechnet 500 Kilometer westlich der Kapverdischen Inseln verlaufen. Damit schnitten die Spanier eindeutig besser ab. Portugal protestierte, doch gegen eine päpstliche Entscheidung gab es keinen Widerspruch.

Auf Druck Portugals nahmen die Kontrahenten direkte Verhandlungen auf, und am 7. Juni 1494 wurde in der kastilischen Stadt Tordesillas eine vertragliche Vereinbarung geschlossen. Die Demarkationslinie wurde nun an anderer Stelle gezogen, nämlich 1000 Kilometer westlich der Kapverdischen Inseln. Dadurch gewann die portugiesische Krone mehr Gebiete, auch solche, die zu diesem Zeitpunkt noch gar nicht entdeckt waren – wie Brasilien, das durch den Vertrag von Tordesillas als einziges Gebiet in Südamerika portugiesisch wurde. Wörtlich lautete der entscheidende Passus: „Es werde durch den westlichen Ozean eine Linie vom Nordpol zum Südpol gezogen, die 370 Seemeilen westlich der Kapverdischen Inseln verläuft und so genau und schnell wie möglich bestimmt werden soll. Alles, was bis jetzt von dem König von Portugal und seinen Schiffen nach Westen bis zu der genannten Linie und nicht darüber hinaus aufgefunden und entdeckt ist und künftig aufgefunden und entdeckt wird, seien es Inseln oder Festländer, bleibt und gehört dem König und seinen Nachfolgern für immer."

Höhepunkt und Ende

Die Erfahrung aus der Geschichte zeigt: Kein Vertrag, der „für immer" geschlossen wurde, hat für immer gehalten. So war es auch beim Vertrag von Tordesillas. Zunächst aber bedeutete er für die Portugiesen einen Freifahrtschein zu weiteren Entdeckungen und Unternehmungen. 1498 erreichte Vasco da Gama als erster Seefahrer auf der Afrikaroute das östliche Indien. Die Portugiesen errichteten als Herzstücke ihres kolonialen Imperiums ein engmaschiges Netz von Niederlassungen und Stützpunkten in Afrika und Ostasien. Mit der Eroberung Ceylons 1518 und der Einnahme der Molukken 1529 wurden sie zur führenden europäischen Kolonialmacht im Indischen Ozean. 1529 befand sich Portugal auf dem Gipfel seiner Macht. Ein weiterer, in Saragossa geschlossener Vertrag mit den Spaniern legte die Besitzverhältnisse in Asien und im Indischen Ozean fest. Doch bald reichten die Kapazitäten des kleinen Landes im Westen Europas nicht mehr aus, um über ein Weltreich zu herrschen. Zudem wurde die Konkurrenz immer stärker. Nicht nur Spanien, auch Holland, England und Frankreich nahmen nun den Kampf um die Verteilung der Welt auf. Da konnte Portugal auf Dauer nicht mithalten. 1580 nutzte der spanische König Philipp II. eine Vakanz auf dem portugiesischen Thron, um das Land zu besetzen und sich zum König von Portugal auszurufen. Zwar konnten die Portugiesen 60 Jahre später die Spanier wieder vertreiben. An die alten Glanzzeiten anzuknüpfen, gelang ihnen jedoch nicht.

Weltkarte von 1502, die die Aufteilung der Gebiete in spanische und portugiesische Besitzungen zeigt. Die Demarkationslinie ist blau eingezeichnet.

DAS SPANISCHE WELTREICH

Wo die Sonne nicht untergeht

Der eine Name steht für die absolute Glanzzeit, der andere für die größte Schmach. Unter Karl V. ging im spanischen Reich die Sonne nicht unter. Unter Philipp II. erlebte die stolze Flotte vor der Küste Englands ein Desaster. Zu Ende war es mit der Weltmacht damit aber noch lange nicht.

Kann ein Kaiser und König einfach in Rente gehen? Karl V. tat es. Am 25. Oktober 1555 feierte er offiziell Abschied und zog sich mit Gültigkeitsdatum Januar 1556 ins Privatleben zurück. Die Herrschaft über das globale Imperium der Spanier reichte er an seinen Sohn Philipp weiter. Weil er zugleich auch noch erster Mann im Heiligen Römischen Reich gewesen war, beerbte ihn hier sein Bruder Ferdinand.

Schön wahnsinnig

Karl stammte aus dem traditionsreichen Haus Habsburg. Und eigentlich hatten die Alpenfürsten mit Spanien nicht viel zu tun. Doch Heiraten und Erbschaften führten dazu, dass die Habsburger auch über Spanien regierten. So hatte Karl 1516 als 16-Jähriger die spanische Krone von Ferdinand von Aragon, seinem Großvater mütterlicherseits, geerbt. Sein Großvater väterlicherseits war der umtriebige Kaiser Maximilian, dessen Sohn Philipp mit dem schmückenden Beinamen „der Schöne" sein Vater. Seine Mutter Johanna war Königin von Kastilien und brachte die spanische Komponente ins Spiel. Nach dem frühen Tod ihres habsburgischen Gatten Philipp versah sie die nicht sehr feinfühlige Umwelt mit dem wenig schmeichelhaften Beinamen „die Wahnsinnige", weil sie sich nicht mit dem Ableben ihres Ehemannes abfinden konnte und recht exzentrische Verhaltensweisen an den Tag legte. Der Vater Ferdinand war als Regent für sie eingesprungen und regierte Spanien, bevor er den Stab an seinen Enkel Karl weiterreichte.

1526 folgte die Heirat Karls mit Isabella, der Tochter des Königs von Portugal. Damit war nach der bewährten Methode auch eine Allianz mit den rivalisierenden Nachbarn auf der Iberischen Halbinsel geschmiedet. Ein richtiger Spanier wurde Karl jedoch nie, und seine Untertanen konnten sich mit dem fremden Herrscher, der statt Spanisch lieber das vornehme Französisch sprach, nie so recht anfreunden.

Beeindruckende Sammlung

Als Karl 1519 mit freundlicher Unterstützung der Augsburger Sponsorenfamilie Fugger zum deutschen König und zum Kaiser im Heiligen Römischen Reich gewählt wurde, war er einer der mächtigsten Männer der Welt. Die Visitenkarte mit der offiziellen Sammlung all seiner Titel las sich wahrlich beeindruckend: „Römischer König, künftiger Kaiser, immer Augustus, König von Spanien, Sizilien, Jerusalem, der kanarischen und indianischen Inseln sowie des Festlandes jenseits des Ozeans, Erzherzog von Österreich, Herzog von Burgund, Brabant, Luxemburg, Limburg, Athen und Patras, Graf von Habsburg, Flandern, Tirol, Herr in Asien und Afrika". Es ist nicht überliefert, wie lange Karl brauchte, seine Titelflut auswendig zu beherrschen – möglicherweise hat er es nie geschafft.

Mit der spanischen Erbschaft hatte Karl eine Mammutaufgabe übernommen. Deswegen kümmerte er sich mehr um das spanische Weltreich als um die Verhältnisse in Deutschland und Österreich, deren Regelung er seinem Bruder überließ. Als er 1500 geboren wurde, lag ein epochales Ereignis der spanischen Geschichte gerade ein paar Jahre zurück: 1492 war der berühmte Seefahrer Christoph Kolumbus im Auftrag der spanischen Krone über den Atlantik gefahren, um den Seeweg nach Indien auf der Westroute zu erkunden. Dabei wurde er, was er nicht wusste, zum Entdecker von Amerika. Für Spanien war diese Entdeckung der Auftakt zu einer bemerkenswerten Erfolgsgeschichte. Fast schien es, als habe man nur darauf gewartet, auf der Bühne der großen Politik endlich eine tragende Rolle zu spielen.

Denkmal für Christoph Kolumbus in Barcelona

Folgenreiche Hochzeit

Lange Zeit waren die Fürstentümer auf der Iberischen Halbinsel damit beschäftigt gewesen, gegen die muslimischen Mauren zu kämpfen, die das Land im 8. Jh. erobert hatten. Die Reconquista, die Wiedereroberung, dauerte lange, bis zum Ende des 15. Jh. Mit der Hochzeit von Isabella von Kastilien und Ferdinand von Aragon war auch die Gründung des vereinten Königreiches von Spanien besiegelt. Der Papst adelte das Paar nach der Vertreibung der Mauren mit dem Ehrentitel „Katholische Könige", hatten sie sich doch in seinem Sinne vorbildlich für die Belange der katholischen Kirche eingesetzt. Es wurde zu einem Grundzug spanischer Politik, als Speerspitze des Katholizismus zu wirken. Diese Rolle leitete man nicht nur vom päpstlichen Segen ab. Auch verwiesen die spanischen Granden gern und häufig darauf, dass sie, wie sie betonten, Europa vor den Arabern gerettet hätten.

Unter Karl V. und seiner Administration wurde Spanien Weltmacht. Als er zurücktrat, konnte er von sich sagen, über ein Reich geherrscht zu haben, in dem die Sonne nicht unterging. Die alten Römer kannten den Spruch „Nec plus ultra" – frei übersetzt: „Weiter hinaus geht es nicht." Karl, klassisch gebildet, kannte den Spruch, hielt ihn für Spanien nicht für ausreichend und nahm eine kleine Korrektur vor. „Plus ultra", „immer weiter", lautete sein selbstbewusstes Motto, das er auch auf sein Wappen schrieb. Tatsächlich erreichte Karls Imperium nie gekannte Dimensionen. Nach modernen Kategorien zählten dazu – neben seinen habsburgischen Besitzungen und Spanien – die Niederlande, Italien, Mexiko, Peru, die Philippinen, zeitweise auch Nordafrika.

In Europa war das aufstrebende Frankreich größter Konkurrent Spaniens. Zwischen 1521 und 1544 gab es viermal Krieg zwischen den beiden Großmächten. Am Ende siegte Spanien und durfte sich über den Erwerb Italiens und der Niederlande freuen. Weniger erfolgreich verliefen die Auseinandersetzungen mit den Türken. 1529 erschien der osmanische Sultan Suleyman der Prächtige mit seiner Armee

Porträt von Karl V. vom spanischen Hofmaler Tizian, um 1550

Kartoffeln und Brille

Philipp II. war ein fortschrittlicher Mensch. Er hatte großes Interesse an Technik und Wissenschaften. Besonders hatten es ihm botanische Forschungen angetan. Als die Spanier in Südamerika die Kartoffel entdeckten, sorgte Philipp für ihre Katalogisierung und Verbreitung in Europa. Und er war der Protagonist aller Brillenträger. Als erster europäischer Monarch trug der spanische König eine Sehhilfe – aber nur, wenn ihn keiner sah.

sogar vor Wien, ohne jedoch die Metropole der Habsburger einnehmen zu können. In Nordafrika führte Spanien, mit wechselvollem Ausgang, Kriege gegen türkische Vasallen.

In die weite Welt hinaus

Am spektakulärsten aber war Spaniens Anteil an der Verteilung der Welt. Im Wettrennen der europäischen Kolonialmächte um die besten Märkte und lukrativsten Handelsstützpunkte waren Karls Spanier immer in der ersten Reihe dabei. Zwischen 1519 und 1521 eroberte der Konquistador Hernán Cortés das Reich der Azteken in Mexiko. 1533 erfolgte die Unterwerfung des Inka-Reiches in Peru durch Francisco Pizarro. Zur gleichen Zeit sicherten sich die Spanier wichtige Niederlassungen im Pazifikraum. 1521 nahm der portugiesische Seefahrer Ferdinand Magellan im Dienst der spanischen Krone eine Inselgruppe in Besitz, der er den Namen „Philippinen" gab – eine namentliche Reverenz an Philipp, den Sohn und Nachfolger Karls.

Ein merkwürdiges Weltreich war das spanische Reich: unzusammenhängend über die ganze Welt verstreut und praktisch unregierbar. Zwischen den einzelnen Teilen gab es kaum Möglichkeiten der Kommunikation. Es entwickelte sich bei den Untertanen kein Gefühl der Zusammengehörigkeit. Die Steuereinnahmen waren geringer als erwartet, sodass häufig die Fugger einspringen mussten, um die gröbsten Löcher in den Staatskassen zu füllen. Und da es außerdem auch in der deutsch-österreichischen Heimat immer wieder Probleme gab, reifte in Karl der Entschluss, gegen alle Regeln in den vorzeitigen Ruhestand zu gehen. Als Domizil wählte der stressgeplagte König und Kaiser die Ruhe und Abgeschiedenheit des Klosters San Geronimo de Yuste am Rande der Sierra de Gredos in seiner Wahlheimat Spanien, wo er 1558 starb.

Philipp II. und seine zweite Ehefrau Maria Tudor auf einem zeitgenössischen Gemälde

Die undankbare Aufgabe des Nachfolgers fiel seinem Sohn Philipp zu, der in den Annalen der spanischen Geschichte unter dem Eintrag „Philipp II." verzeichnet ist. Er lenkte die Geschicke des spanischen Weltreiches bis zu seinem Tod im Jahre 1598. Verheiratet war er seit 1543 mit der

Portugiesin Maria, die schon zwei Jahre später nach der Geburt des Infanten Don Carlos starb. 1554 heiratete er Maria Tudor, die Königin von England, nach deren Tod die französische Prinzessin Isabella de Valois.

Die englische Heirat war kein Ausdruck besonderer Verbundenheit mit dem königlichen Inselstaat. Im Gegenteil: Das aufstrebende Königreich gehörte zu Spaniens Konkurrenten im Kampf um die globalen Märkte. Doch es gab gute Gründe für die Eheschließung. Die Tochter Heinrichs VIII., des Begründers der anglikanischen Staatskirche in England, war zum Katholizismus konvertiert und schon deswegen aus Sicht der katholischen Spanier eine gute Partie. Außerdem hatte sie in Katharina von Aragon – einer der sechs Frauen Heinrichs – eine spanische Mutter.

Konfliktreiche Beziehung

Die Ehe erfüllte privat und politisch die Erwartungen nicht. Maria starb 1558. Wegen ihres brutalen Vorgehens gegen die Protestanten nannte man sie „Bloody Mary“. Ihre Nachfolgerin Elisabeth I., ebenfalls eine Tochter Heinrichs VIII. – jedoch aus einer anderen Ehe –, steuerte einen konsequent antikatholischen Kurs. Außerdem war es ihr Ehrgeiz, England im Konzert der Führungsmächte eine Führungsposition zu verschaffen. Immer häufiger kreuzten britische Schiffe die Wege der spanischen Handels- und Kriegsschiffe. Die Atmosphäre zwischen den beiden Königreichen wurde zunehmend frostiger, dies umso mehr, als Philipp für seine resolute Gegenspielerin und Ex-Schwägerin Elisabeth wenig Sympathien hegte.

Mit Gottes Hilfe

So fällte er eine, wie sich zeigen sollte, fatale Entscheidung: Er wollte die Armada, die berühmte Kriegsflotte der Spanier, zu den Britischen Inseln schicken und der Königin eine Lektion erteilen. Am 15. Mai 1588 verließ der Stolz der spanischen Krone mit 130 Kriegsschiffen und fast 30 000 Mann Besatzung den Hafen von Lissabon. Trotz der Überlegenheit an Material und Mensch endete das Unternehmen in einem Desaster. Der Freibeuter und englische

Vizegeneral Francis Drake drängte die Armada aus dem Kanalgebiet. Der größte Teil der Flotte ging in den tobenden Herbststürmen unter oder zerschellte an den Klippen Irlands und Schottlands. Resigniert stellte Philipp fest: „Ich habe meine Flotte nicht gegen Sturm und Wellen ausgesandt, sondern gegen Menschen.“ Die siegreiche Elisabeth feierte ihren Sieg und ließ Münzen mit der Aufschrift prägen: „Gott blies, und sie wurden zerstört.“ Eine klare Botschaft der Monarchin: Gott stand nicht auf der Seite der Katholiken.

Der Anfang vom Ende

Der Untergang der Armada 1588 war noch nicht das Ende des spanischen Weltreiches. Doch war er der Anfang vom Ende. Spanien büßte an militärischer Schlagkraft und wirtschaftlicher Leistungsfähigkeit ein. Nach und nach gingen die kolonialen Besitzungen an die Konkurrenz aus England, Frankreich und den Niederlanden verloren. Doch ein Trost blieb den Spaniern: Die halbe Welt spricht Spanisch!

Englischer Seesieg über die spanische Armada im Ärmelkanal, Juli 1588. Gemälde von Hendrik Cornelisz Vroom, um 1600

DAS REICH DER HABSBURGER

Heiraten statt Kriege

Am Anfang steht eine unscheinbare Burg in der Schweiz. Von hier aus starteten die Habsburger ihren Siegeszug, der sie an die Spitze der europäischen Großmächte katapultierte. Und an diesem nicht immer ungefährlichen Platz behaupteten sie sich 800 Jahre – nicht zuletzt aufgrund der Kunst, richtig zu heiraten.

Wülpelsberg hört sich, bei allem Respekt, nicht nach der ganz großen Welt an. Und doch schrieb die Hügelkette im Schweizer Kanton Aargau Weltgeschichte. Denn hier befindet sich seit dem 12. Jh. die Stammburg der Habsburger. Sie ist nach einigen Renovierungen in einem guten Zustand und lädt dazu ein, sich vor oder in ihren Mauern Gedanken über den Aufstieg und den Fall großer Familien und großer Reiche zu machen.

Anfangs waren die Grafen von Habsburg Lokalgrößen ohne Bedeutung. Doch nach und nach erwarben sie weitere Gebiete in der Schweiz und im Elsass – nicht etwa durch Krieg, sondern durch Erbschaften, Heiraten und königliche Lehen. Die Diplomatie war von Anfang an das von den Habsburgern bevorzugte Parkett, hier kannten sie sich aus, hier feierten sie ihre größten Erfolge. Bald war der Stammsitz Habsburg nicht mehr groß und repräsentativ genug. Um 1220 erfolgte der Umzug in das nicht weit entfernte Brugg. Und die Habsburger erweiterten beständig ihren Einfluss. Dabei zahlte es sich aus, dass sie folgsame und loyale Parteigänger der regierenden Staufer waren und sie von den Kaisern und Königen der schwäbischen Dynastie entsprechend belohnt wurden.

Schlacht mit Zukunft

Nach dem Ende der Stauferherrschaft gab es ein kurzes Interregnum. Dann übernahmen die Habsburger die Initiative, und 1273 durfte sich Rudolf I. als Erster aus der Familie mit der Würde eines Königs im Heiligen Römischen Reich schmücken. Nur einer war nicht bereit, die Wahl der Kurfürsten zu akzeptieren. Der böhmische

Die recht unscheinbare Habsburg beherbergt heute ein Restaurant.

König Ottokar II. war einer der mächtigsten Reichsfürsten, ihm gehörten Territorien in Österreich, der Steiermark und Kärnten. Ihm war nicht mit Diplomatie beizukommen, und so zog Rudolf, um seinen königlichen Arbeitsplatz zu sichern, gegen Ottokar in den Krieg. 1278 siegte Rudolf in der Schlacht auf dem Marchfeld in Niederösterreich und sicherte damit seiner Dynastie eine glorreiche Zukunft.

Mit Rudolf wurden aus den Schweizer Habsburgern endgültig österreichische Habsburger. Denn der Triumph über den unbotmäßigen Ottokar bescherte ihnen den Besitz von dessen Territorien in Österreich. Statt auf dem Wülpelsberg oder in Brugg residierten die Habsburger nun in der Donaustadt Wien. Und sie machten weiter Karriere, dahingehend, dass sie ab dem 15. Jh. das Abonnement auf den Kaisertitel hatten. Premierenkaiser war Friedrich III., der 1452 in traditioneller Weise vom Papst in Rom gekrönt wurde. Über 350 Jahre lang, bis 1806, befand sich die Kaiserkrone im Besitz der Habsburger.

Österreich heiratet

Wer sich so lange oben halten kann, muss über besondere Fähigkeiten verfügen. Bei den Habsburgern waren es die diplomatischen Talente, die sie schon ganz am Anfang gezeigt hatten. Absolute Spezialisten waren sie auf dem Gebiet der Heiratspolitik. „Mögen andere Kriege führen, du, glückliches Österreich, heirate!“, lautete ein geflügelter Spruch, der bei den Habsburgern die Runde machte.

Ein Heiratskünstler ersten Ranges war Maximilian I. Er wurde 1486 König, 1508 Kaiser und regierte das Habsburger Imperium bis zu seinem Tod im Jahre 1519. Er setzte die programmatische

Vorgabe, Eheschließungen dazu zu nutzen, Politik zu machen, in Perfektion in die Realität um.

Er selbst ging mit gutem Beispiel voran und heiratete Maria von Burgund. Sie war eine der besten Partien in Europa und bei den gekrönten Häuptern entsprechend begehrt. Den Zuschlag aber erhielt Maximilian. Maria starb früh, doch hatte sie mit ihrer reichen Mitgift, zu der auch die belgisch-niederländischen Vorzeigeregionen Flandern und Brabant gehörten, die ohnehin schon stattliche Hausmacht der Habsburger noch erheblich vergrößert. Nicht amüsiert über diese Verbindung aber waren der König von Frankreich und seine Herrscherdynastie der Valois. Auch sie hatten auf die burgundischen Besitzungen spekuliert und sahen sich nun um die reiche Ausbeute geprellt. Die daraus resultierende Verstimmung war der Ausgangspunkt einer lang anhaltenden

Maximilian I. und seine Familie, rechts oben: Maria von Burgund. Zeitgenössisches Gemälde

französisch-österreichischen Erbfeindschaft, die auch noch dadurch gesteigert wurde, dass sich beide als katholische Führungsmächte betrachteten. Und so machten Franzosen und Habsburger eine fundamentale Erfahrung: Je ähnlicher sich zwei Großmächte sind, desto größer sind die Rivalitäten. Aber auch hier setzten die Habsburger in späteren Zeiten immer wieder auf Schadensbegrenzung durch gegenseitige Heiraten.

Johanna die Wahnsinnige am Totenbett ihres Mannes. Gemälde von Louis Gallait, 1856

Die spanische Hochzeit

Die Meisterleistung des Zeremonienmeisters Maximilian schlechthin war die spanische Hochzeit. Der Kaiser vermählte seinen Sohn Philipp mit dem Beinamen „der Schöne" mit Johanna „der Wahnsinnigen", der Erbin der spanischen Königreiche Kastilien und Aragon. Den Beinamen trug sie zum Zeitpunkt der Hochzeit noch nicht. Vielmehr kam sie über den frühen Tod Philipps nicht hinweg und irritierte ihre Umgebung mit sonderbaren Verhaltensweisen. Sie führte die spanische Monarchie noch bis 1516, dann übergab sie die Herrschaft an den gemeinsamen Sohn aus der Ehe mit Philipp dem Schönen. Mit Karl V., dem Enkel Maximilians, endete die Geschichte der Großmacht Habsburg und begann die der Weltmacht Habsburg. Denn mit der spanischen Erbschaft fielen ihnen auch die Überseegebiete in Amerika und Asien zu, die zum Besitz der spanischen Krone gehörten.

Die „Methode Maximilian" machte bei den Habsburgern Schule. Alle seine Nachfolger waren bestrebt, das engmaschige Netzwerk an Verbindungen, Allianzen und Koalitionen zum Wohle der Dynastie zu optimieren. Doch blieben auch die erfolgsverwöhnten Habsburger nicht von Rückschlägen verschont. Eine Schwächung bedeutete die noch unter der Herrschaft Karls V. vollzogene Trennung in eine spanische und eine österreichische Linie. Nach dem Aussterben der spanischen Linie um 1700 ging ihnen die Iberische Halbinsel im Spanischen Erbfolgekrieg verloren. Eine Großmacht blieb das österreichische Habsburg dennoch: So konnte man sich im Frieden von Utrecht (1714), der den Erbfolgekrieg beendete, immerhin wichtige Besitzungen in den Niederlanden und in Italien sichern.

Flexibler Franz

Eine Zäsur stellte das Jahr 1806 dar. Der französische Kaiser Napoleon eroberte halb Europa und verfügte die Auflösung des Heiligen Römischen Reiches. Der

Das Kaiserin-Elisabeth-Denkmal im Wiener Volkspark wurde 1907 in Anwesenheit von Kaiser Franz Joseph enthüllt.

Habsburger Franz II. war der letzte Kaiser dieses alten Reiches. Doch zeigte er sich, untypisch für die traditionsbewussten Habsburger, flexibel. Schon zuvor hatte er den Titel eines Kaisers von Österreich angenommen. Gewöhnungsbedürftig war für die Zeitgenossen nur, dass aus Franz II. jetzt Franz I. wurde. Üblicherweise war es umgekehrt. Doch waren Franz I. und Franz II. ein und dieselbe Person. Aber einen Kaiser von Österreich hatte es zuvor nicht gegeben, und so war Franz der erste Kaiser auf dieser Position.

Im 19. Jh. gehörte Österreich zu den „großen fünf" auf der Bühne der internationalen Politik. Die anderen vier waren England, Frankreich, Preußen und Russland. Galionsfigur war der Kaiser Franz Joseph, der allein schon mit der Dauer seiner Amtszeit Maßstäbe setzte. Er regierte von 1848 bis 1916 und hatte daher genug Zeit, die Geschicke Österreichs zu lenken. Noch einmal mischte das Alpenland in der Weltpolitik mit, als Maximilian, der Bruder des Kaisers, zwischen 1864 und 1867 Kaiser von Mexiko war. Auch fällt in die Regierungszeit des populären Franz Joseph die Gründung der österreichisch-ungarischen Doppelmonarchie, die in Ungarn allerdings auf wenig Gegenliebe stieß.

Schönste Frau aller Zeiten

Mit seiner Heirat wich Kaiser Franz Joseph deutlich vom Erfolgsrezept der Familienikone Maximilian ab. Seine Auserwählte war eine unbekannte Prinzessin aus einer ebenfalls nicht sehr bekannten Familie in Bayern. Elisabeth war die Tochter der Schwester seiner Mutter, also seine Cousine. Offenbar war etwas Unerhörtes geschehen: Der Kaiser hatte sich schlicht verliebt und dabei ganz vergessen, dass Habsburger immer politisch heirateten. Die Hochzeit mit der, wie man schon damals bewundernd sagte, „schönsten Frau aller Zeiten", fand 1854 statt. Die Ehe hielt bis zum 10. September 1898, als die Kaiserin, die man „Sisi" nannte, in Genf von einem italienischen Anarchisten ermordet wurde.

Das Ende der Habsburger Monarchie musste Elisabeth nicht mehr miterleben. Es häuften sich Probleme an, die auch mit einer noch so gezielten Heiratspolitik nicht aus dem Weg zu räumen gewesen wären. Die k.u.k-Monarchie, wie man sie nannte (kaiserlich und königlich), war von der gesamten Struktur her ein altmodisches Gebilde, mit einem absolut regierenden Kaiser, einer schwerfälligen Bürokratie, einer schlecht ausgerüsteten Armee. Außerdem hatte Wien es nie geschafft, die Probleme eines Vielvölkerstaates zu lösen. Nicht zufällig war es die Konfliktzone Balkan, auf dem sich der Funke entzündete, der das Pulverfass zur Explosion brachte.

Ende im Ersten Weltkrieg

Das Attentat auf den Thronfolger Erzherzog Franz Ferdinand und seine Frau Sophie am 28. Juni 1914 in Sarajevo löste den Ersten Weltkrieg aus. Der Krieg bedeutete das Ende der Habsburger Monarchie. Franz Joseph starb 1916 im Alter von 86 Jahren. Die Nachfolge trat Karl I. an, der Neffe des ermordeten Franz Ferdinand. Trotz der offiziellen Auflösung der k.u.k.-Monarchie weigerte sich der letzte amtierende Spross der Habsburger, die Krone abzugeben und in den Ruhestand zu gehen. Er emigrierte in die Schweiz und versuchte von dort, die Monarchie in Ungarn wiederherzustellen.

Doch auf Anordnung der Siegermächte wurde er ins Exil auf die Insel Madeira geschickt, wo er 1922 starb. Seine Frau und letzte Kaiserin von Österreich war Zita von Bourbon-Parma. Sie starb am 14. März 1989 im gesegneten Alter von 96 Jahren in der Schweiz.

Frauen an die Macht

Frauen waren im Machtgefüge der Habsburger nicht nur gute Partien für politische Bündnisse. Sie regierten kräftig mit, und dies nicht nur im Hintergrund. Möglich geworden war die aktive Beteiligung am politischen Geschehen durch die „Pragmatische Sanktion“ von 1713. Sie verfügte die Unteilbarkeit des habsburgischen Hausbesitzes und regelte die Erbfolge in der Weise, dass auch die weiblichen Nachkommen die Herrschaft übernehmen durften. Von dieser Bestimmung profitierte als Erste die berühmte Maria Theresia. Ihr Vater war Kaiser Karl VI. Sein einziger Sohn starb, und nach seinem Tod 1740 übernahm Maria Theresia die Regierung über die habsburgischen Kernlande als Erzherzogin von Österreich und Königin von Böhmen und Ungarn. Sie regierte bis 1780, brachte 16 Kinder zur Welt, führte eine Vielzahl von Reformen durch und ging außenpolitisch als Gegenspielerin von Preußenkönig Friedrich dem Großen in die Geschichte ein.

Kaiserin Maria Theresia, Porträt von Joseph Ducreux

Das Reich von Madagaskar

Perfekte Organisation

Ein geschichtlicher Rekord ist Andrianampoinimerina, dem König von Madagaskar, wohl für alle Zeiten nicht zu nehmen: Er ist und bleibt der Herrscher mit den meisten Vokalen im Namen. Darüber hinaus vollbrachte er ein großes Einigungswerk und verordnete seinem Inselreich einen – nicht makellosen – modernen Anstrich.

„Die Grenze meiner Reisfelder ist das Meer", sagte der König, und es war keine Übertreibung. Andrianampoinimerina schuf ein großes Reich auf einer großen Insel. Madagaskar, die viertgrößte Insel der Welt, liegt vor der Ostküste Afrikas. Das Land ist geografisch zweigeteilt: in eine zentrale, gebirgige Hochebene, deren höchste Erhebung bei knapp 2900 Metern liegt, und in breite Küstenstreifen im Westen und Osten. Karge Hochflächen wechseln ab mit dichten Regenwäldern und tropischen Stränden.

Allein zu Haus

Diese Landschaft in ihrer Gesamtheit zu beherrschen, war schwer – und daher eine ausgeklügelte Organisation gefragt. Bevor sich Andrianampoinimerina an die Aufgabe wagte, die ganze Insel unter seiner Herrschaft zu vereinen, bestand Madagaskar politisch aus vielen kleinen Königreichen. Bis dahin stand die „rote Insel", wie sie wegen der typischen Farbe der Böden genannt wird, meist im Abseits der großen Geschichte. Bei den Kapitänen, die mit ihren voll beladenen Schiffen an den Küsten Ostafrikas unterwegs waren, war sie als Piratennest berüchtigt. Unter anderem war hier der gefürchtete Schotte William „Billy" Kidd aktiv. Von den europäischen Kolonisatoren, die sich ab 1500 daran machten, die Welt unter sich aufzuteilen, wurde sie zunächst verschont. Die Bewohner, die in den Jahrhunderten zuvor aus dem ostasiatischen Raum eingewandert waren, blieben unter sich. Als erster Europäer hatte am 15. August 1500 der portugiesische Seefahrer Diego Dias die Insel betreten. Doch anders als auf dem afrikanischen Festland hatte dieser Besuch keine weiteren Konsequenzen und blieb eine Stippvisite.

Energischer König

Obwohl lange Zeit unbehelligt von den europäischen Entdeckern und Abenteurern, war Madagaskar dennoch keine Insel der Seligen. Zwischen den Dörfern und Stämmen der Einheimischen kam es immer wieder zu Streit und Reibereien. Der Kampf drehte sich um die besten Acker- und Weideplätze. Dabei taten sich besonders die Merina hervor. So nannte man eine Gruppe von Stämmen, die um 1700 begannen, sich von den Hochebenen in der Mitte der Insel zu den Küsten vorzuarbeiten. 1787 übernahm der energische Andrianampoinimerina die Führung der Merina. Er hatte ein ambitioniertes Ziel: die ganze Insel politisch zu einen – natürlich mit ihm an der Spitze. Der politischen Einigung ging die militärische Unterwerfung voraus. Die Armee der Merina war allen Konkurrenten an Schlagkraft weit überlegen. Bereits nach kurzer Zeit stand fast die gesamte Insel unter der Herrschaft der Merina.

Moderne Methoden

Andrianampoinimerina war nicht nur ein ehrgeiziger, sondern auch ein kluger Mann. Er wusste, dass er die anderen Stämme nur so lange bei der Stange halten konnte, wie er ihnen etwas zu bieten hatte. Und so schnürte er ein ganzes Paket an Maßnahmen, die weit über das hinausgingen, was zur gleichen Zeit in den europäischen Staaten üblich war. Unter seiner Regie entwickelte sich Madagaskar in sozialer

Terrassenförmige Reisfelder auf Madagaskar. König Andrianampoinimerina ließ Ende des 18. Jh. erste Reisspeicher bauen.

und in wirtschaftlicher Hinsicht zu einem Vorzeigemodell. Die Stadt Antananarivo, hoch oben auf einem Berg gelegen, machte er zu seiner Hauptstadt und zum repräsentativen Mittelpunkt des Königreiches. Er schuf eine einheitliche Gesetzgebung und setzte eine gut funktionierende Verwaltung ein. Er kümmerte sich um die Weiterentwicklung der Landwirtschaft und intensivierte die Reisernte durch den Einsatz von metallenen Spaten. Er füllte die staatlichen Kassen, indem er Sklaven an die Franzosen verkaufte, dafür Gewehre erhielt und mit deren Hilfe wiederum andere Stämme auf der Insel unterwarf. Die Sklaven, meistens aus Kriegsgefangenen rekrutiert, bildeten in dem hierarchischen Staat des Königs von Madagaskar die dritte Klasse, nach dem Adel und den gemeinen Bürgern.

Der König starb 1810, nach 23 Jahren Herrschaft. Das Zepter reichte er an seinen Sohn Radama weiter, dem er einen wohlgeordneten Staat hinterließ. Zu einer Zeit, in der große Teile Europas unter der Kontrolle des französischen Kaisers Napoleon standen, nahm der neue König Kontakt zu den Engländern auf und damit zu einem erklärten Gegner der Franzosen, deren Interesse an Ostafrika den Briten ein Dorn im Auge war. Radamas Verhandlungspartner war Sir Robert Farquhar, der Gouverneur der östlichen Nachbarinsel Mauritius.

König Andiranampoinimerina in einem traditionellen Gewand der Madegassen. Gemälde des madegassischen Künstlers Philippe-Auguste Ramanankirahina, 1904

Zwischen den Mächten

Geschickt spielte Radama die beiden Mächte gegeneinander aus, indem er sich mit den Briten arrangierte, sie als Schutzmacht für sein Königreich verpflichtete, ihnen im Gegenzug wirtschaftliche Vorteile zusicherte und gleichzeitig christlichen Missionaren die Erlaubnis erteilte, auf der „roten Insel“ für ihre Religion zu werben. Die Briten waren es auch, die Radama offiziell mit dem Titel „König von Madagaskar“ dekorierten. Und sie schafften es, ihren neuen Partner dazu zu bewegen, ihrer Kampagne gegen die Sklaverei beizutreten. Mit britischer Unterstützung setzte Radama das Eroberungswerk seines Vaters fort. Bis zu seinem Tod 1828 waren viele weitere Territorien Madagaskars, insbesondere im Norden und Osten, Teil seines Imperiums geworden.

Die Schreckliche

Die Nachfolge trat seine Witwe Ranavalona an. Im Gegensatz zu ihrem verstorbenen königlichen Gemahl steuerte sie einen afrikanischen Kurs. Sie kappte die Verbindungen zu den Briten und vertrieb

Der Königspalast in der Hauptstadt Antananarivo. Stich von 1891

alle Fremden von der Insel. In den Quellen wird sie „Ranavalona die Schreckliche" genannt. Wahllos soll sie, in panischer Angst, die Macht zu verlieren, in der Familie des toten Königs gewütet haben. Hinrichtungen und Folter seien im Reich der Ranavalona an der Tagesordnung gewesen. Auch wenn in diesen Berichten manches übertrieben erscheint – denn die Monarchin hatte viele interne Feinde und Neider –, so war ihre Regierung eine Phase der Unruhe und der Destabilisierung. Auch die Christen bekamen ihren Zorn zu spüren. Wer sich zum Christengott bekannte, musste die Insel verlassen. Eine gemeinsame Militäroffensive der Engländer und Franzosen blieb ohne Erfolg. Die Königin regierte weiter mit harter Hand. So hielt sich die Trauer allgemein in Grenzen, als nach langen 33 Jahren 1861 die Nachricht vom Tod der Ranavalona die Runde machte.

Abhängigkeit und Freiheit

Nun waren aber auch die Zeiten vorbei, in denen das Königreich Madagaskar Politik auf eigene Rechnung machen konnte. In der zweiten Hälfte des 19. Jh. verschärfte sich der Wettstreit der europäischen Großmächte um Besitzungen in Afrika und Asien. Auf Madagaskar setzten sich die Franzosen durch. 1896 wurde die Insel offiziell französische Kolonie. Die Europäer bauten Straßen, Kanäle und Eisenbahnstrecken und trieben einen schwunghaften Handel mit Zucker, Kaffee und Gewürzen. Nach dem Zweiten Weltkrieg entwickelte sich, wie in den meisten afrikanischen Staaten, so auch auf Madagaskar, der vehemente Wunsch nach Unabhängigkeit. Wirklichkeit wurde sie am 26. Juni 1960. Und es gab nicht wenige auf der „roten Insel", die dieses Ereignis zum Anlass nahmen, um an Andrianampoinimerina zu erinnern.

DIE HERRSCHAFT NAPOLEONS

Familienunternehmen

Vier Brüder, drei Schwestern, jede Menge Schwägerinnen und Schwager – für den Kaiser der Franzosen Kapital genug, um halb Europa zu beherrschen. Denn sein Motto lautete: Alles muss in der Familie bleiben.

„Der Kaiser stirbt, von allen verlassen, auf diesem schrecklichen Felsen.“ Charles-Tristan de Montholon war verzweifelt. Der Generaladjutant war einer der letzten Getreuen, die dem Kaiser verblieben waren. Er hatte ihn auf die Insel St. Helena begleitet. Fern von der Heimat fristete der einst so mächtige Kaiser Napoleon auf der kargen Insel im Südatlantik seine letzten Jahre. 1815, nach der Schlacht von Waterloo, war er auf Betreiben der Sieger hierher verbannt worden. Und nun starb er, von der Welt vergessen, einen einsamen Tod.

Die Insel befand sich im Besitz der Engländer und erschien als Zwangsdomizil besser geeignet als Elba. Auf diese beschauliche Mittelmeerinsel vor der Küste der Toskana hatte man Napoleon 1814 nämlich nach seiner Absetzung als Kaiser geschickt. Doch Elba war, wie sich zeigte, nicht weit genug weg, um den Unternehmungsdrang des Ex-Kaisers zu bremsen. Von hier aus startete er zu einem der spektakulärsten Comebacks der Geschichte. Er landete im März 1814 in Cannes

Napoleon auf St. Helena. Buchillustration von 1896

2019 feierte man in Napoleons Heimatstadt Ajaccio auf Korsika den 250. Geburtstag des französischen Herrschers.

und stampfte innerhalb kürzester Zeit eine imposante Armee aus dem Boden. Aber vergeblich – die Schlappe von Waterloo bedeutete das Ende aller seiner Träume. Nach Waterloo war er für den Rest der Welt Geschichte. Sein Tod am 5. Mai 1821 war, wie es der französische Politiker und Diplomat Talleyrand formulierte, kein Ereignis mehr, sondern nur noch eine Nachricht.

Sehnsucht nach Korsika

Auf St. Helena hatte Napoleon viel Zeit. Er schrieb seine Memoiren und dachte an seine Heimat Korsika: „Mit Freuden denke ich noch an seine Berge, an seine schönen Landschaften, mit geschlossenen Augen würde ich es an seinem Duft erkennen.“ In der korsischen Stadt Ajaccio war er am 15. August 1769 zur Welt gekommen. Und wenn er auch nur ein paar Jahre auf der Insel verbrachte und danach auf dem Festland eine militärische Ausbildung absolvierte, so prägte Korsika doch sein Denken und Handeln: Die Familie war für einen Korsen der Mittelpunkt des Lebens, für die Familie tat man alles.

Einsam war Napoleon vor St. Helena nie gewesen. Immer stand er im Mittelpunkt, immer stand er vorn. Und immer war er umgeben von der Familie. Er hatte zwölf Geschwister, von denen sieben das Erwachsenenalter erreichten. Mit Spannung und großen Hoffnungen verfolgten sie den sagenhaften Aufstieg des Bruders. Der kleine Korse mit dem großen Ehrgeiz absolvierte eine steile Karriere. Es waren unruhige Zeiten. 1789 brach die Französische Revolution aus. Napoleon wurde in jungen Jahren zum Brigadegeneral bei den Revolutionsarmeen ernannt. Danach stieg er zum Oberbefehlshaber auf und kommandierte französische Armeen in Italien und Ägypten.

Am Ziel aller Wünsche

Seine militärischen Erfolge brachten Napoleon bei der Bevölkerung große Popularität ein. Doch der Korse wollte mehr: Er wollte an der Spitze des Staates stehen. 1799 stürzte er das fünfköpfige Direktorium, das die politischen Geschicke im nachrevolutionären Frankreich gelenkt hatte. Napoleon erhielt den Posten eines Ersten Konsuls – für die Dauer von zehn Jahren. So lange wollte er mit dem nächsten Karriereschritt nicht warten. 1802 ernannte er sich – praktischerweise selbst – zum Konsul auf Lebenszeit. Nur logisch war der nächste Schritt: Am 2. Dezember 1804 krönte er sich selbst in der Kathedrale Notre Dame in Paris in Anwesenheit des Papstes zum Kaiser der Franzosen. Aus dem Revolutionär, der einst angetreten war, die Monarchie zu beseitigen und durch eine Republik zu ersetzen, war ein Monarch geworden.

Frankreich hatte er nun ganz in seinen Händen. Doch Napoleons Machthunger war noch längst nicht gestillt. Jetzt war Europa an der Reihe. 1805 erfolgte in Mailand die Krönung zum König von Italien. Beim Nachbarn Deutschland beendete er mit einem Federstrich die Existenz des in die Jahre gekommenen Heiligen Römischen Reiches Deutscher Nation. Die Großmächte in Europa – England, Russland, Preußen und Österreich – registrierten die Aktivitäten Frankreichs unter ihrem umtriebigen Kaiser mit zunehmendem Misstrauen.
Zu Recht, wie sich zeigte. 1805 besiegte die Grande Armée die Österreicher in der Schlacht von Austerlitz, 1806 die Preußen in der Doppelschlacht von Jena und Auerstedt. Mit dem russischen Zaren schloss

Napoleon krönte erst sich selbst, dann seine Gemahlin Josephine. Gemälde von Jacques-Louis David, 1806

der Kaiser 1807 ein Bündnis, von dem jeder der Beteiligten wusste, dass es nur dazu diente, bei Gelegenheit gebrochen zu werden. Als sich der napoleonische Einflussbereich auch noch auf Spanien und die Niederlande ausdehnte, konnten die Zeitgenossen mit Fug und Recht sagen: Napoleon gehört halb Europa.

Nun musste sich zeigen, ob die organisatorischen Fähigkeiten Napoleons so gut wie seine militärischen Qualitäten waren. Und bei der Bewältigung dieser Aufgabe kam bei ihm ganz der korsische Familienmensch durch. Die wichtigsten Posten in seinem Imperium erhielten seine Brüder, und auch den Schwestern und anderen Verwandten vertraute er in seinem imperialen Familienbetrieb wichtige Aufgaben an.

Weggefährte auf Abwegen

Ein alter Freund Napoleons wurde Begründer der noch heute amtierenden schwedischen Königsfamilie. Jean-Baptiste Bernadotte kämpfte an seiner Seite in der Revolutionsarmee. Unter dem Kaiser Napoleon bekleidete er hohe staatliche Ämter. Dann kam es zum Zerwürfnis, und dankbar nahm Bernadotte die ihm per Adoption zugefallene Krone Schwedens an. Als schwedischer König Karl XIV. Johann stand er auf der Seite der Gegner seines alten Freundes.

Brüder an die Macht

Wichtigster Helfer des Kaisers war sein älterer Bruder Joseph. Ihn belohnte Napoleon 1807 mit dem Titel und der Funktion eines Königs von Neapel. Nur ein Jahr später musste sich Joseph eine neue Visitenkarte zulegen. Seine Berufsbezeichnung lautete nun: „König von Spanien“. Den Posten als König von Neapel übernahm Marschall Joachim Murat, der mit Napoleons Schwester Caroline verheiratet war. Die spanische Herrschaft war keine gute Idee: Weder wurden die Spanier mit Joseph noch Joseph mit den Spaniern glücklich. In den wenigen Jahren, in denen er regierte, kam es immer wieder zu Unruhen und Aufständen.

Louis Bonaparte, neun Jahre jünger als Napoleon und sein Lieblingsbruder, erhielt Holland. Zuvor hatte er alle Etappen der Karriere des berühmten Bruders aktiv begleitet. Die Holländer waren anfangs nicht sonderlich erfreut über den fremden König, den Napoleon ihnen vorsetzte. Doch Louis bemühte sich redlich, und er schaffte es, auf der Skala der Sympathien Schritt für Schritt nach oben zu klettern. Er lernte Holländisch, kümmerte sich um Finanzen und Verwaltung – und traf Entscheidungen, ohne mit dem großen Napoleon Rücksprache zu halten. Das war aus Sicht des Kaisers eine Todsünde, und er bestrafte den familiären Verrat mit der Absetzung des Bruders. Holland wurde in eine französische Provinz umgewandelt und direkt dem Kaiser unterstellt.

Bruder Jérome bekam Westfalen. Der Benjamin unter Napoleons Brüdern stand damit an der Spitze eines politischen Kunstgebildes, das der Kaiser aus einzelnen deutschen Territorien geformt hatte. Als König von Westfalen war Jérome stets bemüht, agierte aber nicht gerade erfolgreich. Die Bevölkerung nannte den in Kassel residierenden Regenten respektlos

Napoleons Grab im Invalidendom in Paris

„König Lustig", weil das Wort „lustig" so ziemlich das einzige deutsche Wort war, das er fehlerfrei beherrschte.

Auch die übrige Verwandtschaft kam nicht zu kurz. Schwester Elisa heiratete einen armen korsischen Adligen, dem der Kaiser das Fürstentum Lucca in Italien übertrug. Napoleons Lieblingsschwester Pauline ehelichte einen Offizier aus der berühmten italienischen Adelsfamilie der Borghese, mit dem sie standesgemäß in Rom residierte. Bruder Lucien bekam schmerzhaft zu spüren, dass der Kaiser auch und gerade von der Familie absolute Loyalität verlangte. Er heiratete eine Frau, die Napoleon nicht mochte und fiel daraufhin in Ungnade. Aber er blieb standhaft, auch, als Napoleon ihn mit der Aussicht auf eine Königsstelle zu ködern versuchte. Erst vor der Schlacht von Waterloo kam es zur Versöhnung – zu spät: Die Niederlage besiegelte Napoleons Abgang von der großen Bühne der Geschichte.

Verhängnisvoller Feldzug

Damit war auch das Familienunternehmen Bonaparte am Ende. Die Herrschaft über Europa war aber bereits drei Jahre vorher verloren gegangen. Schuld war der fatale Entschluss des Kaisers, einen Feldzug gegen Russland zu unternehmen. Getrieben von einer falschen Einschätzung der Weiten des Landes und im trügerischen Glauben an die eigene Unbesiegbarkeit, setzte der Kaiser 1812 eine riesige Armee in Richtung Zarenreich in Bewegung. Zurück kam eine geschlagene, arg dezimierte Truppe. Daraufhin rüsteten die europäischen Großmächte zu den Befreiungskriegen. In der Völkerschlacht bei Leipzig im Oktober 1813 musste die Grande Armée eine weitere schwere Niederlage einstecken. Gegen die Übermacht von Russland, Österreich, Preußen und Schweden hatten die Franzosen keine Chance.

Knapp sechs Jahre lebte Napoleon in der Einsamkeit von St. Helena. Aus seiner großen Familie war niemand bei ihm. Auch nicht eine seiner (ehemaligen) Ehefrauen. Seine erste Gemahlin Joséphine hatte er 1796 geheiratet, weil sie ihm mit ihrem wertvollen Netzwerk die Türen der Reichen und Mächtigen geöffnet hatte. 1809 hatte er sich von ihr scheiden lassen, weil sie ihm keine Kinder – und damit keinen Thronfolger – schenken konnte. Ein Jahr später heiratete er Marie Louise, die Tochter des Kaisers Franz II. von Österreich. Auch sie fehlte auf dem „schrecklichen Felsen" von St. Helena. Sie gebar Napoleon zwar den gewünschten Sohn, kehrte nach der Abdankung des Kaisers aber nach Wien zurück. Bis zu seinem Tod blieb sie offiziell seine Frau, danach heiratete sie erneut.

Heimkehr nach Paris

19 Jahre nach seinem Tod, am 15. Dezember 1840, kehrte Napoleon nach Paris zurück. So, wie er es sich immer gewünscht hatte, fand er nach längerer Anlaufzeit seine letzte Ruhestätte im Invalidendom, wo sein Grab bis heute eine viel besuchte Touristenattraktion ist. Bei den Franzosen genießt er eine ungebrochene Popularität: Sie sehen großzügig über seine Niederlagen hinweg und würdigen das Bleibende. So basiert das moderne französische Gesetzbuch zu einem bedeutenden Teil auf Napoleons „Code Civil". Der Kaiser reformierte die schwerfällige Bürokratie, gründete eine zentrale Notenbank und führte Frankreich durch die Einrichtung von Universitäten und polytechnischen Schulen in die Spitzengruppe der internationalen Wissenschaft.

Die Schlacht von Waterloo

Meistens wird der Name englisch ausgesprochen. Doch Waterloo, der Ort, an dem Napoleon sein größtes Debakel erlebte, liegt in Belgien und wird deswegen auch so gesprochen, wie es geschrieben wird. Dieser eher unbedeutende Ort, 15 Kilometer südlich von Brüssel, wurde zum Synonym für eine vernichtende Niederlage. Am 18. Juni 1815 siegte hier eine Allianz aus Briten, Preußen, Deutschen und Holländern gegen die Armee Napoleons. Das Kommando führten der Herzog von Wellington und der preußische Generalfeldmarschall Blücher, den die Zeitgenossen wegen seiner offensiven Kampfestaktik „General Vorwärts" nannten. In der Summe kämpften dort 136 560 Soldaten – auf der Seite der Allierten 67 660, auf der Seite der Franzosen 68 900. Beide Seiten hatten hohe Verluste zu beklagen. Eigentlich wollte Napoleon am 17. Juni einen Frontalangriff unternehmen, musste diesen aber wegen heftigen Regens und schlammiger Straßen verschieben. Am Tag darauf ging der Kaiser in die Offensive. Wellington konnte mit seinem erschöpften Heer gerade noch standhalten, doch dann kamen die Preußen zu Hilfe, drückten die rechte Flanke der Franzosen und schlugen Napoleons Heer in die Flucht. Heute befindet sich am Ort des Geschehens eine Gedenkstätte mit Löwenhügel, Restaurants und Souvenirläden.

Niederlage von Waterloo. Stich nach einem zeitgenössischen Gemälde von Carl von Steuben

DAS RUSSISCHE ZARENREICH

Glanz und Elend

Das Russische Reich war eines der größten Imperien der Geschichte. Der mächtige Zar herrschte über Millionen von Untertanen zwischen Sibirien, dem Kaukasus und der Ostsee. Wirtschaftliche Not, soziale Missstände und Mangel an Reformen führten 370 Jahre nach der Krönung des ersten Zaren zum Untergang.

Am 26. Februar 1917 schrieb der Präsident der Duma, des russischen Parlaments, einen Brandbrief an Zar Nikolaus II. In drastischen Worten legte er dem Herrscher dar, wie schlimm es um Moskau stand: „Die Lage ist ernst. In der Hauptstadt ist Anarchie. Die Regierung ist gelähmt. Verkehr, Lebensmittel- und Kraftstoffversorgung sind vollkommen unorganisiert. Die allgemeine Unzufriedenheit wächst. Auf den Straßen wird hemmungslos geschossen." Für ihn gab es nur eine Lösung: „Es ist unumgänglich nötig, sofort einer Persönlichkeit, die das Vertrauen des Landes genießt, die Bildung einer neuen Regierung anzuvertrauen. Eine Verzögerung ist unmöglich. Jedes Zaudern wäre der Tod." Der Zar verstand: Seine Zeit war abgelaufen. Er hatte keinen Rückhalt mehr, ihm blieb nur noch die Abdankung. Am 15. März unterzeichnete der letzte Zar von Russland die Urkunde, die ihn zum Ex-Zaren und das zaristische Russland zum Ex-Reich machte.

Begonnen hatte die Ära der Zaren 370 Jahre vorher. Am Anfang stand Iwan mit dem furchterregenden Beinamen „der Schreckliche". Er war der erste Herrscher in Russland, der den Titel „Zar" trug. Am 16. Januar 1547 wurde Iwan in der Moskauer Mariä-Himmelfahrt-Kathedrale zum „Zar von Gottes Gnaden und Großfürst von ganz Russland" gekrönt. Damals

In der prächtigen, im Moskauer Kreml gelegenen Mariä-Himmelfahrt-Kathedrale wurden bis zum Fall des Russischen Reiches die Zaren gekrönt.

war er 16 Jahre alt und noch gar nicht so schrecklich. Seine Krönung zum Zaren bedeutete auch den Sieg Moskaus über Kiew im Kampf um die Macht in Russland. Denn zunächst hatten die Fürsten von Kiew das Geschehen bestimmt. Das Reich von Kiew war bereits rund 600 Jahre vor Iwan entstanden und entwickelte sich in der Folgezeit zur Vormacht in Russland. Dann aber trat Moskau auf den Plan. 1380 stoppte der Moskauer Großfürst Dimitri Iwanowitsch Donskoi den Vormarsch der gefürchteten Mongolen. Von dieser Großtat leiteten die Machthaber Moskaus den Führungsanspruch über ganz Russland ab.

Anspruchsvoller Titel

Mit der Krönung Iwans IV. hatte Moskau sein Ziel erreicht. Kiew und die anderen Fürstentümer hatten sich künftig unterzuordnen. Der Titel „Zar“ war mit Bedacht gewählt: Damit knüpften die Moskauer Monarchen an den römischen Kaisertitel an, denn die alten Imperatoren aus der Stadt am Tiber hatten sich mit dem Titel „Caesar“ geschmückt, den sie „Kaisar“ aussprachen. Die Herrscher von Moskau ließen die erste Silbe weg – und fertig war der Titel „Zar“. Dazu passte, dass Moskau sich als „Drittes Rom“ bezeichnete – nach Rom selbst und nach Konstantinopel –, und sich damit ganz unbescheiden in die Tradition dieser berühmten Reiche stellte. Eine wichtige Stütze des Zarentums war die Kirche. Nicht umsonst nannte sich Iwan IV. „Zar von Gottes Gnaden“. So gab der Moskauer Metropolit als oberste geistliche Instanz im Reich von Moskau dem neuen Zaren den Segen der Kirche mit auf den Weg.

Jermak an der Spitze eines Kosakenverbands, um 1550. Kolorierter Kupferstich

Auf nach Sibirien!

Mit Iwan IV. begann der unaufhaltsame Aufstieg des Reiches von Moskau. Er regierte bis 1584 und hatte genug Zeit und Gelegenheit, sich einen prominenten Platz im Buch der russischen Geschichte zu sichern. Der Zar brachte Russland außenpolitisch auf einen Kurs der Expansion. Diese neue Ausrichtung bekamen als Erste die in der Mongolei gelegenen Tataren-Reiche Kasan und Astrachan zu spüren. Im fernen Sibirien lockten Reichtümer an Bodenschätzen, Salz und Pelzen. Der Zar schickte Soldaten und Händler, allen voran die wohlhabende Kaufmannsfamilie der Stroganoffs, die von den Kosaken unterstützt wurde. Deren Anführer war die schillernde Gestalt des Wassilij Timofejewitsch, besser bekannt unter seinem „Künstlernamen“ Jermak. Mit seiner bunten Truppe aus Kriegsgefangenen, entlaufenen Leibeigenen, verarmten Bauern und Abenteurern gelang es ihm, für den Zaren das westliche Sibirien zu erobern. Mit dem Osten dauerte es etwas länger: Hier konnten sich die Russen erst gut hundert Jahre später durchsetzen.

Innenpolitisch setzte Iwan auf einen starken Zentralstaat. Alle Fäden liefen beim Zaren in Moskau zusammen. Eine wichtige Stütze seiner Macht waren die Strelitzen, seine Leibgarde, und die gefürchteten Opritschniki, die Privatarmee der 6000 „Schwarzen Reiter". Zar Iwan IV. regierte mit Härte und Gewalt. Den Beinamen „der Schreckliche" – russisch „Grosny" – bekam er schon zu Lebzeiten. „Je näher am Zaren, umso näher am Tod", lautete damals ein geflügeltes Wort. In einem Wutanfall erschlug der Zar seinen ältesten Sohn. Iwan IV. war verantwortlich für ein Massaker in der Handelsstadt Nowgorod, bei dem im Jahr 1570 15 000 Menschen ums Leben kamen. Er starb am 18. März 1854, im Alter von 53 Jahren, als er gerade eine Partie Schach spielte.

Gute Tarnung ist alles

Zwischen dem ersten Zaren Iwan IV. und dem letzten Zaren Nikolaus II. regierten in Russland viele Herrscher, manche erfolgreicher, manche weniger erfolgreich. In die Riege der Erfolgreichen gehört Zar Peter der Große, der von 1672 bis 1725 den Thron innehatte. Er war ein Sprössling der Romanow-Familie, die bis zum Ende des Zarenreiches alle Herrscher stellte. Pjotr Aleksejewitsch, wie sein originaler russischer Name lautete, profilierte sich als bedeutender Reformer und Modernisierer. Nicht nur wegen seiner stattlichen 2,04 Meter Körpergröße verdiente er sich den Beinamen „der Große". Seine Außenpolitik war von dem Wunsch geleitet, die Kontinentalmacht Russland auch zu einer Seemacht zu formen. Ganz richtig erkannte er, dass für diese Aufgabe eine leistungsfähige Flotte von Vorteil wäre. In Sachen Schiffsbau hatte der Westen damals die Nase deutlich vorn. Also begab sich der Zar 1697 mit 200 Begleitern auf eine Studienreise nach Europa. 18 Monate lang informierte er sich in England, Preußen und Österreich über den aktuellen Stand von Technologie und Forschung. Auf den Schiffswerften in Holland arbeitete er inkognito unter dem wenig einfallsreichen Namen Peter und animierte damit den deutschen Komponisten Albert Lortzing zu der 1837 uraufgeführten Oper „Zar und Zimmermann". Als nach dem Ende der Reise Kassensturz gemacht wurde, beliefen sich die Kosten auf stolze 2,5 Millionen Rubel – dies war, wie sich zeigen sollte, eine Investition, die langfristig den Aufwand lohnte.

Monumentaldenkmal von Peter dem Großen in Moskau

Der Griff zu den Meeren war allerdings auch mit Risiken behaftet. Jene Mächte, die zu dieser Zeit die Ostsee, das Schwarze Meer und das östliche Mittelmeer kontrollierten, fühlten sich herausgefordert. So erlitt Peters Armee eine schwere Schlappe gegen die Truppen des osmanischen Sultans. Diese Niederlage gegen die Türken am Fluss Püruth an der unteren Donau 1711 bedeutete einen herben Rückschlag bei den Bestrebungen, dem Militär und der Wirtschaft des russischen Zarenreichs den Weg zum westlichen Schwarzen Meer zu ebnen.

Konflikt mit Schweden

Noch schwieriger gestalteten sich die Verhältnisse an den Küsten der Ostsee. Es war Peters erklärtes Ziel, Russland über die Ostsee Zugang zu den gewinnbringenden Märkten des Westens zu verschaffen. Doch da spielten die Schweden nicht mit. Seit dem Ende des 30-jährigen Krieges, also seit gut 60 Jahren, gehörten die Skandinavier zur ersten Garnitur der europäischen Großmächte. Aber das schreckte Peter nicht. Gleich nach seiner Rückkehr startete der Zar mithilfe gut bezahlter westlicher Spezialisten ein gigantisches Flottenbauprogramm. Parallel dazu organisierte er den Aufbau eines modernen Heeres. Auch hier stand westliches Know-how Pate: Die Kanonen und Waffen stammten zum größten Teil aus europäischen Beständen.

Die Schweden nahmen den Fehdehandschuh auf, den ihnen Zar Peter zuwarf. Regiert wurden sie von einem äußerst ehrgeizigen König. Karl XII. nannte sich in aller Bescheidenheit „neuer Alexander". Im Krieg gegen die Russen konnte er die durch diesen Namen geweckten Erwartungen jedoch nicht erfüllen. Anstatt die Ostsee gegen Peter abzuriegeln, setzte er auf Offensive. Als erster Herrscher überhaupt wagte er sich in die Weiten Russlands, und so musste er auch als Erster die Erfahrung machen, dass die Geografie ein wichtiger Verbündeter der Russen war. Organisatorisch und logistisch war der Feldzug ein Fiasko, weil sich die Verteidiger der äußerst wirkungsvollen Taktik der „verbrannten Erde" bedienten. Die Entscheidung zugunsten der russischen Armee fiel 1709 in der Schlacht bei Poltawa in der Ukraine.

Mit diesem Sieg gegen die geschwächten Schweden im Rücken packte Peter nun die Realisierung seiner Ostsee-Pläne an. Ein wichtiger Stützpunkt wurde die bereits 1703 gegründete Stadt Sankt Petersburg, die zuvor von den Schweden als Handelsniederlassung genutzt worden war. Die Neuausrichtung der russischen Politik zeigte sich darin, dass der Zar die Stadt an der Ostsee zur neuen Hauptstadt anstelle von Moskau erklärte. Ein großer diplomatischer Erfolg war zudem der 1721 mit Schweden geschlossene Vertrag von Nystad. Festgelegt wurde, dass die baltischen Staaten Estland und Litauen von Schweden an Russland gingen. Damit war der russische Zar Peter der Große, so, wie er es geplant hatte, Herr über die Ostsee.

Weg mit den alten Zöpfen!

Peter ist ein Barbar, „aber immerhin ein Barbar, der Menschen geschaffen, Städte gegründet und Meere durch Kanäle verbunden hat." So sprach der berühmte französische Gelehrte und Publizist Voltaire (1694–1778). Sein deutscher Kollege Leibniz brachte 1708 in einem Brief seinen

Wunsch zum Ausdruck, „der Zar möge seinen bewundernswerten und heroischen Plan vorantreiben und vervollkommnen, sein ausgedehntes Reich zu zivilisieren und Wissenschaften, Künste und gute Sitten dort einführen.“ Im Westen Europas, dessen politische Eliten sich damals aller Welt überlegen fühlten, sah man die Russen als ein ungehobeltes Volk in Bärenfellen an. Peter lehrte sie eines Besseren. Der Zar verordnete seinem Land einen radikalen Kurs der Modernisierung, und dies in einem Tempo, dass vielen im Lande schwindlig wurde. Das begann mit Äußerlichkeiten und endete bei einer grundlegenden Reform von Verwaltung und Wirtschaft. Den Männern wurde verboten, Bärte zu tragen, anderenfalls drohte eine Bartsteuer. Ebenso sollten sich die Russen europäisch kleiden. Der Zar höchstpersönlich überprüfte bei unangemeldeten Kontrollgängen, ob sich alle daran hielten.

Wichtiger aber waren die Strukturmaßnahmen. Der Zar baute Kanäle und Häfen, richtete Staatsmonopole für Tuch- und Gobelinmanufakturen, im Forstwesen und beim Bergbau ein, warb ausländische Fachkräfte an und gründete höhere Fachschulen. Er teilte das riesige Reich in elf Gouvernements ein, erhob von allen Untertanen eine Kopfsteuer, entmachtete den alten Geburtsadel und übertrug die Verwaltung einem neuen Amtsadel. Nicht allen gefiel die Reformwut des Zaren. Besonders bei den Bauern rumorte es, die auf Freiheit gehofft hatten und doch weiterhin in der Leibeigenschaft der Grundbesitzer verharren mussten. Demzufolge war das Ausmaß ihrer Trauer begrenzt, als Peter der Große am 8. Februar 1725 starb – nicht beim Schachspiel, sondern bei einer spektakulären Rettungsaktion für eine gekenterte Schiffsbesatzung.

Peter der Große schneidet einem „Reaktionären“ den Bart ab. Karikatur um 1700

Machtbewusste Zarin

Mit Peter dem Großen begann die Glanzzeit des russischen Zarenreiches. Viele andere traten erfolgreich in seine Fußstapfen, allen voran Katharina II., ebenfalls „die Große“ genannt. Sie stammte aus einer deutschen Fürstendynastie, heiratete 1745 den russischen Thronfolger Peter III., der 1762 Zar wurde, ließ ihn nach sechs Monaten durch Gardeoffiziere stürzen und übernahm selbst die Herrschaft. Bis zu ihrem Tod 1796 betrieb sie eine expansive Außenpolitik, annektierte 1783 die

Graues Haar und Liebesleidenschaft

Fürst Tscherbatow schimpft „Über die Sittenverderbnis in Russland“ (1786/87):

„Heute haben die Kinder keinen Respekt vor den Eltern und scheuen nicht davor zurück, ihnen offen zuwiderzuhandeln …“ (Über Katharina die Große:) *„Eine Frau, die nicht vom Blut unserer Herrscher ist, die ihren Gatten durch eine bewaffnete Erhebung absetzte, erhielt als Dank für eine so tugendhafte Tat die Krone und das Zepter Russlands. Um den Verderb der weiblichen Sitten und allen Anstands zu vermehren, hat sie anderen Frauen ein Beispiel gegeben durch die Menge der Liebhaber, die sie besaß, die kurzfristig einer dem anderen folgten, jeder reich beschenkt und geehrt … Und obwohl sie nun in späteren Jahren ist, obwohl graues Haar ihr Haupt bedeckt und ihre Stirn mit den unzerstörbaren Zeichen des Alters gekennzeichnet hat, nimmt ihre Liebesleidenschaft nicht ab.“*

Katharina die Große. Stahlstich um 1850, nach einem Gemälde von Alexander Roslin (1718–1793)

Krim und erweiterte im Zuge der Aufteilungen Polens das russische Reichsgebiet erheblich. Zudem war sie eine aufgeklärte Monarchin, belesen und gebildet, die aber auf der anderen Seite strikt an der bestehenden sozialen Ordnung festhielt und damit die Hoffnungen der Bauern auf ein Ende der Leibeigenschaft wiederum schwer enttäuschte.

Revolutionen und Ende

Als Nikolaus II. im März 1917 die Abdankungsurkunde unterzeichnete, war im Reich der Zaren seit jenen Glanzzeiten viel passiert. Die Probleme häuften sich. Überall herrschte Unzufriedenheit. Den Bauern ging es trotz der 1861 erfolgten Befreiung aus der Leibeigenschaft schlecht. Das Tempo der Industrialisierung war zu schnell und förderte die Bereitschaft der neuen Arbeiterschichten, auf jene zu hören, die ihnen eine gerechtere Verteilung der Produktivkräfte versprachen. Auch in den von den Russen besetzten Gebieten brodelte es heftig. Nikolaus' Vorgänger antworteten mit Brutalität und Gewalt. Streikwellen schwappten über das Land. Das Ende kam mit den beiden Revolutionen des Jahres 1917. Die Februarrevolution (nach russischem Kalender) hatte die Abdankung, Verbannung und Ermordung des Zaren zur Folge. Die Oktoberrevolution, die nach westlichem Kalender erst im November stattfand, führte unter der Ägide Lenins und seiner Mitstreiter zur Gründung der Sowjetunion.

Drama um den letzten Zaren

Nach der Februarrevolution 1917 wurden Nikolaus II. und seine Familie in der Nähe von Sankt Petersburg unter Arrest gestellt. Mitte August erfolgte die Überführung nach Tobolsk in Sibirien. Ende Mai ging es weiter nach Jekaterinburg am Ural, wo der Zar mit seiner Familie schwer bewacht in völliger Isolation lebte. In der Nacht vom 16. auf den 17. Juli 1918 kam aus der Zentrale der Bolschewiken der Befehl zur Liquidation der gesamten Familie. Das Urteil – Tod durch Erschießen – wurde von Soldaten sofort vollstreckt. Noch in derselben Nacht wurden die Leichen mit einem Lastwagen in ein nahe gelegenes Waldstück transportiert und dort verscharrt. Am nächsten Tag erschienen Geheimpolizisten der Tscheka und vergruben die Toten an einer anderen Stelle. Eine wenig später eingeleitete Suchaktion nach dem Grab führte zu keinem Ergebnis. Erst 1978 entdeckte ein russischer Geologe in den Birkenwäldern um Jekaterinburg das mutmaßliche Grab der Zarenfamilie. Die Sowjetregierung aber hatte kein Interesse, das Schicksal der letzten Romanows an die Öffentlichkeit zu bringen. Erst nach dem Fall der Sowjetunion wurden 1991 neue Untersuchungen eingeleitet. Nun wurden die sterblichen Überreste von neun Mitgliedern der Zarenfamilie identifiziert. Die fehlenden Leichen eines Sohnes und einer Tochter kamen erst 2007 zum Vorschein. DNA-Tests führten zu einem eindeutigen Ergebnis: Es handelte sich um Kinder des letzten Zaren.

Der Zar Nikolaus II. und seine Familie, 1913 – fünf Jahre vor ihrer Ermordung

DAS BRITISCHE WELTREICH

Rule, Britannia!

Von Amerika bis Indien: Großbritannien schuf ein globales Netz von Kolonien und Provinzen. Alles zusammen ergab das British Empire. Doch selbst die stolzen Briten blieben nicht von der historischen Erfahrung verschont: Kein Reich währt ewig.

Der Prinz war gespannt. Ein musikalischer Höhepunkt war angekündigt, eine Kostprobe aus einem neuen Bühnenstück. Alle waren bereits versammelt: das handverlesene Publikum, der Komponist, die Textdichter, die Sänger. Der Hausherr nahm seinen Platz ein und nickte dem Dirigenten zu. Das Konzert begann. Ein paar Minuten später brauste frenetischer Beifall durch den Raum. Der König eilte zur Bühne, schüttelte allen Beteiligten begeistert die Hände, bedankte sich überschwänglich und prophezeite dem Lied eine große Zukunft.

Das denkwürdige Geschehen spielte sich am 1. August 1740 auf dem Landsitz des Prince of Wales in Cliveton/Buckinghamshire ab. Es war die Uraufführung eines Liedes, das zur patriotischen Hymne der Briten wurde. Sie sahen sich und ihre Ansprüche in dem Text auf das Beste repräsentiert: Dies war das richtige Lied zur richtigen Zeit! Bald ertönten bei allen offiziellen Anlässen die stolzen Worte des Refrains: „Rule Britannia, Britannia rule the waves. Britons never, never, never shall be slaves!" – „Herrsche, Britannia, Britannia beherrsche die Wellen. Briten werden niemals Sklaven sein!"

Der deutsche Prinz

Zu dieser Zeit war der Gedanke einer britischen Weltherrschaft allerdings eher Wunschtraum denn Realität. Das wusste auch der Prinz. Die Briten nannten ihn „Prince Frederic". Darüber freute er sich, denn eigentlich war er kein gebürtiger Engländer. Sein richtiger Name lautete Friedrich Ludwig. Allerdings trug er den offiziellen Titel eines Prince of Wales. So durfte sich traditionell der britische Thronfolger nennen. Der Geburtshelfer der inoffiziellen Nationalhymne Britanniens stammte aus Hannover. Sein Vater war der regierende

Das Motiv der allegorischen Figur Britannia, die über die Wellen herrscht, war ungemein populär. Hier ein Kupferstich von 1765 nach einem Gemälde von Francis Hayman (1708–1776). Dargestellt ist der Triumph der englischen über die französische Flotte im Siebenjährigen Krieg.

König Georg II. Dessen Vater hatte als Georg I. den britischen Thron bestiegen.

Die Niedersachsen waren durch eine glückliche Fügung Könige von England geworden. Georg I., Kurfürst von Hannover, hatte die richtige Mutter: Sophie von der Pfalz war eine Enkelin des britischen Königs Jakob I., und so gelangte ihr Sohn Georg nach dem Tod Annas, der letzten Königin aus der Dynastie der Stuarts, auf den Thron. Friedrich Ludwig, 1707 in Hannover geboren, verbrachte seine ganze Jugend am Leinefluss, bevor ihn sein Vater nach seinem Regierungsantritt 1728 an die Themse holte. Nun wartete Prince Frederic auf den Tag, an dem er selbst König werden würde. Er tat alles, um seinen neuen Landsleuten zu zeigen, dass er, obwohl Deutscher, ein echter Engländer war. In seiner Umgebung sprach er nur englisch, niemals deutsch. Da kam es ihm gerade recht, dass „Rule Britannia", die englischste aller englischen Hymnen, auf seinem Landsitz Premiere feierte. Doch er hatte Pech: Er starb noch vor seinem Vater und blieb daher ein ewiger Prinz. Seine Familie aber hielt sich lange an der Macht. Das Haus Hannover bestimmte die Geschicke des Inselreiches bis zum Tod Queen Victorias im Jahre 1901.

Programmierter Aufstieg

Den Aufstieg seiner Wahlheimat zur wirklichen Weltmacht erlebte Prince Frederic nicht mehr. Noch gehörte England nicht zu den ganz Großen auf der Bühne der internationalen Politik. Auf den obersten Stufen des Podestes standen die Franzosen, die Preußen, die Habsburger, die Russen, die Osmanen. Sie beherrschten die Kontinente, die Meere, die Weltmärkte. Die Weichen waren jedoch schon gestellt. Ein wichtiger Schritt war die Abwehr der spanischen Armada im Jahre 1588. Diese stolze Flotte ging in den rauen Gewässern des Nordmeeres unter – und der Stern Britanniens auf. Auch wenn es im Lande selbst immer wieder interne Konflikte zwischen den herrschenden Familien und zwischen Krone und Parlament gab, war der außenpolitische Kurs klar auf Expansion ausgerichtet. „Britannia rule the waves" – das Lied hatte auch deswegen einen so großen Erfolg bei den Briten, weil es die Bedeutung der Ozeane für ihr Denken und ihre Mentalität ansprach. Die Insellage vermittelte ein Gefühl der Sicherheit und des Schutzes. Und gleichzeitig lockte durch das Meer die große weite Welt. Um die Meere zu beherrschen, bedurfte es des Aufbaus einer starken Flotte. Darauf richteten seit dem 17. Jh. alle britischen Monarchen ihr besonderes Augenmerk.

Jetzt waren die Engländer immer ganz vorne mit dabei, wenn es auf der Welt etwas zu gewinnen oder zu verteilen gab. Zuerst waren es Händler und Kaufleute, die mit dem Segen der Krone das operative Geschäft betrieben und Niederlassungen gründeten. Später folgten die Diplomaten und das Militär. Von Anfang an lag ein Schwerpunkt der maritimen Expansion auf Asien. Auch bei der Kolonisation Nordamerikas gaben britische Siedler den Ton an. 1620 transportierte die legendäre „Mayflower" die „Pilgrim Fathers" in die Neue Welt. Die frommen Pilgerväter wurden zu Protagonisten einer Entwicklung, die 1643 zum Zusammenschluss der englischen Kolonien in der „Konföderation Neu-England" führte.

Erbfolge mit Folgen

In Europa war die erste große Bewährungsprobe der Spanische Erbfolgekrieg, der zwischen 1701 und 1714 alle Groß-

Landung der Pilgerväter in Nordamerika. Holzstich aus dem Jahr 1876

Vertragsabschluss zwischen Britannien und Schottland, der sogenannte „Act of Union“ 1707, der beide Länder zu Großbritannien vereinigte. Im Zentrum des Bildes sitzt Queen Anne, die das Vertragswerk in Händen hält.

mächte beschäftigte. Auslöser war der Tod des letzten Habsburgers auf dem spanischen Thron. Um den vakanten Spitzenposten entbrannte zwischen Frankreich und Österreich ein heftiger Streit. Weil man befürchtete, dass Frankreich durch den Besitz Spaniens zu stark werden würde, schlossen sich alle anderen Mächte zu einer großen Koalition zusammen, an der sich auch die Engländer beteiligten. Nach vielen kriegerischen Auseinandersetzungen wurde der Erbfolgekrieg 1714 mit dem Abschluss des Friedens von Utrecht beendet. Spanien bekam einen französischen König, Österreich wurde territorial großzügig entschädigt. Den größten Coup aber landete Großbritannien: Die Krone bekam einen großen Teil des französischen Kolonialbesitzes in Nordamerika, dazu von Spanien die Insel Menorca und – viel wichtiger – Gibraltar. Bis heute gehört der imposante, strategisch bedeutsame Felsen an der Meerenge zwischen Europa und Afrika zum Besitz der britischen Krone.

Gemeinsame Zukunft

Im Windschatten des Spanischen Erbfolgekrieges kam es 1707 in Britannien zu einer wichtigen innenpolitischen Weichenstellung. In diesem Jahr wurde aus Britannien Großbritannien oder noch exakter das „United Kingdom of Great Britain“. Groß war an Britannien nun, dass neben England auch Schottland dazugehörte. Grundsätzlich verspürten die selbstbewussten

Die Boston Tea Party von 1773. Lithografie, New York 1846

Boston Tea Party

Am 16. Dezember 1773 sorgte eine spektakuläre Aktion im Hafen von Boston für Aufsehen. Einige Hundert Menschen, als Indianer verkleidet, versenkten drei Teeladungen im Hafenbecken, die von Schiffen der East India Company geliefert worden waren. Dieser Protest gegen die rigorose Steuer- und Zollpolitik der britischen Krone war Auftakt zur Trennung der amerikanischen Kolonien vom Mutterland. Die „Tea Party" wurde zum vielbeschworenen Symbol im Kampf für die Unabhängigkeit.

Schotten keine große Lust, sich mit dem Königreich England zu vereinen. Im Gegenteil: Die schottischen Könige und das schottische Volk waren immer stolz auf ihre Unabhängigkeit gewesen. Doch war der Anschluss an England der letzte Ausweg, um einen drohenden Staatsbankrott abzuwenden. So kamen die Schotten mehr durch Zwang als durch eigenen Willen zu den Briten, und bis heute bedeutet für sie die Zugehörigkeit zum Empire nicht die Erfüllung aller Träume. 1801 wurde Großbritannien durch den Beitritt Irlands komplettiert.

In der Folgezeit erreichte der Radius der britischen Außenpolitik immer neue Dimensionen. Es gab praktisch keinen internationalen Konflikt, bei dem die Briten nicht mitmischten. Über allem standen die machtpolitischen, wirtschaftlichen und strategischen Interessen des Empires. Und so waren die Briten auch in die größte globale Auseinandersetzung des 18. Jh. verwickelt. Der Siebenjährige Krieg war ein Konflikt, der nicht nur in Europa, sondern auch auf dem umkämpften amerikanischen Kontinent tobte.

Kampf um Amerika

Der Krieg brach 1756 aus, fünf Jahre nach dem Tod Prince Frederics und 16 Jahre nach der Premiere von „Rule Britannia". Auslöser war der Krisenherd Amerika. Unversöhnlich prallten hier die Ansprüche der europäischen Kolonialmächte aufeinander. Auch Frankreich, im Frieden von Utrecht noch großer Verlierer, war im Spiel. Die Koalitionen und Bündnisse wurden, je nach Interessenlage, kräftig durchgemischt. Großbritannien ging einen eigenen Weg: Zwar sah man auch die Notwendigkeit, sich unter Umständen mit einer anderen

Macht zu verbünden. Doch im Grundsatz vertraute man eher den eigenen Fähigkeiten als der Loyalität von Partnern – so, wie es im Lied „Rule Britannia" ausgedrückt wurde: Briten werden niemals Sklaven sein. Damit waren natürlich keine wirklichen Sklaven gemeint. Eine solche Möglichkeit schloss der britische Stolz von vornherein aus. Vielmehr sollte zum Ausdruck gebracht werden, dass man jegliche Art von politischer Abhängigkeit ablehnte. Und die Textdichter kamen auch deswegen auf den Begriff „slaves", weil er sich so gut auf „waves" reimte.

In Amerika ging es der Krone darum, sich der französischen Konkurrenz zu entledigen. Vorübergehend suchte sie den Schulterschluss mit Preußen, denn König Georg II. fürchtete, die Franzosen könnten ein Auge auf sein Stammland Hannover werfen. Die Franzosen wiederum bildeten eine Koalition mit Österreich und Russland. Während sich in Europa der Siebenjährige Krieg vor allem um den Besitz von Schlesien drehte – ein Zankapfel zwischen Österreich und Preußen –, engagierten sich die Briten in Amerika. Die eindeutigen Sieger des Krieges hießen am Ende Preußen und Großbritannien. Es gelang den Briten, sich gegenüber den Franzosen in Kanada und den Spaniern in Florida durchzusetzen. Im Frieden von Paris 1763 wurden die neuen Besitzverhältnisse vertraglich festgehalten.

Großbritannien hatte den Durchbruch zur Großmacht geschafft. Über Amerika konnte man sich in den Zentralen von Regierung und Verwaltung jedoch nicht sehr lange freuen. Unter König Georg III., dem Sohn des früh verstorbenen „Rule Britannia"-Gönners Prince Frederic, gingen die Besitzungen in Nordamerika und Kanada wieder verloren. Schuld waren nicht etwa die Franzosen oder die Spanier. Vielmehr verspürten die Kolonisten, deren Vorfahren einst die Britischen Inseln verlassen hatten, je länger, desto weniger die Neigung, sich vom Mutterland drangsalieren zu lassen. Am 4. Juli 1776 verkündeten die 13 nunmehr Vereinigten Staaten von Amerika ihre berühmte, heute noch in den USA alljährlich groß gefeierte Unabhängigkeitserklärung. Sie war Auslöser eines erbittert geführten Krieges zwischen Mutterland und Kolonien.

Schon lange hatten sich die Kolonien um Freiheit und Autonomie bemüht. Anlass zur Klage gaben insbesondere der hohe Steuerdruck und die handelspolitischen Fesseln, die ihnen von den Briten angelegt worden waren. Auf Protestaktionen reagierten die zunehmend unbeliebten Kolonialherren mit Brutalität und Gewalt. 1776 begann der Krieg. Die Briten schickten Truppen, die amerikanischen Briten mobilisierten, von Spanien und Frankreich unterstützt, ihre Armeen. Im Frieden von Paris (September 1783) erkannte Großbritannien die Unabhängigkeit Amerikas an.

Weltmacht Großbritannien

Der Verlust Amerikas war für die Krone ein schwerer Schlag. Um ihn zu kompensieren, intensivierten die Briten ihre Aktivitäten in anderen Teilen der Welt. Einen neuen Schwerpunkt bildeten die Märkte in Asien. Die Industrielle Revolution des 19. Jh. katapultierte Großbritannien an die Spitze des Welthandels. Das Land war allen Rivalen in Sachen Technologien, Innovationen und Investitionen turmhoch überlegen. Es entstand ein globales Imperium, das sich von Europa bis nach Australien, Neuseeland und Afrika erstreckte.

Queen Victoria. Foto von ca. 1897

Britische Schiffe kreuzten auf allen sieben Weltmeeren; ein Viertel der Erdfläche und 460 Millionen Menschen – damals etwa 25 Prozent der Weltbevölkerung – standen unter britischer Flagge, mehr als in jedem anderen Weltreich der Geschichte. Dabei entwickelten die Briten ein ausgeklügeltes System von Abhängigkeit und Autonomie, von den weitgehend unselbstständigen Kronkolonien und Protektoraten bis hin zu den sich selbst verwaltenden Dominions. Mit der Stärkung des Parlaments und der Erweiterung des parteipolitischen Spektrums zogen liberalere Ideen in die Politik ein. 1833 wurde die Sklaverei offiziell abgeschafft.

Die ewige Queen

Von 1837 bis 1901 thronte über allem die Langzeit-Königin Victoria, bis Elisabeth II. absolute Rekordhalterin, was die Verweildauer an der Spitze des Staates angeht. 1876 erfüllte Premierminister Disraeli der populären Monarchin einen Herzenswunsch und bearbeitete das zögerliche Parlament dahingehend, ihr den Titel einer Kaiserin (Empress) von Indien zu verleihen. Victoria war glücklich, Indien weniger. Die Inder hatte man nicht um ihre Meinung gefragt. Wer die Welt beherrschte, musste nicht um Zustimmung bitten. Die indischen Untertanen haben ihre Kaiserin nie zu Gesicht bekommen. Damit sie selbst nicht vergaß, dass sie die Kaiserin von Indien war, umgab sie sich in ihren Schlössern gern mit indischen Bediensteten.

Queen Victoria war die letzte Monarchin aus dem Hause Hannover. Die Herrschaft blieb in der Familie, wechselte in der familiären Titulatur aber durch Heirat von Hannover zum Haus Sachsen-Coburg und Gotha. Als der Erste Weltkrieg ausbrach, nannte sich die Königsdynastie nach ihrer Lieblingsresidenz Windsor. Das Deutsche Reich gehörte zu den Kriegsgegnern des Empires, da erschien es nicht angebracht, dass ausgerechnet dessen oberste Repräsentanten ihre deutsche Herkunft im Familienwappen trugen. „Windsor" hörte sich dagegen unverdächtig und „very british" an.

Veränderte Welt

Der Erste Weltkrieg (1914–1918) bedeutete für das britische Weltreich eine markante Zäsur. Die globale Auseinandersetzung war das Ergebnis eines neuen, gigantischen kolonialen Wettlaufes, der gegen Ende des 19. Jh. begonnen hatte und an dem sich alle Großmächte, auch Großbritannien, beteiligten. Während des Krieges teilten Briten und Franzosen die Restmasse der osmanischen Besitzungen im Nahen Osten unter sich auf. So kamen auch Ägypten, Palästina, Iran und Irak zum Empire hinzu.

Nach dem Krieg aber zeigte es sich, dass die Zeiten sich geändert hatten. Das Zauberwort lautete „Dekolonisation". Die Völker in Asien und Afrika, die unter fremder Herrschaft standen, strebten nach Selbstbestimmung und Unabhängigkeit. Dieser Prozess verstärkte sich nach dem Zweiten Weltkrieg. Großbritannien zählte zu den Siegermächten, büßte aber seine führende Position in der Welt ein, weil mit den USA und der Sowjetunion neue Supermächte das Geschehen diktierten. Die Völker, die seit 1931 unter der formalen Ägide Großbritanniens im Commonwealth of Nations vereint sind, bilden eine Gemeinschaft autonomer Staaten. Doch vieles erinnert auch heute noch daran, dass Großbritannien einst Weltmacht war. Staaten wie Kanada und Australien gehören offiziell nach wie vor zur Krone. Und die Tatsache, dass Englisch die Weltsprache Nummer Eins ist, zeigt auch in aller Deutlichkeit, dass die kleine Insel im Nordmeer einst Mittelpunkt eines globalen Empires war.

Windsor Castle in Berkshire außerhalb von London war die Lieblingsresidenz von Queen Victoria.

DIE PREUSSEN

Langer Anlauf, schnelles Ende

Es gibt viele Arten, wie Staaten und Reiche untergehen. Preußen wurde per Gesetz abgeschafft. Der Aufstieg dagegen hatte viel länger gedauert. Mit Glück, Beharrlichkeit, guten Beziehungen und kompetentem Führungspersonal schafften es die Preußen bis nach ganz oben.

Preußens Glanz und Gloria endete mit einem Federstrich: „Der Staat Preußen, der seit jeher Träger des Militarismus und der Reaktion in Deutschland gewesen ist, hat in Wirklichkeit zu bestehen aufgehört. Geleitet von dem Interesse an der Aufrechterhaltung des Friedens und der Sicherheit der Völker und erfüllt von dem Wunsche, die weitere Wiederherstellung des politischen Lebens in Deutschland auf demokratischer Grundlage zu sichern, erlässt der Kontrollrat das folgende Gesetz: Der Staat Preußen, seine Zentralregierung und alle nachgeordneten Behörden werden hiermit aufgelöst.“ So hieß es in der Präambel und in Artikel 1 des Gesetzes Nr. 46, das der Alliierte Kontrollrat in Deutschland am 25. Februar 1947 veröffentlichte. Damit verschwand der Staat Preußen endgültig von der politischen Bühne. „Hat in Wirklichkeit zu bestehen aufgehört“, schrieben die Vertreter der Siegermächte des Zweiten Weltkrieges und trugen mit dieser Formulierung dem Umstand Rechnung, dass es Preußen zu diesem Zeitpunkt faktisch schon nicht mehr gab und es nur noch des juristischen Vollzuges bedurfte.

Prussen und Ritter

Das Ende kam abrupt, dafür dauerte der Aufstieg umso länger. Die Preußen hießen ursprünglich Prussen und ahnten nicht im Geringsten, dass mit ihrem Namen einmal Begriffe wie Militarismus und Reaktion – also eine antidemokratische, rückschrittliche Politik – in Verbindung gebracht würden. Die Urpreußen waren ein Teil der großen baltischen Völkerfamilie und siedelten seit dem Mittelalter zwischen der Ostsee und den Flüssen Memel und Weichsel. Vermutlich hätten die Prussen von sich aus keine langen Kapitel im großen Buch der Weltgeschichte gefüllt. Dafür mussten ein Ritterorden und eine schwäbische Familie ins Spiel kommen.

Das Land der Prussen befand sich seit dem 13. Jh. im Besitz des Deutschen Ritterordens, der nach den Kreuzzügen auf der Suche nach einem neuen Betätigungsfeld war. Dabei kam es immer wieder zu Konflikten, sowohl mit den Prussen als auch mit dem aufstrebenden Königreich Polen. Währenddessen begann viele Hundert Kilometer südwestlich der langsame, aber stetige Aufstieg einer Dynastie, die sich nach ihrem schwäbischen Stammsitz Hohenzollern nannte. Die Familie kannte das Rezept, wie man sich nach oben arbeitete, die Staufer und Habsburger hatten es vorgemacht: Man stelle sich gut mit den Mächtigen, lasse Geld spielen, heirate nach Plan, halte Ausschau nach Erbschaften und greife, wenn nötig, zu den Waffen.

Aufstieg in Etappen

In der Familienchronik der Hohenzollern sind unter der Rubrik „Aufstieg" vier Jahresdaten dick unterstrichen: 1191 – 1415 – 1525 – 1618. Sie markieren wichtige Etappen auf dem Weg zu einer Führungsmacht in Deutschland, ihre fehlerfreie Kenntnis war für Mitglieder der Familie und für Preußenfans zu allen Zeiten Pflicht. 1191 erbte Friedrich I. (der Erste von vielen Friedrichs in der Geschichte der Dynastie) Besitzungen im Fränkischen und wurde von König Heinrich VI. mit dem Amt des Burggrafen von Nürnberg belehnt. 1415 übertrug Kaiser Sigismund dem Hohenzollern Friedrich VI. die Mark Brandenburg und verlieh ihm die Würde eines Kurfürsten. Ein echter Markstein: Nun waren die schwäbischen Hohenzollern im Norden angekommen, und als Kurfürsten spielten sie im Konzert der Großen im Reich ab jetzt in vorderster Reihe mit. 1525 wurde der Staat des Deutschen Ordens im Zuge der Reformation per Vertrag in ein weltliches Herzogtum unter polnischer Lehnshoheit umgewandelt. Wiederum waren die Hohenzollern die Profiteure, das neue Herzogtum Preußen ging an einen Nebenzweig der inzwischen beständig gewachsenen Familie. 1618 war das lange Werk vollendet: Das Herzogtum Preußen wurde mit der Mark Brandenburg vereint und das neue Gebilde Brandenburg-Preußen in Personalunion von der brandenburgischen Linie der Hohenzollern regiert – erst von Königsberg und ab 1710 von Berlin aus. Wenn sie nicht regierten, hielten sich die Herrscher in der Garnisonsstadt Potsdam auf, wo sie in ihren beeindruckenden

Ende einer Ära: Abtransport der Statuen der brandenburgischen und preußischen Herrscher in Berlin, 1947

Friedrich der Große spielt Flöte im Schloss Sanssouci, dem Sommersitz der preußischen Könige.

Schlössern Besucher empfingen, Bälle gaben oder sich in Sanssouci möglichst sorgenfrei ausruhten.

Ehrgeiziger Kurfürst

Der Staat Preußen war ein künstliches Gebilde. Er bestand, neben den angestammten Territorien in Schwaben und Franken, aus den Kerngebieten Preußen und Brandenburg. Ergänzt wurde er im Laufe der Zeit durch Erwerbungen in Westfalen, im Rheinland und im Saarland. Leicht zu regieren war dieser Flickenteppich nicht, gefragt waren Improvisation und Einfallsreichtum. Trotz dieser strukturellen Nachteile machte sich Brandenburg-Preußen konsequent und zielstrebig daran, auf dem politischen Parkett an Profil zu gewinnen. Und man hatte das Glück, dass die weit verzweigte Hohenzollern-Familie über einen gut gefüllten Pool an fähigem Führungspersonal verfügte. Einer der wichtigsten Protagonisten hieß Friedrich Wilhelm. Er hat in der preußischen Ahnengalerie einen bevorzugten Platz. Bekannter ist er unter dem Namen „Großer Kurfürst". Mit einer imposanten Amtszeit von 48 Jahren – er regierte von 1640 bis 1688 – hatte er auch genug Zeit und Gelegenheit, das preußische Staatsschiff auf Kurs zu bringen.

Ein modernes Preußen schwebte dem Großen Kurfürsten vor, politisch stabil und wirtschaftlich stark. Sein großes Vorbild war der mächtige Nachbar Frankreich, wo der Sonnenkönig Ludwig XIV. zur selben Zeit einen absolutistischen Staat mit hoher wirtschaftlicher Leistungskraft aufbaute. So setzte der Kurfürst den Hebel bei den strukturschwachen ländlichen Regionen

Brandenburg-Preußens an. Sie waren dünn besiedelt und brachten nur wenige Erträge hervor. Mit einem attraktiven Paket von Angeboten und Privilegien lockte er viele auswärtige Siedler an. Sie kamen gerne, weil man ihnen kostenloses Land bot und sechs Jahre Steuerfreiheit bei der Anlage von „Holländereien" – Musterbetriebe, in denen mit großzügiger Unterstützung niederländischer Experten fortschrittliche Güter für Tierhaltung, Milchwirtschaft sowie Obst- und Gemüsezucht entstanden.

Externer Sachverstand kam auch mit den Hugenotten ins Land. So wurden die Protestanten im überwiegend katholischen Frankreich genannt. Mal geduldet, mal verfolgt, erlebten sie in Frankreich ein Wechselbad der Gefühle. Als Ludwig XIV. die Möglichkeit der freien Religionsausübung massiv einschränkte, verließen die meisten Hugenotten ihre Heimat. Anders als zu Hause waren sie im Ausland heiß begehrt, man schätzte ihre Fähigkeiten als Handwerker und Unternehmer. 20 000 folgten dem Lockruf des Großen Kurfürsten. Sie wurden privilegiert behandelt und kurbelten dafür Handel und Wirtschaft an. Auch außenpolitisch setzte der Große Kurfürst Maßstäbe: 1675 besiegten seine Truppen im brandenburgischen Fehrbellin die Schweden. Ein Sieg, der international aufhorchen ließ, denn die Schweden gehörten zu dieser Zeit zur ersten Garnitur der europäischen Großmächte.

König mit Einschränkung

Einen weiteren Schritt nach vorn bedeutete eine Krönungszeremonie, die am 18. Januar 1701 stattfand. Das Haupt dazu gehörte Friedrich, dem Sohn und Nachfolger des Großen Kurfürsten. Ort des Geschehens war die Schlosskapelle in Königsberg. Danach durfte sich der frisch Gekürte „König in Preußen" nennen. Warum nicht „König von Preußen?", fragten sich viele irritierte Zeitgenossen. Schuld waren die komplizierten staatsrechtlichen Strukturen des Doppelstaates Brandenburg-Preußen. Preußen gehörte nicht zum Heiligen Römischen Reich, daher konnte Friedrich hier den Titel eines Königs tragen. Anders in Brandenburg, das Teil des Reiches war. Hier galt für den preußischen Herrscher nur der Titel Kurfürst. Um keinen zu verärgern und nicht in den Verdacht übermäßigen Machthungers zu geraten, fuhr man zweigleisig: König in Preußen, Kurfürst in Brandenburg. Dieser Zustand dauerte genau 71 Jahre. Erst ab 1772, nach der Annexion des westlichen Teiles von Polen durch Friedrich den Großen, führten die Monarchen den offiziellen Titel „König von Preußen".

Der Große Kurfürst. Nach einem Gemälde von Matthäus Merian, graviert von Philipp Kilian

Disziplin ist alles!

Disziplin, Autorität, Strebsamkeit, Pflichterfüllung, Gehorsam, Ordnung, Fleiß – keiner verkörperte die berühmten „preußischen Tugenden“ besser als Friedrich Wilhelm I., bekannt unter dem Beinamen „Soldatenkönig“. Der Sohn Friedrichs I. und Vater Friedrichs II. (des Großen) hatte das löbliche Ziel, „meinem Land und meinem Volk dauerndes Glück zu sichern“. Glück war für den strebsamen Monarchen vor allem die Sicherheit des Landes. Daher war alles den Belangen des Militärs und der Kriegsführung untergeordnet. Die preußischen Tugenden waren für den Soldatenkönig nicht Selbstzweck, sondern der einzige Weg, das Ziel eines starken, stabilen, wehrfähigen Staates zu erreichen. Das bekam auch die Zivil-

Lange Kerls

Der Soldatenkönig Friedrich Wilhelm I. blickte gerne nach oben. Für seine Leibgarde, die Grenadiere des königlichen Regiments, war eine Mindestgröße vorgeschrieben. Die „Langen Kerls“, wie sie der Volksmund taufte, sollten nicht kleiner als 1,88 Meter sein. In ganz Europa waren die Scouts des Königs unterwegs auf der Suche nach Hünen mit Gardemaß. Der Rekordhalter, James Kirkland aus Irland, präsentierte sich mit stolzen 2,17 Metern.

Friedrich Wilhelm I. inspiziert drei neue „lange Kerls“. Kolorierter Holzstich nach einem Gemälde von Arthur Kampf, 1889

bevölkerung zu spüren. Beispielhaft ist die von Friedrich Wilhelm veranlasste Novellierung der Gassenordnung von 1707 aus dem Jahr 1735. Darin wurden Hausbesitzer verpflichtet, die notorisch schmutzigen Berliner Straßen jeden zweiten Tag von der Haustür bis zur Mitte der Straße zu reinigen.

Vorfahrt für das Militär

Die Zahl der Soldaten wurde verdoppelt. Preußen verfügte nun über ein Berufsheer von 80 000 Mann, bei drei Millionen Einwohnern eine sehr hohe Zahl: Nach Frankreich und Habsburg besaß Preußen die drittgrößte Armee in Europa. Der französische Publizist Voltaire bemerkte mit einer Mischung aus Bewunderung und Furcht: „Preußen ist kein Land, das sich eine Armee hält, sondern eine Armee, die sich ein Land hält." Die Kosten waren immens. Von den 7,5 Millionen Talern, die der Staat jährlich einnahm, gingen 5 Millionen in den Militärhaushalt.

Militärischer Drill und tägliches Training brachten das Heer in Höchstform. Der Soldatenkönig selbst zeigte sich solidarisch und erschien in der Öffentlichkeit nur noch in Uniform. Damit einher ging eine Reform der Offizierslaufbahn. Wurden die Führungspositionen bis dahin ausschließlich mit Adligen besetzt, so fanden nun auch bürgerliche Kreise Zugang zu hohen militärischen Ämtern. Die Verantwortung für das Militärwesen hatte ein eigens zu diesem Zweck eingerichtetes Generaldirektorium. Deren Mitgliedern gab der Soldatenkönig die Mahnung mit auf den Weg, ihm „allemal die reine Wahrheit zu sagen und mit nichts hinterm Berg zu halten".

Friedrich der Große. Porträt von Anton Graff (1736–1813)

Auf dem Weg zur Supermacht

Paradoxerweise führte der soldatischste alle Preußenkönige so gut wie keine Kriege. Ihm kam es darauf an, für Kriege gerüstet zu sein, nicht aber, sie vom Zaun zu brechen. Sein Sohn Friedrich II., der ihm nach seinem Tod 1740 auf den Thron folgte, war eine eher musische Natur (mit der Folge, dass es zwischen Vater und Sohn zu heftigen Streitigkeiten gekommen war), führte aber viele Kriege, die ihm den Beinamen „der Große" einbrachten. Viel lieber wäre Friedrich eine intellektuelle Größe geworden. Sein Freund Voltaire schrieb ihm: „Unter Ihrem Schutz wird Berlin das Athen von Deutschland werden, vielleicht von Europa." Doch es kam anders.

Unter Friedrich dem Großen mischte Preußen auf vielen Kriegsschauplätzen kräftig mit und entwickelte sich zu einer europäischen Supermacht. Die Armee wurde auf die Rekordgröße von 180 000 Mann aufgestockt. Die Eroberungen gingen vor allem auf Kosten der bisherigen Führungsmacht Österreich unter Friedrichs Lieblingsgegnerin Maria Theresia. Das preußische Staatsgebiet vergrößerte sich um fast zwei Drittel. Durch den Zugewinn von Teilen Polens wurde die Lücke zwischen Preußen und Brandenburg geschlossen. Der König von Preußen herrschte nun nicht mehr über einen territorialen Flickenteppich, sondern über ein geschlossenes Gebiet.

Auf dem Gipfel

Friedrich der Große starb 1786 in seinem Domizil in Potsdam. Die Nachfolger übernahmen als Hypothek die Verpflichtung, den Status der Großmacht Preußen nicht nur zu bewahren, sondern auch weiterzuentwickeln. Im 19. Jh. wurde die alte Rivalität zwischen Preußen und Österreich immer stärker. Beide Mächte beanspruchten die Führung in Deutschland und Mitteleuropa.

Die Entscheidung fiel auf dem Schlachtfeld: 1866 besiegte die preußische Armee die Truppen des Kaisers Franz Joseph I. im böhmischen Königgrätz. Am 18. Januar 1871 wurde der Preußenkönig Wilhelm I. im Spiegelsaal von Versailles zum ersten Deutschen Kaiser proklamiert. Ort und Tag hatte die preußische Regie mit Ministerpräsident Otto von Bismarck am Pult bewusst gewählt. Gerade war der Erzfeind Frankreich besiegt worden, und deshalb war es für die Franzosen eine besondere Demütigung, dass die Deutschen ihren Kaiser ausgerechnet im barocken Vorzeigeschloss der französischen Könige kürten. Und auf den Tag genau 170 Jahre zuvor war Friedrich I. in Königsberg zum „König in Preußen“ gekrönt worden.

Kaiser Wilhelm I. Reiterdenkmal in Köln, Hohenzollernbrücke

Schlussakt

Preußische Geschichte war jetzt deutsche Geschichte – und umgekehrt. Nach dem Ende des Kaiserreiches 1918 erhielt Preußen in der Weimarer Republik eine demokratische Verfassung. Diese blieb pro forma auch unter nationalsozialistischer Herrschaft bestehen. Jedoch wurden die staatlichen Organe, wie auch die anderen deutschen Länder, vom NS-Apparat okkupiert. Nach dem Zweiten Weltkrieg gab es den Staat Preußen nur noch auf dem Papier. Das Gesetz 46 des Alliierten Kontrollrates vom Februar 1947 war der definitive Schlussakt.

Einmal Hechingen und zurück

Mit dem sogenannten Kartoffelbefehl erließ Friedrich der Große 1756 eine Order, die den Kartoffelanbau bewarb – eine Maßnahme, die letztendlich die Ernährung der Bevölkerung massiv verbesserte. Zum Dank liegen bis heute Kartoffeln auf seinem Grab. Doch Friedrich der Große war nicht der Kartoffelkönig, für den man ihn gerne hält. Zwar setzte er sich bei seinen Untertanen vehement für die Verbreitung des nahrhaften Knollengemüses ein. Doch in Deutschland eingeführt wurde die Kartoffel viel früher, nämlich Mitte des 17. Jh. in Bayern.

Friedrichs Grab befindet sich auf der oberen Terrasse des Schlosses Sanssouci in Potsdam. Genau dort, wo sich der „Alte Fritz" seine letzte Ruhestätte gewünscht hatte. Doch als er 1786 starb, wurde er in der Gruft der Garnisonskirche von Potsdam neben seinem Vater beigesetzt. Als im Zweiten Weltkrieg Bomben auf die Residenzstadt der Preußenkönige fielen, wurden die Särge des Soldatenkönigs und seines Sohnes in ein Bergwerk in Thüringen evakuiert. US-Soldaten deponierten sie in einer Kirche in Marburg. 1952 holten sie die Hohenzollern auf ihre Stammburg beim schwäbischen Hechingen, dort, wo einst die Karriere der Dynastie begonnen hatte. Dort blieben die Särge bis 1991. Dann, kurz nach dem Ende der DDR, wurden die sterblichen Überreste der Preußenkönige wieder nach Potsdam überführt. Es gab einen großen Bahnhof, mit Sonderzug und Musikkorps der Bundeswehr. Seit dem 17. August 1991 ruht Friedrich der Große an seinem Wunschort. Sein Vater, mit dem er sich nie verstanden hatte, liegt sicherheitshalber in einem separaten Mausoleum im Potsdamer Schlosspark.

DIE REPUBLIK RUTHENIEN

Kürzester Staat der Geschichte

Der 15. März 1939 – ein Mittwoch – war für die Ruthenen ein besonderer Tag. Es war der einzige Tag, an dem sie sagen konnten: Wir haben unseren eigenen Staat. Die Freude währte nur kurz. Am 16. März war der Staat schon wieder Geschichte. Und Ruthenien ein Fall für die Rekordbücher.

Am letzten Tag des Jahres 45 v. Chr. starb in Rom einer der beiden Konsuln. Bei den Römern ging immer alles korrekt zu. Die neuen Konsuln traten ihr Amt erst am 1. Januar an. Also musste, wenn auch nur für einen Tag, ein neuer Konsul gewählt werden – die Wahl fiel auf Caninius. Am nächsten Tag war er sein Amt schon wieder los. Der für seinen bissigen Humor bekannte Politiker und Publizist Cicero machte sich über den Lückenbüßer auch noch lustig. Im Konsulat des Caninius, so ließ er wissen, habe niemand gefrühstückt, und der vorbildlich aufmerksame Konsul habe während seiner gesamten Amtszeit nicht geschlafen.

So ähnlich wie der bedauernswerte Caninius muss sich am Abend des 15. März 1939 Awgustyn Woloschyn vorgekommen sein. Am Vormittag war er Staatspräsident geworden. Am nächsten Tag war er bereits wieder Ex-Präsident, mit dem zweifelhaften Alleinstellungsmerkmal: kürzester Präsident aller Zeiten. Am Tag darauf, dem 17. März, war sein 65. Geburtstag. In Feierlaune war er nicht. Denn nicht nur, dass er seinen Posten an der Spitze des Staates verloren hatte. Auch den Staat, den er für die Dauer eines Tages angeführt hatte, gab es nicht mehr.

Heimat Karpaten

Der kürzeste Staat der Geschichte hieß Ruthenien. Das war nicht die offizielle Bezeichnung. Im Westen Europas nannte man ganz allgemein die slawischen Völkerschaften im großen Reich der Habsburger „Ruthenen“. Hinter diesem Namen verbargen sich einzelne, auf dem Gebiet der Ukraine und Weißrusslands sowie in Teilen Polens und der Tschechoslowakei lebende Bevölkerungsgruppen. Ihre angestammte

Die Burg Palanok, im gleichnamigen Städtchen gelegen, ist eine der Touristenattraktionen der heutigen Karpatenukraine.

Heimat waren die östlichen Ausläufer der Karpaten. Zu ihnen gehörte auch die von den Ruthenen bewohnte Karpatenukraine, ein Gebiet ganz im Westen der Ukraine, flankiert von Rumänien, Ungarn, der Tschechoslowakei und Polen.

Der Erste Weltkrieg führte zum Fall des von Wien mehr schlecht als recht regierten Vielvölkerstaates Österreich-Ungarn. Nichts war in dieser Zeit beständiger als der Wandel. Die einst unter den Habsburgern vereinten Ethnien strebten nach Unabhängigkeit und Selbstbestimmung. Gleichzeitig wurden die machtpolitischen Karten neu gemischt. Die Supermacht Sowjetunion bestimmte mehr und mehr das Geschehen in Osteuropa. Die größeren Staaten kämpften um ihre Autonomie und ihren Einfluss. Kleinere Völker wurden bei den Auseinandersetzungen der Großen zu machtlosen Spielbällen. Auch wurden immer wieder die Grenzen neu gezogen, ohne Rücksicht auf gewachsene ethnische und kulturelle Traditionen. Die Ruthenen lebten in einfachen Verhältnissen. Haupterwerbszweige waren die Forst- und die Viehwirtschaft. Sie waren es gewohnt, hart zu arbeiten. Und sie waren es auch gewohnt, dass andere über ihr Schicksal entschieden. Nie waren sie in ihrer Geschichte wirklich frei gewesen. Nach der langen Habsburger Zeit waren sie Teil der Tschechoslowakei geworden. So hatten es die Siegermächte des Ersten Weltkrieges bestimmt.

Die Ruthenen genossen in den neuen Verhältnissen mehr Freiheiten als unter den Habsburgern. Das bedeutete jedoch nicht, dass sie bereit waren, dieses Los für immer und alle Zeiten geduldig zu ertragen. Aufmerksam verfolgten sie die politischen Entwicklungen und warteten auf die Chance, frei von fremden Mächten ihre Geschicke selbst in die Hand zu nehmen.

Eine solche Chance bot sich im Frühjahr 1939. Die politische Großwetterlage stand auf Sturm. Am 15. März 1939 rückten Panzer der deutschen Wehrmacht in Prag ein. Das Dritte Reich vollzog damit den Plan der „Zerschlagung der Rest-Tschechei", wie es in der Propaganda hieß. Das deutsche Vorgehen kam nicht überraschend. Die Ruthenen hatten Vorkehrungen getroffen. Die Gebiete, die sie bewohnten, befanden sich auf dem Staatsgebiet der Tschechoslowakei. Die Regierung in Prag war mit dem deutschen Einmarsch beschäftigt. Noch am selben Tag erklärte sich Ruthenien für unabhängig und verkündete die Gründung des Staates Karpatenukraine.

Kurze Freude

Die Ruthenen wussten: Einen souveränen Staat kann man nicht so einfach ausrufen. Man brauchte die Anerkennung der internationalen Gemeinschaft und nach den klassischen Regeln des Völkerrechts ein Staatsgebiet, ein Staatsvolk und eine Staatsgewalt. Die Anerkennung würde man schon erhalten, dachten die Ruthenen. Mit Staatsvolk und Staatsgebiet konnten sie auch dienen. Und die Staatsgewalt war ebenfalls da – in Gestalt von Awgustyn Woloschyn. Seine Karriere machte ihn in den Augen seiner Landsleute zum idealen Staatspräsidenten. Der

Markt im ruthenischen Städtchen Berehove, 1945

studierte Theologe und frühere Professor für Mathematik hatte einige Jahre als Abgeordneter im tschechoslowakischen Parlament gesessen und konnte auch auf eine kurze Zeit als Premierminister einer ruthenischen, halbautonomen Teilrepublik unter tschechoslowakischer Ägide zurückblicken. Politisch war er ein vehementer Vertreter des Nationalismus.

Am 15. März 1939 übernahm Woloschyn als absoluter Hoffnungsträger der Ruthenen das Amt des Staatspräsidenten. Man hatte an alles gedacht: Bei der feierlichen Amtseinführung in der Hauptstadt Chust erscholl eine eigene Hymne und wurde stolz eine Flagge präsentiert. Das Parlament trat zusammen, und die 22 anwesenden Abgeordneten bestätigten die Gründung des neuen Staates. Blumenstrauß, Ansprachen, Hochrufe. Woloschyn kam aus dem Händeschütteln gar nicht mehr heraus, alle wünschten ihm Glück und Erfolg.

Dass er am nächsten Tag als kürzester Staatspräsident aller Zeiten in die Annalen der Politik eingehen würde, ahnte er an diesem Mittwoch noch nicht. Er schlief eine kurze Nacht, und am Donnerstag war schon alles wieder vorbei. Noch in der Nacht marschierten Truppen aus dem Nachbarland Ungarn ein, mit Billigung der deutschen Invasoren, mit denen die ungarische Regierung verbündet war. Sie besetzten alle strategisch wichtigen Punkte und übernahmen die Macht im Land. Ruthenien hatte damit ein weiteres Kunststück vollbracht. Innerhalb von 24 Stunden gehörte das Land zu drei unterschiedlichen Staaten: erst zur Tschechoslowakei, dann zu sich selbst und schließlich zu Ungarn. Und auch dieser Zustand sollte nicht sehr lange Bestand haben. 1945, am Ende des Zweiten Weltkriegs, wurde Ruthenien von der Roten Armee okkupiert und von den sowjetischen Machthabern der Sowjetrepublik Ukraine zugeschlagen. Zur Ukraine gehört Ruthenien auch heute noch, seit der Auflösung der Sowjetunion 1991 jedoch zum unabhängigen Staat Ukraine.

Awgustyn Woloschyn, Lehrer, Schriftsteller, Politiker – und Staatspräsident mit der kürzesten Amtszeit

Tod in Moskau

Dem im März 1939 in Rekordzeit wieder entthronten Staatspräsidenten Awgustyn Woloschyn blieb, weil er auf der Fahndungsliste der Ungarn stand, nichts anderes übrig, als die Flucht zu ergreifen. Über Rumänien landete er in Prag, wo er einer Lehrtätigkeit nachging und ansonsten zurückgezogen in einem Kloster lebte. Doch war Prag noch nicht die Endstation in seinem turbulenten Leben. 1945 besetzten die Sowjets die Tschechoslowakei. Sie nahmen Woloschyn gefangen und brachten ihn von Prag nach Moskau, wo er in einem Gefängnis interniert wurde und am 19. Juli 1945 starb, sechs Jahre, vier Monate und vier Tage nach jenem denkwürdigen Tag, als er Staatspräsident von Ruthenien gewesen war.

DAS SOWJET-IMPERIUM

Wankender Koloss

Von Lenin bis Gorbatschow: 74 Jahre lang war die Sowjetunion ein dominierender Faktor auf dem internationalen Parkett. Im Kalten Krieg war sie der große Gegenspieler des Westens. Das Ende kam mitten in einer Therapie.

Am 9. April 1917 steigt Wladimir Iljitsch Uljanow, genannt Lenin, mit Ehefrau und 30 Mitstreitern im Zürcher Hauptbahnhof in einen planmäßigen Zug der Schweizer Eisenbahn. In Schaffhausen erfolgt die Grenzkontrolle durch Schweizer Beamte. In Gottmadingen, der ersten Station auf deutschem Reichsgebiet, wechselt die Reisegruppe in einen plombierten Sonderzug der Deutschen Reichsbahn. Kein Luxuszug, sondern ein D-Zug mit zweiter und dritter Klasse. Mit einer Fahrt in einem erstklassigen Luxusabteil sollte die Revolution in Russland nicht beginnen. Das wäre kein gutes Signal.

Der Revolutionsführer ist kein Schwarzfahrer. Er besteht darauf, für sich und seine Begleiter Fahrkarten zu erwerben. Die Deutschen legen ja so viel Wert auf Ordnung. Eine Revolution würden sie nie hinbekommen. Wenn Deutsche einen Bahnhof stürmen, kaufen sie sich vorher eine Bahnsteigkarte, hat Lenin einmal gesagt. In Russland wird das ganz anders laufen. Der Zar ist gestürzt, und das ganze politische System wird nun radikal verändert werden.

Am 11. April erreicht der Zug Saßnitz, den bekannten Kurort auf der Ostsee-Insel Rügen. Hier wechseln die Revolutionäre das Transportmittel. Sie steigen auf ein Schiff nach Schweden um, durchqueren per Schlitten und Zug Finnland und kommen am 16. April im russischen Petrograd an. So heißt seit 1914 die ehemalige Zarenmetropole Sankt Petersburg. Bald wird sie, was jetzt noch keiner ahnt, nach dem gerade anreisenden Revolutionär in Leningrad umbenannt werden.

Monarchie gegen Monarchie

Lenins Reise nach Russland war ein geschickter strategischer Coup der deutschen Regierung, eine, wie man modern sagt, Win-win-Situation. Der führende Kopf der intellektuellen Opposition gegen das Regime des Zaren lebte im Exil in der Schweiz. Von hier aus organisierte er den Widerstand gegen das autokratische System in der Heimat. Jedoch waren seine Möglichkeiten, auf die Entwicklung in Russland Einfluss zu nehmen, aus der Ferne begrenzt. Die Arbeiter und Bauern warteten mit Ungeduld auf die Rückkehr der Lichtgestalt. Offiziell einreisen durfte er als Exilant aber nicht. So nahm er das ungewöhnliche Angebot des Deutschen Kaiserreiches, mit Unterstützung der deutschen Behörden die russische Monarchie für immer zu beseitigen, gerne und dankbar an.

Aus deutscher Sicht war der charismatische Lenin die letzte Hoffnung im Kampf gegen Russland. 1917 tobte schon seit drei Jahren der Erste Weltkrieg. Der Zar stand unverbrüchlich auf der Seite der Gegner Deutschlands. Doch inzwischen hatte er nach der Februarrevolution abdanken müssen. Lenin hatte in geheimen Verhandlungen mit den Deutschen zu erkennen gegeben, dass Russland unter seiner Führung die Allianz der Kriegsgegner Deutschlands verlassen würde. Er wollte sich auf die Herkules-Aufgabe der Umgestaltung des Staates konzentrieren – da war ein kostspieliger Krieg ein Luxus, den man sich nicht erlauben konnte.

Lenin erfüllte alle Erwartungen, sowohl die seiner russischen Anhänger als auch die seiner deutschen Helfer. Er kam nach Russland, sah und siegte auf der ganzen Linie. Der Rückkehrer war der große

Lenin steigt in Petrograd aus dem Zug und wird von Anhängern empfangen. Zeichnung von Mikhail Georgievich Sokolov (1875–1953). Im Hintergrund ist Stalin zu sehen – der nicht unter den Passagieren gewesen ist.

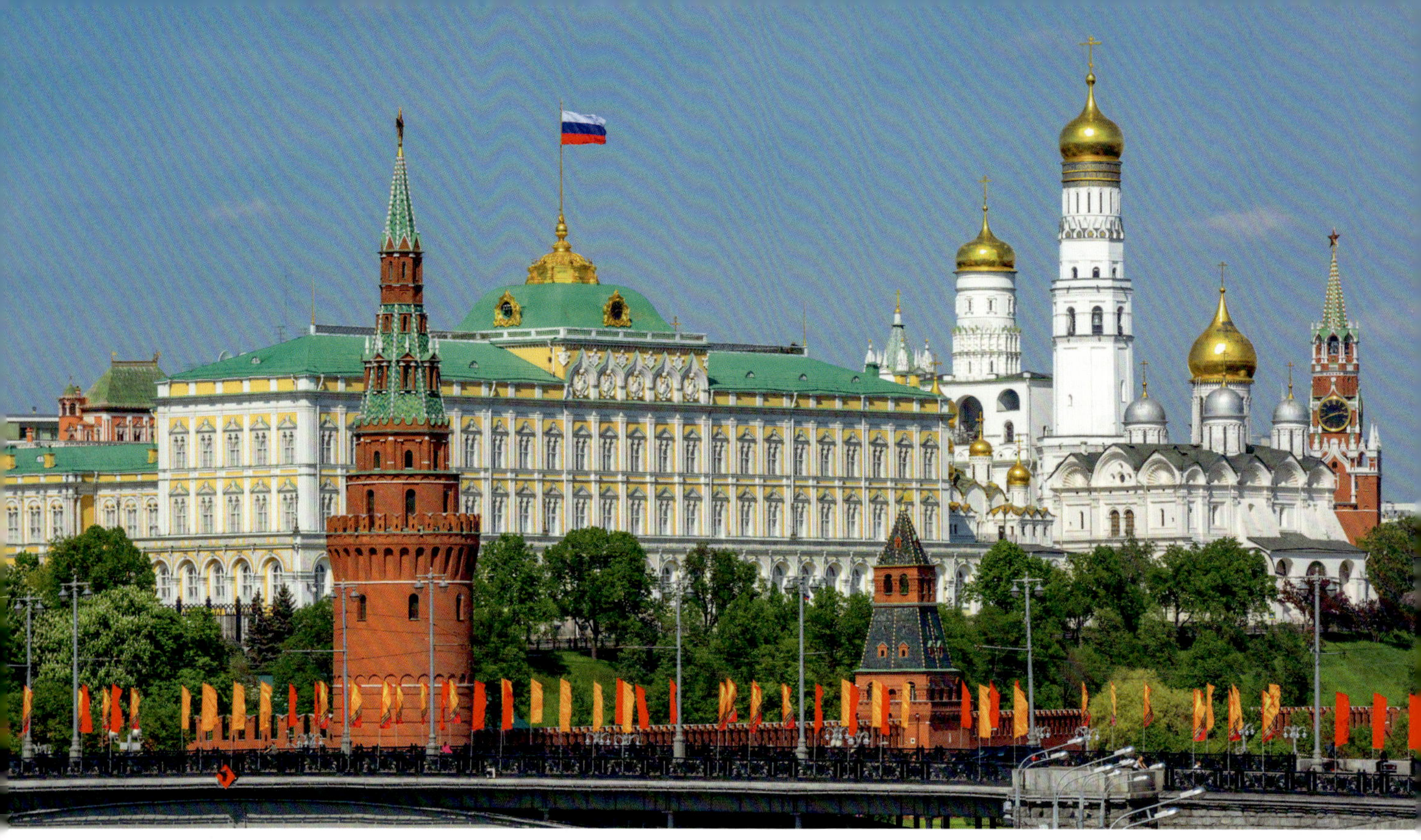

Der Moskauer Kreml, Regierungssitz der damaligen Sowjetunion

Organisator der Oktoberrevolution von 1917, die zum definitiven Ende des alten Systems und zur Etablierung einer neuen politischen und gesellschaftlichen Ordnung führte. Am 25. Oktober brachte der Sturm auf das Winterpalais in Sankt Petersburg, das Hauptquartier der nach der Februarrevolution ernannten Provisorischen Regierung, die Entscheidung. Danach trat Lenin an die Spitze des „Rates der Volkskommissare" und begann mit dem Aufbau der kommunistischen Sowjetunion. Kernstück waren die neu gebildeten Arbeiter- und Soldatenräte, die „Sowjets". Am 3. März 1918 wurde der Vertrag von Brest-Litowsk unterzeichnet. Wie von Lenin versprochen, schloss die noch ganz frische Sowjetregierung ein Friedensabkommen mit dem Deutschen Reich ab und verabschiedete sich damit aus dem Ersten Weltkrieg. Die Rechnung der Deutschen war aufgegangen, jedoch nur kurzfristig. Die eigennützige Übernahme der Rolle als Geburtshelfer für das kommunistische Russland konnte nicht verhindern, dass Deutschland zu den Verlierern des Ersten Weltkrieges gehörte.

Interne Konflikte

In Russland schufen Lenin und seine Mitstreiter ein Paradies der Werktätigen. So lautete jedenfalls die Deutung der Revolutionäre. Gleichwohl gab es viele Schwierigkeiten. So blieb den Revolutionären die historische Erfahrung nicht erspart, dass fast alle Revolutionen der Geschichte nicht zu dem Ergebnis führten, das die Revolutionäre vorher erwartet hatten. Kaum, dass man am Ruder war, begannen unter den Protagonisten heftige interne Streitigkeiten. Die Einheitsfront der Revolutionäre bröckelte und zerfiel in zwei Gruppen: die Gemäßigten, Menschewiki genannt, und die Radikalen, genannt Bolschewiki. Die Bolschewiken um Lenin waren zwar zahlenmäßig in der Minderheit, versuchten diesen Umstand aber dadurch zu kaschieren, indem sie behaupteten, die Mehrheit zu sein. Dementsprechend bezeichneten sie ihre Gegner, die Menschewiken, als Minderheit, obwohl sie im Volk mehr Rückhalt hatten. Der Streit entzündete sich an dem Weg, den die Revolution einschlagen sollte.

Der Kampf um die Macht wurde erbittert und mit Gewalt geführt. Am Ende setzten sich Lenins Bolschewiken durch. Das Zugpferd der Revolution propagierte die Diktatur des Proletariats, stellte aber der idealistischen „Alle sind gleich"-Vorstellung das Prinzip der Kaderpartei entgegen. Gut geschulte Berufsrevolutionäre sollten das Heft in die Hand nehmen und Partei, Staat und Gesellschaft mit aller Autorität lenken.

Nachdem sich die Gruppe um Lenin die Macht gesichert hatte, ging es mit dem Aufbau des neuen Systems Schlag auf Schlag weiter. 1921 wurde das Politbüro der allmächtigen Kommunistischen Partei, der KPdSU, ins Leben gerufen. 1922 erfolgte die offizielle Gründung der „Union der Sozialistischen Sowjetrepubliken" (UdSSR), einem Bundesstaat, bestehend aus dem Kernland Russland sowie der Ukraine und Weißrussland. Dabei handelte es sich nicht um ein politisches Gebilde mit föderativen Elementen, sondern, wie im Reich der Zaren, um einen zentralistischen Einheitsstaat. Alle Fäden liefen im Kreml in Moskau zusammen. Das frühere Sankt Petersburg galt als Symbol des verhassten Zarenregimes und geriet unter den neuen Machthabern ins politische Abseits.

Rigoroses Vorgehen

Am 21. Januar 1924 starb mit Lenin die – wenn auch zuletzt nicht mehr unumstrittene – Galionsfigur des neuen sowjetischen Russlands. Neuer starker Mann wurde Josif Dschugaschwili, besser bekannt unter seinem Kampfnamen Stalin („Der Stählerne"). 1878 als Sohn eines Schuhmachers in Georgien geboren, erlebte er 1921, wie seine Heimat von der Roten Armee besetzt und in das ständig wachsende Imperium der Sowjets integriert wurde. Da offiziell die Doktrin der Weltrevolution galt, war Expansion von Anfang an ein elementarer Bestandteil sowjetischer Politik. Stalin machte in der Partei rasch Karriere, sicherte sich schon 1922 den Posten des Generalsekretärs der KPdSU und bestimmte nach Lenins Tod den Kurs von Staat und Partei. Gegner und Rivalen, darunter viele ehemalige Weggefährten, wurden nach der „Großen Säuberung" der 1930er-Jahre in groß aufgemachten Schauprozessen verurteilt.

Stalin blieb bis zu seinem Tod 1953 an der Macht. Sein Hauptaugenmerk galt zunächst dem Aufbau einer leistungs- und konkurrenzfähigen Wirtschaft. Die Bauern wurden gezwungen, den genossenschaftlichen Großbetrieben beizutreten. Mit viel Aufwand setzte er ein gigantisches Programm der Industrialisierung um. Dazu

Büsten von Lenin (vorne) und Stalin in Moskau

Der englische Premierminister Winston Churchill, der amerikanische Präsident Harry S. Truman und Josef Stalin (v. l. n. r.) im Garten des Schlosses Cecilienhof 1945

gehörte der Bau von Stahlwerken, Wasserkraftwerken und Eisenbahnstrecken. Dank üppiger Rohstoffvorkommen florierte die Wirtschaft mit riesigen Zuwachsraten bei der Produktion von Kohle, Stahl und Eisen.

Trügerischer Pakt

Außenpolitisch verfolgte Stalin das Konzept der „kollektiven Sicherheit". Da er die Schlagkraft der Roten Armee für zu gering hielt, schloss er mit einzelnen Staaten bilaterale Verträge ab. Als 1939 der Zweite Weltkrieg ausbrach, setzte Stalin aus diesem Grund anfangs auf eine Politik der Defensive. Daher stimmte er auch dem Abschluss des „Hitler-Stalin-Paktes" vom August 1939 zu, einem Nichtangriffspakt, den beide Seiten abschlossen, weil sie Zeit gewinnen wollten. Im Laufe des Krieges wurde die sowjetische Außen- und Militärpolitik deutlich offensiver. 1940 erfolgte die faktische Annexion der baltischen Staaten und Finnlands. Am 22. August 1941 begann der deutsche Angriff auf die Sowjetunion. Zunächst in Bedrängnis geraten, brachte die Schlacht von Stalingrad im Februar 1943 für die Sowjets die Wende.

Heiße Schlacht am kalten Büffet

Nach dem Zweiten Weltkrieg gehörte die Sowjetunion zu den Siegermächten. So saß Stalin regelmäßig mit am Tisch, wenn die Alliierten über Konsequenzen des Krieges berieten. So auch im Juli/August 1945 in Potsdam. Hier zeichneten sich bereits die

Konstellationen des Kalten Krieges ab, der die internationale Szenerie bis zum Ende der Sowjetunion dominieren sollte. Dass Stalin auch die Gesetze der gastronomischen Kriegführung beherrschte, zeigt der Bericht eines beeindruckten Teilnehmers an einem von den Russen organisierten Bankett: „Nach der Aufhebung der ersten Sitzung offerierten uns die Russen in einem großen Bankettsaal des Schlosses Cecilienhof auf einem riesigen, sieben mal zehn Meter großen Tisch ein üppiges Stehbüffet. Es war alles vorhanden, was man sich nur denken kann: Gänseleber, Kaviar, jede Art von Fleisch, Käse, Huhn, Truthahn, Ente, Weine und Spirituosen. Der Bankettmeister kam aus dem größten Hotel Moskaus. Er sprach Englisch und befleißigte sich der größten Zuvorkommenheit."

Das Resultat des Zweiten Weltkrieges war die Teilung Europas und der Welt. Ein Eiserner Vorhang trennte den Westen und den Osten. Zur Führungsmacht des Westens avancierten die Vereinigten Staaten von Amerika, während die Sowjetunion den Osten anführte. Mit der Gründung der beiden Verteidigungsbündnisse NATO (1949) und Warschauer Pakt (1955) wurde der machtpolitische Gegensatz auch institutionell zementiert. Nominell souverän, gerieten die kommunistisch geführten Staaten des Ostblocks immer mehr unter die Herrschaft Moskaus.

Kalter Krieg

Stalins Tod 1953 bedeutete keine grundsätzliche Neuausrichtung der sowjetischen Außenpolitik, auch wenn sich die neue Führung unter Nikita Chruschtschow 1956 offiziell von der Ära Stalin distanzierte. 1962 stand die Welt wegen der Stationierung sowjetischer Mittelstreckenraketen auf Kuba am Rand eines dritten Weltkrieges. Nach dem Sturz Chruschtschows 1964 wurde das Prinzip der kollektiven Staatsführung eingeführt, mit Leonid Breschnew als allmächtigem Generalsekretär, Alexei Kossygin als Ministerpräsident und Nikolai Podgorny als machtlosem Staatsoberhaupt. Mit Staaten des Ostblocks, die vom moskautreuen Kurs abrücken wollten, pflegten die Machthaber in der UdSSR einen rigorosen Umgang. 1968 wurde die zarte Pflanze des Prager Frühlings mithilfe von Panzern im Keim erstickt. In den 1970er-Jahren begann zwischen den USA und der UdSSR ein neues Wettrüsten, das im weiteren Verlauf zu einer Reihe von Abrüstungsinitiativen führte.

Auf Reformkurs

1985 wurde, nach den Kurzzeit-Regenten Jurij Andropow und Konstantin Tschernenko, Michail Gorbatschow neuer Generalsekretär der KPdSU. In ihm lernte

Der Einmarsch der Roten Armee machte dem Prager Frühling ein jähes Ende.

Imperialismus und Kapitalismus

Nikita Chruschtschow (rechts), hier zusammen mit dem kubanischen Revolutionsführer Fidel Castro, 1963

Nikita Chruschtschow vor dem 22. Parteitag der KPdSU, 1961:

„In den vergangenen Jahren haben sich die Widersprüche innerhalb der kapitalistischen Länder wie auch die Gegensätze zwischen ihnen weiter verschärft, zerfielen die Kolonialreiche, haben der Kampf der Arbeiterklasse und die nationale Befreiungsbewegung der Völker ein gewaltiges Ausmaß angenommen ... Während der verflossenen fünf bis sechs Jahre hat die Menschheit in der Entwicklung von Wissenschaft und Technik, namentlich auf dem Gebiet der Atomenergie, der Elektronik, der Düsen- und Raketentechnik, bedeutende Siege davongetragen. Einer vernünftigen Auswertung dieser Errungenschaften stehen jedoch die Gebrechen der kapitalistischen Produktion im Wege, auf die W. I. Lenin hinwies. Er schrieb schon im Jahre 1913: ‚Wohin man auch blickt, auf Schritt und Tritt sieht man sich Aufgaben gegenüber, die die Menschheit sofort zu lösen imstande wäre. Dem steht aber der Kapitalismus im Wege. Er hat Reichtum angehäuft – und die Menschen zu Sklaven dieses Reichtums gemacht. Er hat die schwierigsten Aufgaben der Technik gelöst – und die praktische Anwendung der technischen Verbesserungen wegen des Elends und der Unwissenheit der Millionenbevölkerung, wegen des sturen Geizes des Häufleins von Millionären abgebremst. Im Kapitalismus erinnern Zivilisation, Freiheit und Reichtum an einen Reichen, der sich überfressen hat, lebendigen Leibes verfault und das, was jung ist, nicht leben lässt.‘ Wie aktuell klingen diese Worte Lenins heute!“

die Weltöffentlichkeit einen ganz neuen Typus von Sowjetpolitiker kennen. Freundlich und entgegenkommend im persönlichen Umgang, flogen ihm die Sympathien nur so zu. Doch nicht nur der Stil, auch der Inhalt der Politik änderte sich. Die Zauberworte lauteten: Glasnost und Perestroika. „Glasnost“ (Öffentlichkeit) bedeutete das Prinzip der Transparenz aller politischen Entscheidungen, die bisher immer hinter verschlossenen Türen im Kreml getroffen worden waren. Mit der „Perestroika“ (Umgestaltung) sollte nach den Vorstellungen Gorbatschows die Sowjetunion moderner, demokratischer und liberaler werden.

Und Probleme gab es genug. Die marode Sowjetwirtschaft litt unter sinkender Produktivität, die Staatsverschuldung erreichte schwindelerregende Höhen. Dazu kamen verkrustete Strukturen in der Bürokratie und die allseits verbreitete

Korruption in Staat und Verwaltung. In den Ostblockstaaten rumorte es. Die Rufe nach Freiheit, Demokratie und Autonomie wurden immer lauter. Gorbatschow ging neue Wege, auch in der Außenpolitik. Mit den USA wurden weitgehende Abrüstungspläne vereinbart, die sowjetischen Truppen aus Afghanistan abgezogen. 1990 erhielt Gorbatschow, nun auch Staatspräsident, den Friedensnobelpreis.

Ende eines Weltreiches

Doch das taumelnde Imperium war auch durch diese Radikalkur nicht mehr zu retten, zumal Gorbatschows Sympathiewerte im Ausland höher waren als im eigenen Land. Noch immer verfügten die alten Kader über viel Macht. Anderen waren die Reformen nicht radikal genug. Bald saß Gorbatschow zwischen allen Stühlen. Im Frühjahr 1990 erklärten die baltischen Staaten ihre Unabhängigkeit, etwas später auch sämtliche sowjetische Teilrepubliken. Im Juli 1991 wurde der Warschauer Pakt aufgelöst. Die kommunistischen Regierungen in den Ostblockstaaten – zuletzt in der DDR – wurden gestürzt. Gorbatschow selbst geriet mehr und mehr in das Visier interner Widersacher, die ihm die Schuld am Niedergang der Sowjetunion gaben. Er trat zuerst von seinem Posten als Generalsekretär und dann als Staatspräsident zurück. Sein Widersacher Boris Jelzin wurde der erste demokratisch gewählte Präsident Russlands. Mit der Bildung der „Gemeinschaft Unabhängiger Staaten“ (GUS) im Dezember 1991 war die alte Sowjetunion endgültig Geschichte.

Michail Gorbatschow (links) und Boris Jelzin nach der Niederschlagung eines Putschversuchs im August 1991

I

J

K

Q

R

S

T

U

V

W

X

Y

Z

Bildnachweis

Alle Abbildungen **iStock**, außer:

akg-images: 13 Erich Lessing; 14 Peter Connolly; 15 Hervé Champollion; 17 François Guénet; 19 o. De Agostini Picture Lib.; 19 u. Günter Schneider; 24 Bildarchiv Steffens; 25 Album/Prisma; 26 o. Bible Land Pictures; 26 u. Erich Lessing; 28; 30 Heritage Images/Index; 31 Album/Prisma; 35 MPortfolio/Electa; 38 Bildarchiv Steffens; 39 De Agostini Picture Lib./G. Dagli Orti; 40; 41, 44, 46 Erich Lessing; 50/51; 52 Erich Lessing; 53 Bildarchiv Steffens; 54 Erich Lessing; 55 Nimatallah; 57; 59 o. Album/Prisma; 59 u. De Agostini Picture Lib./G. Nimatallah; 61 Andrea Baguzzi; 64 o. Hervé Champollion; 67 Bible Land Pictures/Jerusalem Photo by: Z.Radovan; 74, 75 jh-Lightbox_Ltd./John Hios; 78 Nimatallah; 81 André Held; 83 Erich Lessing; 87; 90 Pirozzi; 91; 110 Heritage Images/Fine Art Images; 136; 137 Florian Monheim/Bildarchiv Monheim GmbH; 146 Elizaveta Becker; 149 Erich Lessing; 150 Science Photo Library; 151, 166; 179 Jost Schilgen; 183; 201 Erich Lessing; 203 Werner Forman; 209 Cameraphoto; 223 Roland and Sabrina Michaud; 245 Erich Lessing; 249; 264 De Agostini Picture Lib.; 267, 271, 279, 282; 291 Heritage-Images/Keystone Archives; 295 Ladislav Bielik

Alamy Stock Foto: 176 Granger, NYC.

imageBROKER.com: 121 Andrey Nekrasov

INTERFOTO: 65 Liszt Collection

mauritius images: 3 age fotostock/J.D. Dallet; 84 Alamy/Rob Cole Photography; 95 Peter Horree/Alamy; 105 Wiliam Perry/Alamy; 108 Suzuki Kaku/Alamy; 124 Guenter Fischer/imageBROKER; 128 Lanmas/Alamy; 129 FALKENSTEINFOTO/Alamy; 130 ClassicStock/Photo Media; 131 Ian G Dagnall/Alamy; 134 BAO/imageBROKER; 144 World Book Inc.; 147 Historic Images/Alamy; 158 Art Collection 3/Alamy; 160 age fotostock/J.D. Dallet; 167 The Picture Art Collection/Alamy; 182 FL Historical 1C/Alamy; 195 Art Collection 3/Alamy; 197 FALKENSTEINFOTO/Alamy; 222 Art Collection 2/Alamy; 224 The Picture Art Collection/Alamy; 235, 239; 242 World Book Inc.; 243 The Picture Art Collection/Alamy; 247 Bildbaendiger/imageBROKER; 248 Historic Images/Alamy; 254 Chris Hellier/Alamy; 258 SuperStock; 265 Catharina Lux; 269 IanDagnall Computing/Alamy; 273 Classic Image/Alamy; 283 SuperStock/SuperStock, Inc.; 288 CTK/Alamy; 289 The History Collection/Alamy; 294 Niday Picture Library/Alamy; 296 American Photo Archive/Alamy; 297 Nikolai Ignatiev/Alamy

picture alliance: 62 ZB/Peter Zimmermann

Impressum

Autor
Prof. Dr. Holger Sonnabend

Redaktion, Grafik und Satz
Melanie Krötz, Elke Rothe
www.agentur-satzzeichen.de

Reader's Digest
Redaktion: Falko Spiller
Grafik und Prepress: Susanne Hauser
Bildredaktion: Sabine Schlumberger

Redaktionsdirektor: Michael Kallinger
Redaktionsleiterin Buch: Almuth Stiefvater
Art Director: Susanne Hauser

Produktion
Arvato Supply Chain Solutions SE: Thomas Kurz

Druck und Binden
Neografia, Martin

Printed in Slovakia

ISBN 978-3-95619-446-7

Besuchen Sie uns im Internet
readersdigest-verlag.de
readersdigest-verlag.ch
readersdigest-verlag.at